A memória de Ulisses

Marco Lucchesi

A memória de Ulisses

2ª edição

Rio de Janeiro
2010

COPYRIGHT © 2006, Marco Lucchesi

CAPA
Evelyn Grumach

PROJETO GRÁFICO
Evelyn Grumach e João de Souza Leite

CIP-BRASIL. CATALOGAÇÃO-NA-FONTE
SINDICATO NACIONAL DOS EDITORES DE LIVROS, RJ.

L969m
2.ª ed.
Lucchesi, Marco, 1963-
A memória de Ulisses / Marco Lucchesi. – 2ª ed. – Rio de Janeiro: Civilização Brasileira, 2010.

ISBN 978-85-200-0734-1

1. Lucchesi, Marco, 1963- – Coletânea. 2. Literatura – História e crítica. 3. Filosofia. I. Título.

06-2950

CDD – 869.98
CDU – 821.134.3(81)-8

Todos os direitos reservados. Proibida a reprodução, armazenamento ou transmissão de partes deste livro, através de quaisquer meios, sem prévia autorização por escrito.

Este livro foi revisado segundo o novo Acordo Ortográfico da Língua Portuguesa.

Direitos exclusivos desta edição reservados para a
EDITORA CIVILIZAÇÃO BRASILEIRA
Um selo da
EDITORA JOSÉ OLYMPIO LTDA.
Rua Argentina 171 – 20921-380 – Rio de Janeiro, RJ – Tel.: 2585-2000

Seja um leitor preferencial Record.
Cadastre-se e receba informações sobre nossos lançamentos e nossas promoções.

Atendimento e venda direta ao leitor:
mdireto@record.com.br ou (21) 2585-2002

Impresso no Brasil
2010

Para Eduardo Portella,
Elsa Savino, Elizabeth Paulon,
José Luís Rosati

Sumário

PREFÁCIO 9
Marco Lucchesi e sua inquietação, Ettore Finazzi-Agrò

MEUS PIANOS 13

SEMA E CINEMA
 The naming of cats 17
 Cartas da prisão 25
 Drummond e o tempo 29
 Metamorfoses de Ovídio 35
 Blok e o Simbolismo 39
 Mário Peixoto e o mar 45
 Traduções da *Divina comédia* 53
 A Bíblia dos ventos: Molnár, Márai e Kertész 57
 Pasternak: minha irmã, a vida 71
 Joaquim Cardozo: a mais longa viagem 79

A INVENÇÃO DO MUNDO
 O Universo Goethe 103
 O fogo da Grécia 109
 O Princípio-Leonardo 113
 Outonos de Villon 117
 Hermann Hesse: felicidade 121
 Ao sul da literatura 127
 A engenharia de Gadda 131
 Rachel Jardim: *Os anos 40* 135
 Biografia de uma rebelde 139

As razões de Ibsen   *143*
Grass e a ratazana   *149*

FUGAS DISSONANTES
O meu *jihad*   *153*
Aspectos do *Diwan* ocidental-oriental   *165*
Mil e uma noites   *179*
Nise e Spinoza   *183*
O Papa João XXIV   *187*
A bomba informática   *191*
As regras de Bourdieu   *195*
Mario Luzi e a vertigem da palavra   *197*
Naufrágio, poesia e tradução   *207*

A MÁQUINA DO TEMPO
A história em Vieira   *213*
Spengler e o relativismo   *229*
Gibbon e a decadência   *243*

ESPARSA GEOMETRIA
Schopenhauer e o nada   *255*
O inferno de Dante   *257*
Montaigne e o livro total   *275*
Objetos fractais   *281*
Novalis e a matemática   *283*
Nietzsche como desafio   *289*
A sabedoria dos modernos   *293*
Para além da interpretação   *297*
Descartes revisitado   *301*
Calvino: tema e variação   *307*
Kant no Brasil   *315*
Rûmî: a dança da unidade   *319*
A poética do Quixote   *331*

NOTAÇÕES   *345*

Prefácio

Marco Lucchesi e sua inquietação

Ettore Finazzi-Agrò

Se existe uma figura jurídica como a *legítima suspeição* — e existe, segundo as decisões recentes de nosso parlamento —, nela incorro esta noite. Vale a pena, portanto, que eu confesse logo a minha culpa: o fato de que eu esteja aqui para falar da obra poética de Marco me faz um legítimo suspeito, pois sou amigo de Marco — não sei se fraterno ou paterno, dada a diferença de idade — há muitos anos.

A ele me unem recordações e cumplicidades, leituras e fragmentos de existência que me levam a uma distante noite no Rio de Janeiro, quando, quase por acaso, fui assistir a uma conferência sua no Centro Cultural do Banco do Brasil. Nós, universitários, em geral somos maliciosos, às vezes cínicos, e é difícil que nos deixemos seduzir por outros discursos (nós vivemos, nos nutrimos e jogamos com as palavras...), mas ocorre às vezes, raramente, que fiquemos encantados pela graça sublime de um raciocínio inesperado, de uma abordagem particularmente original, de uma total, fulgurante iluminação de um tema que nos parecia esgotado e que reencontramos ali, diante de nós, despojado de toda afetação crítica, de todo lugar-comum, restituída à sua clareza inicial, à sua maravilhosa essência. Foi isso o que me aconteceu naquela noite, assistindo à conferência de Marco: a descoberta de uma verdade nua e simples, como simples (não banal, mas simples) e sem véus deveria ser sempre a verdade da literatura.

Fiz, ao final, uma pergunta, declarando o meu nome e, para meu grande espanto, Marco — com um comportamento que descobri, depois, ser profundamente seu — declarou alegremente, com uma simpatia inesperada, que havia lido as minhas coisas, dizendo-se muito feliz de encontrar-me daquele modo. Feliz foi, realmente, aquele encontro que várias vezes se repetiu, na Itália e no Brasil (recordo-me, sobretudo, de um passeio que parecia não ter fim pela Avenida Atlântica, animados por uma discussão que não queríamos que terminasse). De fato, o nosso diálogo continua até hoje, entre pausas intermináveis e alegres encontros, às vezes casuais, enquanto eu continuei a ler os seus textos, com uma assiduidade que prolongava a sua presença e reforçava a minha estima.

Com o tempo, como era de esperar — ou ao menos como eu esperava desde o início — Marco se tornou um dos poetas brasileiros mais conhecidos, apreciados e premiados. Isso, na verdade, é apenas um dos aspectos de sua obra, uma das formas nas quais se manifesta o seu "multiforme engenho", talvez a forma na qual isso se revele do modo mais completo — daquela completude sempre a ponto de se completar que é própria da poesia. O que espanta, em Marco, não é apenas a amplitude de suas atividades culturais (tradutor, crítico, editor de revista, estudioso de línguas), mas sim a sua capacidade de transitar por essas atividades mantendo uma coerência de fundo, um rigor e uma capacidade de se exprimir na pluralidade que tem poucas comparações, que eu saiba, no mundo. Para dar um exemplo: quem eu conheço, ou quem vocês conhecem que poderia organizar a edição em português das obras (quase) completas de Leopardi, preparar uma antologia de poetas russos e compor poemas em árabe? Marco fez tudo isso e muito, muito mais, embora se mantenha, até hoje, à distância segura dos 40 anos!

Diante de tal variedade de interesses e de tal precocidade de realizações, a primeira suspeita poderia ser a do diletantismo. Mas

PREFÁCIO

é uma suspeita que só pode existir para quem não tenha lido seus poemas, consultado seus trabalhos, verificado as suas traduções que, ao contrário, não suscitam a menor impressão de superficialidade, pois são todas obras de altíssimo valor. E é preciso, então, aprofundar e buscar colher da variedade, da pluralidade, a singularidade e a especificidade de um autor que vive e se alimenta da própria heterogeneidade. Poder-se-ia dizer que para entender Marco é preciso colocar-se naquela situação "trivial" evocada por Roland Barthes — testando as encruzilhadas (os trevos) em que precariamente converge e se esclarece uma verdade plural que é a da cultura, em seu sentido mais amplo. Para ficar ainda por um instante com Roland Barthes (com quem Marco se assemelha, ao menos no que concerne à sua atenção maravilhosa para o que se vela e se desvela incessantemente na escritura — a função hermenêutica que, para o crítico francês, se estendeu para o japonês e que para Marco se estendeu ao árabe, seu imprevisto "império dos signos") e citar, então, ainda uma definição que ele dava para o escritor (para o grande escritor), é preciso dizer que a força que distingue a prática artística e cultural de Marco é exatamente a sua capacidade de "deslocar-se", de "transferir-se para onde não se é esperado".

Para tentar definir sinteticamente a atividade desenvolvida pelo meu caro Amigo até hoje, para buscar uma lógica unitária na diversidade e amplitude de seus interesses, se deve, a meu ver, partir da tal exigência de mover-se para o inesperado, de iludir toda tentativa de apreensão e toda pretensão para compreender, que deriva, por sua vez, em uma consciência aguda da transversalidade dos saberes e das linguagens que nele se exprimem. Se fosse obrigado a dar uma ideia simples, a proclamar a verdade nua da sua obra, poderia apenas apelar para esta contínua ulterioridade de sentido que a ele se revelou desde o início e que a ele seguiu incansavelmente, para esta sua presença ao transitar por diferentes instâncias artístico-culturais, a esta divagante atenção até um centro que está em todo lugar e que pode não estar em parte alguma.

Seu maravilhoso empenho, de fato, a sua sublime obsessão é a de chegar a descobrir e dar conta dessa excêntrica essência, desse inexplicável desde sempre explicado e ainda por decifrar, dessa nesga do real que transcorre e se desprega na diversidade das formas, na misteriosa latência do signo e do sentido. Inspirado sempre por um prodigioso alicerce cultural e por uma curiosidade sem fim, mas consciente, ainda, de que o seu patrimônio de leituras e de conhecimentos o conduz fatalmente até o que não se dá a ler senão de modo enigmático, até aquele Absoluto que, permanecendo nas nesgas do real e da linguagem que o exprime, continuamente se oferece e se nega à consciência humana. O que hoje devemos discutir, a poesia que fomos chamados a comentar, me parece o rastro de uma busca interminada, sempre a ponto de se completar e que jamais se completa, por excluir, desde o início, o alcance de seu objeto — e para mim se projeta, enfim, como o estupendo arabesco que habita entre nós e que (talvez) não possamos alcançar. Mas esta é apenas a simples, grandiosa e nua verdade da poesia ou, ao menos, a minha trivial, precária relação com o Verdadeiro que nela, continuamente, entrevejo — e que continuamente me escapa...

Roma, 2001

Meus pianos

Não tive mais de um, sóbrio, modesto, elegante, de armário, que chamei e ainda chamo de Alberto, Albert Schmölz, afinado não faz muito, com vênias e cuidados, e com quem ainda converso, ao entardecer, evocando passados e futuros. Há pianos cem vezes melhores do que o meu, martelos mais leves, emissões veludosas, corpulentos, de meia-cauda ou inteira. Mas que fazer, se já o conheço pelo tato, pelo cheiro — pois cada piano guarda um aroma — e pelas mãos gentis que nele me precederam? Ademais, Albert Schmölz foi um piano discreto e generoso, quando me via errar infinitas vezes a harmonia, ou quando buscava compor minhas canções. Eu te agradeço, Alberto, por tantos sonhos e imagens.

Mas — em música — minha atração inicial repousava nas formas livres, como os quadros de Mussorgsky, as fantasias de Liszt, os poemas sinfônicos de Strauss. Com o passar do tempo, fui estudando com atenção a forma sonata, a fuga e a sinfonia clássica. Meditava a beleza da forma fixa e do infinito. Da vasta arquitetura e do improviso. Inspiração e estrutura. E provei em Alberto muitas vezes essas notações musicais. E amava os desafios que me impunha.

Pode ser que estas páginas não apresentem diretamente o meu piano, esse instrumento fiel, que me observa há muitos anos. Talvez prevaleça agora outro, invisível que trago dentro de mim, com vivas dissonâncias e longos teclados, que me permitem contrastes, improvisos, citações. Os textos que seguem neste volume são dedicados aos meus pianos.

Se algum leitor generoso decidir uma fantasia a quatro mãos com estas páginas, será uma profunda alegria, porque o piano, o mundo e a literatura operam no campo das grandes amizades.

M.L.

SEMA E CINEMA

The naming of cats

O fascínio dos gatos só pode ser comparado aos raios de Betelguese, ao vermelho de Orion, ao azul de Eta Carinae. Os felinos são como a imagem infinitamente misteriosa das ideias de Platão. A música das esferas e dos números.

Essa foi uma parte do diálogo que tive com a Doutora Nise da Silveira. Como testemunhas, Leo e Carlinhos, Cléo e Mestre Onça. E os gatos passaram a integrar boa parte de nossa amizade. Nise era íntima de seus enigmas. E eu buscava iniciar-me nesse universo.

Mandei-lhe a foto de um gato, que acabara de conhecer — amarelo como um girassol, olhos verdes, inquieto, como os de sua espécie — e que ensaiava uma tímida aproximação. Ofereci-lhe não sei quantos mimos e dons para que fizesse de meu jardim sua própria casa. Guardava um ar altivo e desdenhoso. Atingira o nirvana dos gatos-mestres, dos que viveram mil vidas e dos que sabiam a altura de quedas e telhados. Desconfiava que os gatos de uma certa idade se tornavam metafísicos. Como se fossem extremados bizantinos, mergulhando horas a fio em contemplação. Gatos monacais. Giróvagos. Estacionários. Ao que responde Nise, frente ao irredutível dos seres gatos:

Lindo, lindíssimo o seu gato-mestre. Sabedoria profunda em seus olhos. Sabedoria difícil de adquirir. Talvez ele saiba o caminho da *uniqueness*. Depois de ter praticado muitas lutas marciais e disputas amorosas. Mas tudo isso sempre aconteceu nos telhados e hoje quase não há mais telhados. Mas "os apaixonados do infinito", os mesmos apaixonados da *uniqueness* continuam a buscar.

A paixão do infinito, ou a nostalgia do mais, coincidem em suas pupilas de fogo, na estranha e irredutível *uniqueness*. Mas era preciso nomear o gato, cuidando de emprestar-lhe um verbo impreciso e vago, a fim de não magoar o seu modo de estar-não-estando, ao receber um nome, sem se prender a formas específicas. Como dizem os teólogos, um gato definido não é um gato, *ein begriffener Katz ist kein Katz*. Nise responde, valendo-se de Eliot:

> E hoje você me propõe outro dificílimo problema: o nome do gato. Recorri logo ao poeta T. S. Eliot, no seu poema "The Naming of Cats":
>
> *The naming of cats is a difficult matter,*
> ...
> *When I tell you, a cat must have three different names,*
> *First of all, there's the name that the family use daily,*
> ...
> *But I tell you, a cat needs a name that's particular,*
> *A name that's particular and more dignified,*
> *Else how can he keep up his tail perpendicular,*
> ...
> *But above and beyond there's still one name left over,*
> *And that is the name that you will never gueso;*
> *The name that no human research can discover —*
> *But the cat himself knows, and will never confess.*
> ...

SEMA E CINEMA

*His ineffable effable
Effanineffable
Deep and inscrutable singular Name.*

Comparando suas dificuldades para dar um nome a este ser singular, mágico, o mais belo ser da natureza, segundo Leonardo da Vinci, que certamente era um entendido em beleza.

Pouco depois, o gato desapareceu de meus dias. Não mais que a imagem sonhada por Da Vinci. A casa mostrava em toda a parte sua ausência. A sua tremenda e solitária simetria. Buscamos seus rastros por toda a parte. Mas em vão. O gato regressara — inominado — ao *aleph* primordial:

> Ia ainda dizer outras coisas, mas acabou de chegar sua última carta. Fiquei desolada! Mas estou certa que seu gato vai reaparecer. Os gatos são muito susceptíveis. Você, sem querer, o terá magoado? O gato custa a perdoar a menor desatenção. São muito exigentes. Será que você o retirou de alguma página da *Divina comédia*, onde ele se havia estendido? Para um gato, gato, isso é uma ofensa muito grande. Alguma mulher de coração esfiapado terá, sem querer, magoado o gato? O gato é muito sensível. Também é boêmio e talvez esteja lhe experimentando.
>
> Eu sei quanto eles, quando pensam uma coisa, custam a desprender-se dela. Depois da morte de Cléo, a quem eu dava carinhos e remédios por meio de um conta-gotas, seus dois filhos nunca mais se aproximaram de mim. De certo imaginaram que o remédio fosse um veneno... Tenho me desdobrado em explicações carinhosas, mas sem resultado algum. Espero com paciência recuperá-los e você também vai recuperar seu belo gato. Cante baixinho para ele. Ele volta, volta, tenho certeza. Escreva-me. O mundo dos sentimentos dos gatos é sincero e não de todo impenetrável. Ele está chegando... ele ouve de longe.

PS.: Pensamento da madrugada de hoje — Você teria trazido o gato da liberdade para o seu apartamento? O espaço livre é muito importante para o gato. Só quando menino ele se adapta a recintos fechados e às restrições dos habitantes de apartamentos. Talvez ele haja fugido para a liberdade, mas voltará pelo amor. Não desanime, mande notícias.

Nise

Cantei de todas as maneiras. Fiquei vigiando o seu regresso. Tenho certeza de que ninguém o retirou de sobre as páginas da *Divina comédia*. Jamais voltei a vê-lo senão em sonhos. Talvez fosse realmente um monge errante, que fazia uma pausa em suas longas caminhadas — um ser que buscava a transitividade.

O fluxo em estado selvagem, como aprisioná-lo?

Tempo depois, uma gata menina é levada por amigos. Pequena. Afetuosa. Irritadiça. Conquistar-lhe a confiança não representou pequeno esforço. Branca e negra de pele — seus olhos e saltos não vacilavam. Vivia no alto, junto aos livros da biblioteca. Era preciso trazê-la para baixo, mas sem transformar-lhe em exílio a sede de alturas. Minha dúvida voltava-se mais uma vez para o nome. Havia pensado em duas ou três possibilidades, que tratassem do eterno feminino, dada a condição da gatinha. Ocorreu-me Nise e Beatrice. Sentimento de altas esferas. Mas havia pensado também na Diotima, de Hölderlin. A palavra final veio assim: "O nome de sua gatinha, assim penso, deverá ser Beatrice, por vários motivos. É um nome muito lindo e significativo. Não esqueça que gatos e gatas são seres muito sensíveis. Facilmente sentem-se ofendidos. Perdoar é para eles dificílimo."

Beatrice foi de uma convivência pacífica e belicosa. Dava-me a impressão da síntese dos contrários. Difícil saber quando e como podia aproximar-me de si. Talvez não estivesse feliz no apartamento (ninguém pode ser feliz em apartamentos!). Ou quem sabe eu não me dedicava como devia à sua forma de ser e estar. Humana solidão. Humana ignorância. Foi um longo combate para vencer a indiferença de Beatrice. Cheguei a pensar na mudança do espaço, ao refazer a geopolítica da casa, alterando suas razões de estado. Obtive apoio de Leo e Nise, que escrevem a mim e Beatrice, intuindo as dificuldades da relação homem-gato:

> Querido Marco
> Amada Beatrice
>
> Seu livro está iluminando toda nossa pequena casa. Nise anda com ele de um andar para o outro, não o solta um instante. Ela está muito decepcionada com o bicho gente e por isso agora esforça-se em metamorfosear-se num gato. Aprovo esta decisão de nossa amiga.
> Espero que você ame cada vez mais Beatrice e lhe dê o carinho que ela merece.
> Eu estou ficando velho e um tanto impertinente, mas Nise me adora.
> Desejo que você se conserve corajoso como um gato que compreende os segredos das múltiplas vidas.
> Beijos e muito afeto para você e Beatrice. De Nise também, certamente.
> Nosso carinho
>
> Leo — Nise

Com o passar dos meses, Beatrice me acolhe mais afetuosa com ronroneios e chamados outros. Sem perder os traços essenciais de sua personalidade, aprova meus serviços e cuidados. Não tenho dúvidas de que o tempo afetivo dos gatos pertence ao tempo aion, ao quinto elemento e aos números-ideia de Platão. Beatrice me acompanha quando estudo as partituras musicais, quando abro meus livros ou quando penso nos poemas futuros. Leo da Silveira comemora essa fase e insiste em passar — como gato mais velho — sua experiência à jovem Beatrice:

Leo escreve a Beatrice

Fiquei feliz de saber que você se aconchega no colo de Marco enquanto ele estuda, escreve. Você logo descobriu que estava junto a um poeta. Numa relação estreita com o poeta amigo você o levará a descobrir coisas extraordinárias, estou certo.

Sei que uma verdadeira relação de amor de um ser humano com o ser gato é arte muito difícil. Sutilíssima arte. Por telecomunicação você já me disse que está confiante. Longas experiências da espécie gato já lhe ensinaram que as decepções, duras decepções, não são raras. O bicho homem é muito pretensioso, julga-se superior a todos os seus irmãos que vivem neste planeta. Nós, os gatos, sem dúvida, somos superiores a todos os habitantes da Terra.

O homem nunca alcançará a capacidade elegante de saltar de grandes alturas, coisa que nós fazemos tão facilmente. Nem o dom de ver as notas musicais tomarem lindos contornos, segundo o privilegiado Stravinski descobriu: enquanto ele compunha, seu amigo gato saltava para brincar com as notas. O mesmo aconteceu a outros músicos, mas eles não sabem o que está acontecendo. Tão longe estão de uma profunda relação com o gato, enquanto este tenta desvendar-lhes segredos inutilmente. Os poetas são mais afins com o gato, que o diga Baudelaire. Por isso estou contente que você esteja junto de Marco. Mas não fique satisfeita apenas com a proximidade. Sei que ele não é arrogante como o comum dos humanos. Você poderá suavemente transmitir-lhe muitas sutilezas. Alimentos, vagas carícias são totalmente insuficientes. Diga-lhe que os gatos são muito misteriosos. Seus olhos lindos alcançam esferas astrais, que jamais os homens alcançarão, enquanto estiverem prisioneiros nas suas espessas vendas corporais.

(remetente: Leo da Silveira)

Nise — por meio de Leo — clamava por uma visão cósmica do lugar de homens e gatos nos escaninhos do Universo, em suas remotas e estranhas comarcas, atravessadas pela perspectiva franciscana das criaturas e pela visão neoplatônica das esferas. Tratava-se de um gato platônico. O gato do Fédon — se fosse possível inventá-lo. A vida é uma preparação para a morte e para a liberdade. A destes olhos. A destes dias. A destes corpos. Ver além da espessura não seria mais que reeducar os sentidos. Foi o que aprendi com meus primeiros gatos, com Leo da Silveira e com a Dra. Nise: a tarefa de reeducar os sentidos. A poesia do Espaço. A poesia do Tempo. A força do salto quântico. O pulo do gato. Do universo ao multiverso: olhos atentos em órbitas de fogo. Pupilas infinitas. Misteriosas. Ou como dizem os versos de Nise da Silveira:

> *Le poète de l'espace*
> *est un vrai vagabond*
> *il saute d'une planète à l'autre*
> *d'une étoile à l'autre*
> *en grandes enjambées*
> *il ne porte ni bâton ni sac*
> *il est libre.*

Cartas da prisão

Do correio chegou certa vez uma carta inesperada. O remetente? Desconhecido. Trazia duas epígrafes: *A literatura é a irmã gêmea da liberdade* e *Para tirar o homem do erro é preciso dar, não subtrair*. Simpatizei de imediato com as duas. Pertenciam ao rol de minhas certezas poucas. A defesa radical da literatura e da liberdade. E uma antiga (e sempre nova) consideração de um grande poeta, que disse: *donde no hay amor ponga amor y sacará amor*. Mas qual foi a minha surpresa, quando voltei com maior atenção ao remetente. A carta era de uma penitenciária do Estado de São Paulo!

Estava endereçada no meu nome. Trazia uma proposta que me surpreendeu. Um prisioneiro desejava livros!! E havia um entusiasmo, uma demanda, uma energia realmente novas para mim. Que fossem livros de ensaios, poemas, aventuras. Livros de todos os quadrantes. Policiais. Filosóficos. Seriam todos destinados à biblioteca, cujo acervo era de:

> 3.000 livros para atender um público de 1.000 leitores. Faz um ano, eram só 800 títulos. A média atual de empréstimos é superior aos 1.000 livros mensais. Um recorde. Aqui é a "Atenas" do sistema

penitenciário. Entretanto, dependemos da chegada de novas obras para manter o interesse pela leitura e sermos eficazes em formar e promover leitores.

As epígrafes ganhavam assim maior sentido. E duma cena de escombros, emergia uma luminosa Atenas. Para Rafael — este será seu nome provisório, não estando eu autorizado a revelar-lhe a identidade — é "algo maravilhoso ver o que a leitura é capaz de produzir. Muitas das pessoas que estão aqui nunca tinham lido um livro não didático. Os primeiros livros são sacudidas existenciais...".

E pensar que, para muitas secretarias de educação, uma vintena de livros didáticos (e desatualizados) constituem uma biblioteca!! Rafael sabia que livros didáticos não formam um acervo compacto e homogêneo. Além disso, observava que as primeiras leituras correspondem a um abalo sísmico. A uma vivência irredutível. A um antes e depois.

Mas havia também uma política, uma *engenharia* para que o livro "cumpra a sua função e não vire alimento de traças", como para certos bibliotecários, para quem a figura de leitor é um terrível e monstruoso detalhe, diante do Livro Sagrado.

As formas de convite ao livro eram diversas, voltadas para:

> A otimização no aproveitamento do acervo. A *alma mater* é o projeto *livro comentado*. Os livros são lidos e comentados. Os melhores comentários são premiados com certificados de participação, caixas de bombons, guloseimas e outros prêmios simbólicos... Organizamos festivais de leitura por autor (Machado de Assis, Érico Veríssimo, Dostoievski) ou por assunto (geração censurada, poesia, contos, vida de prisão). Outro festival em implantação é o "festival de escritura" — depois de certo ponto o leitor tem que arriscar-se a escrever para continuar evoluindo. Realizamos também uma organização humana, em células, onde leitores experientes se responsabilizam por orientar e incentivar um grupo (12) limitado de leitores, em formação e semiavançados.

Paulo Freire — não havia como não recordá-lo aqui — definiu a educação como a prática para a liberdade. O leitor e seus riscos. A dialética da escrita e da leitura. Todas as vozes. Todos os ventos. E — passados cem livros — o leitor alcança o título de *master*, havendo, antes disso, outras divisões "com diferentes benefícios, o que implica uma engenharia motivacional em torno da leitura".

E no fim das cartas — com rara cortesia — Rafael se despede com um "simbólico aperto de mão, na mão que foi gentilmente estendida, em sinal de gratidão e amizade".

Jamais lhe perguntei qual era a sua pena, como ele também jamais quis frequentar meus silêncios e desvarios. E contudo, por razões de honestidade, Rafael achou que devia sublinhar mais uma vez sua condição prisional: "É justo esclarecer que estou (sou) preso. Não sou funcionário."

Respondi que não somos frios burocratas. Fantasmas. Ideias abstratas. Levamos adiante, cada qual a seu modo, o rude ofício de viver... Obrigado, Rafael. Eu também não sou funcionário.

Demos vazão a sonhos e inquietações. Eu lhe admirava a coragem e o entusiasmo, superior ao de tantos intelectuais (ou menos que), mostrando-me devedor de seu trabalho, por incluir-me num projeto que alargava a minha humanidade e a dele (a nossa possível).

Três cartas depois, escreve:

> Retomo o contato por vários motivos. Fui transferido para outra unidade prisional. Estou na recém-inaugurada penitenciária de X. Aqui continuo a estimular o hábito de leitura e a elevação cultural de meus companheiros. Entretanto, este lugar é novo. Mais seco que o anterior. Tudo está *em zero*. Sei que compartilha da visão da leitura como uma forma de crescimento humano e uma aliada na construção da felicidade. Não resisti a pedir-lhe uma nova contribuição.

Compartilho de sua visão, Rafael. Da leitura como aliada do crescimento humano. E de uma provisória felicidade. Compartilho. Minha vida repousa (inquieta) nessa esperança. Dostoievski e Machado devolvem-me de mim para o Outro. E me libertam...

Depois disso, perdemos o contato. Não procurei saber sua idade, seu rosto, sua história. Porque a força de Rafael advinha da expansão de uma ideia. E isso era bastante.

Certa vez, disse-me Mario Francesconi, que olhar para o céu devia ser feito sempre a dois. A tarefa individual podia ser perigosa. Muitas vertigens. E infinitos. Entre Rafael e Marco houve um céu, uma tentativa de insistir. De travar guerras. E de assumir a literatura com todos os seus riscos, a partir daquela afirmação de Liberdade.

Não sei onde estará hoje Rafael, mas tenho como certo de que devemos enviar muitos livros às penitenciárias, abarrotá-las de livros e mais livros, e outros e mais volumes, de modo que não houvesse um só lugar para os presos, transformando as carceragens em vastas bibliotecas (corredores luminosos, cheios de fotos, quadros, grafites), mantidas por uma legião de leitores, a formar um longo poema de amizade entre os homens.

Drummond e o tempo

O que mais impressiona em toda a poesia de Drummond é a sua maravilhosa capacidade de ser contemporâneo. Não apenas porque viu mais e melhor. Mas porque não ignorava as razões do tempo — com seu irrefragável sentimento da história. Como Bandeira e Cabral não puderam e não quiseram jamais negar o processo em suas razões profundas, Drummond também soube, de modo absolutamente solitário, elaborar uma fina película, quase invisível, entre a história e a poesia, mas com uma leveza, que se poderia esperar somente de um elevado gênio poético:

> *Chega mais perto e contempla as palavras.*
> *Cada uma*
> *tem mil faces secretas sob a face neutra*
> *e te pergunta, sem interesse pela resposta,*
> *pobre ou terrível que lhe deres:*
> *Trouxeste a chave? (...)*
>
> (Procura da Poesia)

A história respira na pele das palavras, nas entrelinhas, não como causa e efeito mecânico, mas como multicausação, sem espelhos ou reflexos de estruturas, ou diversas tópicas sociais. E é exatamente por causa dessa marca histórica que a obra de Drummond alcança — como Fernando Pessoa ou Jorge de Lima, Herberto Helder ou Murilo Mendes — um coeficiente de solidão, que o desprende do próprio solo da história, levando o leitor a uma atitude livre de refêrencias, ou de marcas ideológicas, ou prospectivas. A obra de Drummond repousa não mais na sua modernidade, mas na sua contemporaneidade (tanto em 2001 como em 2100). Esse aparente paradoxo aparece luminoso em sua Cosmovisão:

> *Eternidade:*
> *os morituros te saúdam.*
>
> *Valeu a pena farejar-te*
> *na traça dos livros*
> *e nos chamados instantes inesquecíveis*
>
> *Agônico*
> *em êxtase*
> *em pânico*
> *em paz*
> *o mundo-de-cada-um dilata-se até as lindes*
> *do acabamento perfeito.*
>
> *Eternidade:*
> *existe a palavra,*
> *deixa-se possuir, na treva tensa.*
>
> *Incomunicável*
> *o que deciframos de ti*
> *e nem a nós mesmos confessamos*

Teu sorriso não era de fraude.
Não cintilas como é costume dos astros.
Não és responsável pelo que bordam em tua corola
os passageiros da presiganga (...)

(Discurso)

O século XX corre inteiro em suas páginas, como um rio profundo, caudaloso, inarrestável, com suas ondas de enigma e transparência, fogo e palavra, promessa e desencanto. Nessas águas de absoluta clareza, reflete-se uma parte de nosso rosto, quando não o rosto por completo. Daqui surgiram nomes de tantos brasileiros, como os de Luís Maurício, Pedro e Francisco, e não sei quantos títulos de livros, bilhetes e cartas de amor, e possibilidades de fazer poesia e música, porque nos vemos instantaneamente nessas águas da poesia drummondiana.

Já nos apossamos, por usucapião, de uma pequena parte da gleba drummondiana, de um braço de rio. Assim, pois, em pleno desespero, ou quase, lembramos de José; quando não somos correspondidos no amor, recorremos à "Quadrilha"; se enfrentamos um obstáculo, a imagem mais eficaz de que dispomos é a "pedra no meio do caminho"; e se o mundo e o coração andam descompassados, socorre-nos a rima com Raimundo, e todas as plausíveis soluções. Boa parte de nossa forma de sofrer o mundo já se tornou drummondiana. Dessas águas e terras não podemos prescindir:

> Tenho apenas duas mãos
> e o sentimento do mundo,
> mas estou cheio de escravos,
> minhas lembranças escorrem
> e o corpo transige
> na confluência do amor (...)

(Sentimento do mundo)

Sua obra guarda um século XX universal, mas com a força de um modo brasileiro, como foram os modos de um Portinari, de um Gilberto Freyre, de um Villa-Lobos, ou de um Guimarães Rosa. Um Brasil cosmopolita, do modernismo ao pós, dentre muitas estéticas, acima das quais Drummond sobrenada. Um Brasil profundo, com sua paisagem de matas e solidões, que Mário de Andrade ia descobrindo em viagens e aparências. Um Brasil linguístico, com novas regências, neologismos oportunos, conjugações inesperadas. Todas as línguas do Brasil. A história percorre os poemas de Drummond, de Itabira ao Rio, do Brasil ao Mundo:

> Era preciso que um poeta brasileiro,
> não dos maiores, porém dos mais expostos à galhofa,
> girando um pouco em tua atmosfera ou nela aspirando a viver
> como na poética e essencial atmosfera dos sonhos lúcidos,
> era preciso que esse pequeno cantor teimoso,
> de ritmos elementares, vindo da cidadezinha do interior
> onde nem sempre se usa gravata mas todos são extremamente polidos
> e a opressão é detestada, se bem que o heroísmo se banhe em ironia,
> era preciso que um antigo rapaz de vinte anos,
> preso à tua pantomima por filamentos de ternura e riso,
> dispersos no tempo,
> viesse a recompô-los e, homem maduro, te visitasse
> para dizer-te algumas coisas sobcolor de poema (...)

(Canto ao homem do povo Charlie Chaplin)

Essa alta poesia toca graves altitudes, que começam e terminam no quotidiano, mas com uns laivos de verdade absoluta ou de absoluto desespero, que o levam da imanência para uma frágil e perene transimanência. E aquelas altitudes parecem originar-se de um ritmo inconfundível, como o que desponta, grandioso, em "A máquina do mundo", com uma forma de dizer as coisas, entre abismo e vertigem. E não tenho dúvidas de que esse é um dos maiores poemas da língua portuguesa, porque sussurrado junto ao abismo, atravessado por um sopro genesíaco e misterioso. E não só. Mas com uma *pietas* realmente nova, de quem já havia tratado do desconcerto do mundo ou de seu perene desassossego, atingindo altíssimos patamares de significação:

> E como eu palmilhasse vagamente
> uma estrada de Minas, pedregosa,
> e no fecho da tarde um sino rouco
>
> se misturasse ao som de meus sapatos
> que era pausado e seco; e as aves pairassem
> no céu de chumbo, e suas formas pretas
>
> lentamente se fossem diluindo
> na escuridão maior, vinda dos montes
> e de meu próprio ser desenganado,
>
> a máquina do mundo se entreabriu
> para quem de a romper já se esquivava
> e só de o ter pensado se carpia.
>
> Abriu-se majestosa e circunspecta,
> sem emitir um som que fosse impuro
> nem um clarão maior que o tolerável
>
> pelas pupilas gastas na inspeção
> contínua e dolorosa do deserto,
> e pela mente exausta de mentar
>
> toda uma realidade que transcende
> a própria imagem sua debuxada
> no rosto dos mistérios, nos abismos. (...)
>
> (A máquina do mundo)

O sentimento do mundo e o sentimento da história se entrelaçam, afinal, na grande piedade cósmica, que atravessa boa parte de nossa poesia, cujo centro é Manuel Bandeira, desde *Cinza das horas* até os últimos poemas. Uma solidariedade profunda, que corre em Murilo e Jorge de Lima, e em tantos versos de Cabral e Gullar. Uma compaixão visceral pelos bois e pelos meninos carvoeiros, pelo artista de circo e pela infância, por Severina e por Fulana, pela franja de escuridão que toca o âmago das coisas. O sentimento do mundo e da história deságuam numa vasta perspectiva universal.

E Drummond traduziu essa incógnita. Na carne. Na medula. Na essência. O mais maravilhoso e último dos poetas contemporâneos:

> Era tão claro o dia, mas a treva,
> do som baixando, em seu baixar me leva
>
> pelo âmago de tudo, e no mais fundo
> decifro o choro pânico do mundo,
>
> que se entrelaça no meu próprio choro,
> e compomos os dois um vasto coro. (...)
>
> (Relógio do rosário)

Metamorfoses de Ovídio

A literatura clássica legou ao futuro um de seus melhores paradoxos: a metamorfose e sua tremenda ambiguidade. O fenômeno consiste em assumir o lugar do Outro, sem deixar de ser o Mesmo. Nem Um. Nem Outro. Mas Um e Outro. O Direito e o Avesso. Como Zeus e o Cisne. O médico e o monstro. O diabo e a dama. Eis o prodígio: tornar possível o impossível. A ideia e seu contrário. Isto e aquilo.

A metamorfose é dos fenômenos mais afortunados da literatura. Confundiu Quixote, com seus moinhos-gigantes. Perturbou Gregor Samsa, homem-inseto. Feriu Apolo, quando abraçou uma Dafne-vegetal. Perdeu Ulysses, no corpo-mundo de Molly. Fez de Fausto uma crisálida, e o marcou de infinito. Tornou incertas as fronteiras.

Mas qual a origem do mistério? A trama do Universo? A ira de um deus? O vento imaterial da angústia?

Difícil precisar-lhe uma razão. Todas concorrem, por exemplo, no *Asno de ouro*, de Apuleio, com sua estranha e fascinante, plástica e repulsiva metamorfose, do jovem que toma as formas de um asno. Depois de muito sofrer, torturas e humilhações, lágrimas e castigos sem precedentes, Ísis sente-se comovida e decide salvá-lo. Num longo ritual, previsto em sonho, ele reassume as formas humanas. O couro áspero agora é pele. As orelhas diminuem. O rabo desaparece. Termina, enfim, a desventura de Lúcio, cuja metamorfose o levou ao conhecimento profundo de si.

Mas houve outras mudanças e nem sempre reversíveis. Ovídio foi quem as soube contar melhor nas *Metamorfoses*. Boa parte do imaginário Ocidental depende desse livro, como vemos no Inferno de Dante, nos primeiros versos de Boccaccio, no *Livro dos seres imaginários*, de Borges, sem falar de Italo Calvino, de suas leituras velozes, tomadas cinematográficas e mudanças de plano.

Mais do que um acervo mitológico, as *Metamorfoses*, de Ovídio, vivem pelo triunfo da poesia. E trazem com elas o maravilhoso, o resquício do pensamento antigo: o combate da ordem e do caos, do repouso e do movimento, do metro e da desmedida. *Discordia semina rerum*: a contradição é o motor das coisas. Primeiro, o Caos, o informe, o ainda-não. E, de repente, de suas entranhas, um princípio, um sentido. A forma surge do informe. Os raios, das trevas. Como na *Teogonia*, de Hesíodo, na física dos pré-socráticos, na geometria de Platão. A metamorfose seria a memória desse combate. A sombra de Dionísio, em Apolo. A permanência no impermanente. Por isso talvez a leve melancolia nas *Metamorfoses*...

Ovídio fez inúmeros leitores, pelo mundo e pelos séculos. Não lhe faltaram, desde o Renascimento, traduções memoráveis, na Itália e na França, na Espanha e em Portugal. Ovídio tornou-se escola obrigatória na arte de imitar. Era preciso matricular-se nele para provar-se como poeta. Mas seria sobretudo no século XVIII que as traduções de Ovídio, junto com as de Lucrécio, deviam adquirir novo papel. Era o início — mais ou menos direto — de certa arqueologia do Iluminismo. O conhecimento racional dos mitos. O fundamento da matéria e seus rigores. Tal a razão pela qual eram vertidos os textos clássicos, que evocassem ideias sensistas ou empiristas. Um desses emblemas, na Itália, foi o *De rerum natura*, de Marchetti, a alma Vênus lucreciana, a chuva monótona das partículas e sua ligeira inclinação. Outro emblema, em Portugal, foram as *Metamorfoses*, com seu naturalismo algo contrapontístico, diante da *História natural*, de Buffon, que cristalizara, brilhantemente, todo processo, todo movimento, toda transformação, para atender ao quadro classificatório de reinos, classes, famílias. As figuras flutuantes de Ovídio estariam mais próximas (para os leitores de outrora) de *A origem das espécies*, de Darwin, de 1859. De todo modo, a grande tradução das *Metamorfoses* deu-se pelo talento do poeta Manuel Maria Barbosa du Bocage, num Portugal pós-Verney, não jesuíta, menos metafísico e escolástico, buscando no mundo clássico aproximações outras com as ideias que sopravam pela Europa.

Tradutor de obras diversas, Bocage fez Ovídio falar num límpido decassílabo português. Sua graça e atualidade são desconcertantes. No ouro de Midas. Na gruta da inveja. No abismo de Faetonte. Os poucos extratos, em que trabalhou o poeta português, foram bastantes para a tradução ideal do todo. Temos um Bocage, ao mesmo tempo, lírico e matemático. Observador atento da sintaxe latina, e de suas aproximações em português, como deslocamentos à esquerda, mudanças de posição frasal, linguagem alta e fraseado lírico, compensando, com decassílabos diversamente acentuados, a delicada relação do verso latino, arrimado nas sílabas longas e breves. O texto-origem e o texto-fim parecem realmente congeniais... O tradutor, em momento algum, decide apagar-lhe o rosto. Ovídio — pelas mãos de Bocage — não deixa de lembrar Ovídio. Donde o mérito da obra. O ter evitado um dos grandes riscos, de que se deve guardar o tradutor, com seu possível (e não infrequente) menoscabo do texto-origem. Claro que a sua digital jamais desaparece. E, por isso mesmo, não lhe convém *melhorar* Virgílio ou Shakespeare, para demonstrar, no texto sequestrado, o preço de um patético narcisismo. Reconhecemos o decassílabo de Bocage, na tradução, mas não o encontramos a cada fragmento traduzido, com a desculpa de Ovídio. Nesse campo, a melhor forma de aparecer, traduzindo, consiste em desaparecer, pois o mérito do coautor (leia-se do tradutor) repousa na obstinada vigilância do original. De sua fonte. De seu diálogo. O subjetivo é como o rei Midas. Como o observador na física quântica. Assim, pois, se o sujeito jamais desaparece, não será preciso sublinhar sua visibilidade...

Hoje assistimos a estranhas mutações, de frutas e legumes, de células e embriões, a metamorfose possível — fora do debate da bioética e do genoma — é a da tradução, onde coabitam o Um e o Outro, o Direito e o Avesso, Zeus e o Cisne. Numa palavra: os universais fantásticos, diante de novos e diversos paradigmas, da leitura e da ciência, respondem pelo sorriso do Caos. A tradução é a derradeira metamorfose...

Blok e o Simbolismo

Ao mestre Evandro Lins e Silva

I. A DAMA E O MUNDO

O Simbolismo na Rússia realiza em Aleksandr Blok o seu mais alto destino. Para Marina Tzvietáieva, Blok não era apenas o poeta, mas a encarnação da poesia, a mais completa vocação depois de Pushkin. E como as noites brancas de Petersburgo, onde nasceu, e a transparente Montsalvat com que sonhou, sua obra coincide, em transparência e altitude, num delicado princípio musical.

    Desse princípio depende seu apelo, frente a uma inatingível Beatriz — a belíssima Dama, *prekrasnoia Dama* —, cuja sombra não se traduz sequer pelo *salto* dantesco, entre a dimensão ôntica e metaôntica, do paraíso ao empíreo. A Dama de Blok habita a distância em estado puro, e se traduz como *parusia* ou *mímesis* neoplatônica, onde o real se afasta infinitamente do modelo, da ideia ou da verdade. Um neoplatonismo vivo, subjugado pela nostalgia da luz (*svietlaia radost'*), acenando para uma remota possibilidade de retorno (*epistrophé*) ao princípio dos princípios.

    A Dama de Blok está para a poesia como o ideal para o cavaleiro — em sua dedicação perene e sublimada (algo que recorda Antero e Pushkin). A Dama é festejada na liturgia da vida, e seus vestígios devem ser procurados, a cada gesto e madrugada, no desejo insatisfeito e no drama da espera.

> No templo de naves escuras,
> celebro um rito singelo.
> Aguardo a Dama Formosura
> à luz dos velários vermelhos.
>
> À sombra das colunas altas,
> vacilo aos portais que se abrem.
> E me contempla iluminada
> Ela, seu sonho, sua imagem.
>
> Acostumei-me a esta casula
> da majestosa Esposa Eterna.
> Pelas cornijas vão em fuga
> delírios, sorrisos e lendas.
>
> São meigos os círios, Sagrada!
> Doce o teu rosto resplendente!
> Não ouço nem som, nem palavra,
> mas sei, Dileta — estás presente.
>
> (tradução de Haroldo de Campos e Boris Schnaiderman)

    Temos o vestígio de uma ausência. E, todavia, um rosto, ao mesmo tempo, físico e abstrato, próximo e distante. Era essa a dialética de Soloviev — cujas ideias formam parte do universo mental de Blok. Uma presença apenas comparável — em termos cósmicos — à Sofia da Igreja Ortodoxa. Mas, a tanto se acrescenta um diapasão teosófico-simbolista, que repercutiu na recepção do próprio Blok, de sua leitura pessoal (*lichnost'*) e de sua obra, em termos de uma visão pluralística e universal, regida por motivos secretos, atingíveis apenas por meio da latência do símbolo. Como disse o filósofo e crítico Volynsky, o fenômeno a que adere o simbolismo possui uma lógica própria, idealista, nele "o visível e o invisível, o finito e o infinito, o real sensível e o místico apresentam-se reunidos numa indissolúvel unidade, como signos inalienáveis de dois mundos que se ligam um ao outro".

Esse abismo intransponível e, ao mesmo tempo, não de todo impossível, será vislumbrado apenas, como em Verlaine, através de uma sensibilidade musical, com que Blok recupera os rastros fantasmais de sua Dama — por meio de uma flauta sutil e difusa, como o *ney* dos místicos afegãos. Ainda, segundo Volynsky, a arte simbolista não vê senão fenômenos e não representa mais do que fenômenos.

A Dama vive nas alturas celestes e nas profundezas da terra, nos vales e montanhas, invisível, indireta, apenas alcançável por espelhos e enigmas. Princípio-criador na natureza, a Dama rege a harmonia do Cosmos e demanda chaves e interpretações para deixar-se compreender, em termos apofáticos, negativos. Nela observamos a imagem de tantas musas da poesia russa, de Pushkin e de Liermontov, e mais rigorosamente das musas de Dante e de Goethe, pois nela se confunde a missão demiúrgica e redentora. Algo da herança dos poetas românticos alemães, como Brentano e Eichendorff, além dos provençais, reaparece agora em novas confluências estilísticas e ideológicas — da graça, da mercê, do bem e do infinito. Há uma dívida intensa com a Diotima de Hölderlin (*Komm und besänftige mir*), que ordena e concilia (*Versöhnung*) o combate dos elementos, sob a força genesíaca de seu olhar, altivo e sereno, da *arché* fundamental, de que tudo surgiu e a que tudo regressa em plena dissolução, da nuvem em direção à água, do pássaro ao verde, da estrela à pedra. Para Blok, devemos ressaltar "a harmonia das forças cósmicas. A ordem é o Cosmos, em oposição à desordem, ao Caos. Do Caos nasce o Cosmos, o mundo, como ensinavam os antigos. O Cosmos é parente do Caos, como as altas ondas do mar são parentes das montanhas...".

O poeta não é senão aquele que escreve em versos, "aquele que estabelece uma harmonia entre o som e a palavra", o mar e a montanha, a voragem e os elementos. Mas isso tudo, em Blok, numa língua depurada, que se apoia num jogo de amplas vocalizações, de acentos contrários, consoantes ásperas e suaves, no uso deslocado do dativo e genitivo. Outras novidades repousam no ritmo e nas rimas, no uso dos *enjambements* (que aumentam ou reduzem o fluxo das ideias), bem como nas delicadas assonâncias, de quanto os futuristas russos — em outro contexto — iriam chamar de *neblina da palavra*, e que para Blok se constituía na tentativa simbolista de associar princípios equivalentes, formando vastas paisagens num só verso, para alcançar uma razão pitagórico-musical, antes obscura e escondida, e revelada agora, estranhamente, numa espécie de neblina numinosa.

Blok fez uma importante revisão das formas poéticas chamadas *dol' niki*, dos metros jâmbicos, trocaicos e anapésticos. Fez largo uso dos versos de oito sílabas, com uma riqueza de acentos, de que, de certo modo (penso em *Nossa marcha*), Maiakóvski é devedor. *Leitworte* essenciais de seus poemas são diversos, mas gostaríamos de sublinhar: *svet* — luz, *notch* — noite, que rivalizam apenas com importantes cromatismos, como *lazur*, *goluboi* (azul-claro), *sinyi* (azul-turquesa), correlatos de uma ontologia da luz, que se irradia pelo Universo.

Esse equilíbrio dinâmico permanece em seu horizonte literário, mesmo quando Blok parece herdar o desencanto do último Hölderlin, quase o mesmo desespero, diante de um mundo severo e terrível (*stráshnyi mir*):

> Noite. Fanal. Rua. Farmácia.
> Uma luz estúpida e baça.
> Ainda que vivas outra vida,
> tudo é igual. Não há saída.
>
> Morres — e tudo recomeça,
> e se repete a mesma peça:
> noite — rugas de gelo no canal.
> Farmácia. Rua. Fanal.
>
> (tradução de Augusto de Campos)

E esse mundo corrosivo torna-se ainda mais terrível, em rugas de gelo e de espera, além da rua e dos fanais, quando Blok analisa a condição do poeta:

> Pushkin não foi assassinado apenas pela bala de D'Anthes, mas também pela "falta de ar". Morreu, e com ele, a sua cultura. Foi assassinado pelos "funcionários". Hoje também existem funcionários, que querem obrigar a poesia a seguir certos canais. Mas atentam contra a sua secreta liberdade, impedindo o cumprimento de sua secreta vocação.

E essa alta voltagem, que acabamos de ouvir, sobre o assassinato de Pushkin, reaparece em seu belíssimo poema "Os doze", que abre caminho para outras frentes, estéticas e ideológicas:

> ... Eles se vão num passo onipotente...
> Atrás — o cão esfomeado.
> À frente — pendão sangrento,
> às avalanches insensível,
> às balas duras invisível,
> em meio às ondas furiosas

da neve, coroado de rosas
brancas, irrompe imprevisto —
à frente — Jesus Cristo

(tradução de Augusto de Campos)

    Um poema notável, que realiza a Revolução Bolchevique em termos cósmicos e quase restauradores da Belíssima Dama. E impressiona a sua linguagem de outrora, o seu diapasão da juventude, modificado, apenas, pelo desencanto esperançado, frente às mudanças da sua amada Rus', e pelo fluxo da nova poesia, que Blok absorve em sua batalha, e que não dista infinitamente de Khliébnikov ou Maiakóvski. "Os doze" representa uma encruzilhada expressiva entre simbolismo e futurismo. Uma vontade. Uma direção.

Mário Peixoto e o mar

O poder imagístico da poesia de Mário Peixoto não poderia passar despercebido por quem se viu abalroado por *Limite*. *Ut pictura poesis*. Como a pintura, a poesia. Esse antigo princípio parece cada vez mais integrado na modernidade tardia, na era que Paul Virilio definiu como a das coisas velozes e dos fluxos. Essa talvez me pareça uma das razões de boas-vindas à poesia de Mário Peixoto, ao artista que fez da imagem uma poética de abismo e destino, e que apostou na memória como forma de inteligibilidade do fluxo.

Com efeito, a memória se torna o fio condutor essencial entre a sucessão multifária e temporal das impressões do *teatro da consciência*. Essa perspectiva empírica ou praxística, por um lado, e a sua hiperfísica, por outro, são as forças que provocam o fluxo e o refluxo de sua poesia ("sangue" e "cicatriz"), a metempsicose das lembranças, que renascem e que se decompõem:

> Sem ti, lembrança,
> e sem o relâmpago da tua comoção,
> o que seria do anonimato contínuo

dos instantes que renascem e se desagregam;
dos bafejos que já ilusionaram a perfeita felicidade,
súbitas tonalidades que se iluminaram do segredo arriscado,
de um sorriso,
e as passagens que ainda cicatrizam num detalhe
o apelo macerado de alguma nódoa de sangue?!

(Rascunho escrito em margem de um roteiro)

Mas a memória da água mostra-se mais profunda e perigosa e acaba por dramatizar o espaço das efemérides no mar onívoro da sucessão. Mário Peixoto desenha a trama de seus "embates traiçoeiros", de escarpas abissais, do limo, da rocha e das coisas sombrias, que aos poucos obtém misteriosa e inesperadamente a forma de um corpo, como Proteu, na *Odisseia,* e Afrodite, na *Teogonia,* aparecendo e desaparecendo na força plasmadora das águas, como em *Nadja,* de Breton:

> A memória da água
> fundeou no sombrio do golfo
> os embates traiçoeiros
> que enlimaram as primeiras feições da escarpa,
> antes ainda de enegrecida com a amargura,
> e quando a rocha, mais nua,
> formara-se, então, espontânea
> num decisivo jeito de corpo...

(São Martinho)

E a ideia ganha corpo, não há dúvida, por uma presença esboçada, ou, talvez, pressentida, a palavra escondida (o *verbum absconditum*), como um tesouro de coisas submersas, como poemas, palavras, catedrais, emergindo das formas primevas e, ao mesmo tempo, da velhice dos corpos submersos ou subterrâneos, de um sentimento inesgotavelmente abissal, que se traduz na obra de Mário por uma vertiginosa vaga:

> Há um poema surdo
> rumorejante das profundas entranhas das raízes
> que se alojaram como polvos
> nos ataúdes de velhos corpos
> carcomidos,
> violados no segredo da terra...
>
> (Terra na boca)

Desses segredos invioláveis, dessa forma sempre inacabada, potencialmente aberta, em novas palavras, poemas, fotogramas, emerge a sua demanda sentida e inóspita, que se chama solidão. Poucos poetas terão repetido tantas vezes (e renovadamente) essa palavra. Hart Crane cultivou a solidão. E William Carlos Williams. E Cioran. Em Mário Peixoto, com o seu apelo abissal, a solidão é tão certa como as forças da natureza, como a lei fractalizada que rege o movimento de todas as ondas:

> Sozinho é o vento,
> a região inóspita, o solo ondulante,
> e solitária a sombra cambiando
> que as tuas mãos avançam,
> rastejante, ela também — pelo arenoso do chão.
>
> (Nuanças já longínquas, nesta tarde de chuva)

O tema das ilhas solitárias que se amplia na sua condição de númeno ou arquipélago apresenta uma larga tradição em nossa literatura. E não seria demasiado recordar a de Jorge de Lima — que é quase uma síntese do que ocorre desde a fundação da ilha, em Camões, aos dias de hoje. A de Mário Peixoto guarda um grau de estranheza comparável ao *Castelo de Axel* — quase um núcleo kantiano, um permanecer inacessível, como o de Belatrix, uma espécie de catedral submersa, gótica, metafísica e tropical, que havia de tocar bem de perto aquelas miragens de *Fronteira*, de Cornélio Pena. A ilha inatingível de Mário Peixoto assenta-se em sua condição radicalmente solitária, que o mar do *Unbewusst* e do *Unheimlich* parece exprimir não apenas a condição insular da realidade, mas também, ou mais propriamente, a condição *insilar* da humana condição. O insílio, espécie de exílio para dentro, de que talvez apenas o Uno de Plotino melhor pudesse dar conta do ser translúcido e marulhante, de refugos e circunferências do mar peixotiano. A condição humana com assonâncias e aliterações, que trazem a marca de certo simbolismo brasileiro e de certo expressionismo como os desenhos de Cornélio Pena, mostrando muito embora um perfil drasticamente bicromático. A ilha de Mário Peixoto é de uma escura intensidade barroca e tropical. Como se fora a de um Manuel Botelho, ressemantizada, a flutuar nas ondas, ou como a de Jorge de Lima, absolutamente estanque:

> Solitária
> como avançada boia sentinela,
> espanejada quilha ferruginosa,
> de longe
> reboante de mar,
> translúcida, ainda, dos cobreantes horizontes,
> pela salitrada refração dos muitos sóis,
> — arqueja a ilha.
>
> Fundeada
> no marulhante compasso da maré,
> arremessada, toda em volta, das
> circulares tarrafiadas das ondas,

> que ritmadas a comprimem
> investindo de encontro,
> fechando-a convergentes nas suas
> brancas cavalgadas (...)

(A ilha)

As formas aliterativas formam um raro crescendo, para dar conta de uma cinética expressiva, como a que vemos em *Limite*, em que a narrativa segue um motor heraclitiano, onde cada fotograma parece depender do princípio flutuante que o engendra, como se a *dýnamis* fosse um dos personagens centrais, de que apenas o mar, como permeio e destino, poderia abarcar em seu tremendo e fascinante vir a ser. E temos um Mário Peixoto de abismos, voragens, precipícios (palavras cultivadas por Cornélio Pena, Lúcio Cardoso e Octávio de Faria — e, por que não lembrar, de Dionélio Machado?), subterrâneos, superfícies, paredes côncavas, limites e confins inapeláveis, labirintos e galerias marinhas:

> ... na canoa virá,
> a não ser com o remo e a linha,
> a não ser com o samburá e as iscas —
> surgido também
> dos confins,
> trazendo à ilha o novo aspecto,
> onde tocada
> — inapelável como as sensitivas
> deixará, subitamente, de ser poema,
> reservada, continuando marulhenta à superfície
> — mas, na verdade,
> descida aos seus abismos
> e ali recolhida
> — encerrando-se a estremecer,
> no incomunicável,

fechando-se nos repercutidos subterrâneos
captadores de sonoridades
— com vozes dos grandes órgãos dos profundos —
originárias galerias e labirintos (...)

(A ilha)

E na prosa poética — talvez — como observaram outros críticos, deparamo-nos com a parte mais acabada da poesia de Mário Peixoto, atingindo ritmos febris, fortemente expressivos, com sua tessitura rimbaudiana, numa produção imagética de viva expansão e, ao mesmo tempo, com o vigor de uma prosa árida e seca. Não obstante a variedade e a riqueza vocabular, que o afastam do lirismo metafísico de um Jorge de Lima para uma espécie de poética hiperfísica, com seus dramas geográficos magnificados, que ecoam — atenuadamente — o que Euclides da Cunha definiu como o drama da terra.

... O recortado da ilha com o seu promontório de verdura, os blocos de pedra rolados, à beira d'água, submersos ainda, alguns; outros mantidos à superfície, varejados à certa altura pela esteira das marés, encavalados em agrupamentos de bizarras posições acontecidas em épocas imemoráveis — tudo aquilo ali estava — mudo e ao mesmo tempo gritante a formar um todo. O trabalho das pequenas pedras caprichosas, perfuradas, franzidas, esculpidas, tingidas de cores suaves, fascinantes, às vezes, reagidas de seculares movimentos das águas, de chuvas e de ventos, de carregações salitrosas e súbitos congelamentos de invernadas em bruscas mudanças de temperatura; o invisível mas constante trabalho subterrâneo das marés perfurantes — limas corrosivas, implacáveis e constantes nos seus ciclos — trouxera à ilha a bordadura de seus blocos desmoronados, afogados ou não, — arquitetura antiquíssima: do exótico, às vezes — ao tão espontâneo de suas pedras circundantes.

(A ilha — parte II)

Esse cromatismo absoluto, essa intensidade salitrosa e subterrânea, esse trabalho de épocas imemoráveis, essa tensão implacável, esse recorte de pedra e verdura — tudo isso faz com que a ilha de Mário Peixoto faça parte de um conjunto singular que forma certo arquipélago da poesia luso-brasileira.

Traduções da *Divina comédia*

Diante de uma grande tradução, difícil não evocar Pierre Menard — leitores borgianos que somos —, quando aquele personagem se decide pela tradução de *Dom Quixote*. Ao fim e ao cabo, o trabalho não passou da primeira linha, pois a força do texto impedia todo e qualquer movimento. Todas as aproximações ficavam infinitamente distantes do original cervantino. Daí para a frente, apenas o silêncio. Imagine-se, agora, o personagem de Borges, redivivo, ocupado em traduzir a *Divina comédia* para o português, comparando, com obstinação, os resultados de seus antecessores. Não se interessaria senão por uma tradução integral, feita por um só autor, e em terça rima. Não se interessaria pelas traduções coletivas ou parciais, embora todas façam jurisprudência, legando versos que se tornaram patrimônio de nossa língua, como *"deixai toda a esperança, ó vós que entrais"* ou *"o Amor que move o sol e as mais estrelas"*.

Tudo isso motivado pelo trabalho de Italo Mauro, que com Dante desceu às profundezas, subiu escarpas dificílimas e chegou ao Céu Empíreo. Percebemos ter sido a tradução de Dante uma questão arquetípica para Italo Mauro. E a *Divina comédia* deste ítalo-brasileiro se inscreve, cronologicamente, como a quarta contribuição que o mundo de expressão luso-brasileira produziu nos últimos cem anos.

Primeiramente, comecemos com Xavier Pinheiro: incentivado por Machado de Assis — que antes de redigir *Dom Casmurro*, vertera maravilhosamente o canto 25 do "Inferno" —, pôs-se a traduzir a *Comédia*. Concluída em 1882, o trabalho de Xavier Pinheiro saiu póstumo, em 1907. Doze prateleiras de livros. Oito anos de trabalho. E o fim da tradução coincidiu com o de sua vida. Grande conhecedor dos clássicos latinos e portugueses, havia nele um excesso de referências, a ponto de perturbar o equilíbrio dantesco. Demasiadas inversões, obscuridades e preciosismos comprometeram-lhe a obra. E, no entanto, existem passos luminosos em alguns de seus versos, comparáveis ao melhor Gabriel Pereira de Castro, da *Ulisseia*. Tanto assim que Jorge de Lima, em *Invenção de Orfeu*, não deixou de absorver diversas tercinas do tradutor, especialmente aquelas da Cândida Rosa, de onde sorri a Beatriz de Jorge de Lima e de Dante-Xavier Pinheiro.

Cristiano Martins realizou aquela que se pode considerar até hoje como a melhor *tradução literária* da *Divina comédia*, e que tanto impressionou Drummond. Cristiano Martins seguia de perto Rilke e Camões e, como fosse poeta, sua tradução superava a de Xavier Pinheiro. Com cinco mil exemplares esgotados, em 1976, a segunda edição seria notavelmente revista e adornada com as gravuras de Doré. Cristiano Martins sabia ser esta a sua obra máxima, embora fosse bom poeta e melhor ensaísta. A *Comédia* superava tudo quanto fizera.

Sentimos na tradução uma admirável clareza produzida pelo decassílabo. O melhor decassílabo das traduções de Dante. Cristiano Martins desconhece inversões radicais, e quase dispensa metaplasmos. Por toda a parte, percebe-se uma elegância camoniana, de máquina do mundo. O que absolutamente não é pouco. Deve-selhe, contudo, apontar uma tendência para arredondar o que em Dante é áspero e duro. E muitas vezes, para salvaguarda do decassílabo, sacrificam-se tensões e arestas. Alta a inspiração de Cristiano Martins nos momentos considerados por Croce como *poesia pura*: Paolo e Francesca, Pia dei Tolomei, São Bernardo.

Mais recentemente, em 1995, a tradução portuguesa de Vasco Graça Moura (feita em apenas seis meses!), levou-o a um esforço ingente, cujo ensaio introdutório é, de fato exemplar, no que diz respeito ao ofício da tradução, e no que se refere à escolha de arcaísmos e neologismos, dos quais Vasco foi o mais bem aparelhado à inteligência do texto. A par com a melhor e mais recente crítica dantesca, de um Singleton e de um Freccero, Vasco Graça Moura resolveu como ninguém, em sua edição, diversos aspectos técnicos da filosofia de Dante, no "Purgatório" e, de modo especial, no "Paraíso". Vasco decide-se ainda a não desprezar a *pele do poema*, as formas que, mesmo na superfície sonora, remetem perfeitamente ao original. Para nós, brasileiros, o efeito é, às vezes, demasiado ultramarino, quanto ao vocabulário. O fato de seguir colado ao original, acaba por envelhecer em nossa língua o que em Dante e no italiano de Dante nada tem de vetusto ou de arcaico. Apreciamos-lhe as belíssimas passagens da visão do Livro de Deus, do atormentado Vanni Fucci e os três últimos cantos do "Purgatório". Trata-se de uma tradução inquestionavelmente seminal.

Finalmente, a de Italo Mauro, a quarta cronologicamente falando, guarda maravilhosamente uma fidelidade canina, e bem percebemos que o seu conhecimento de Dante é de intimidade e, por razões que facilmente poderíamos dizer, telúrica. Destacam-se boas soluções em muitos *fragmentos*. O canto de Ulisses, o de Farinata e o de Ugolino. Parece que Dante escreveu usando palavras muito parecidas. Italo Mauro realiza uma tradução com um deslocamento que tende para o zero. O que parece quase impossível. Para isso, naturalmente, muita coisa foi sacrificada. A tal ponto que o autor obriga a si próprio a estar aquém de si, por desejar como intocada a *Divina comédia*. Alguns problemas técnicos parecem advir dessa perspectiva quase menardiana. Primeiramente a métrica, pois nem sempre o decassílabo é decassílabo. Ou quando se produzem decassílabos mediante inúmeras reduções (sinéreses e sinalefas), que comprometem quanto no original era límpido e terso. Também o acento, que recai, não poucas vezes, na quinta sílaba, poderia ser tranquilamente evitado. Considerem-se estas como sugestões para uma segunda edição.

Das quatro obras integrais, esperamos ainda por uma quinta que saiba unir o melhor das quatro edições, e uma sexta que reúna o melhor das cinco, num movimento incessante e progressivo. Não de quem desiste de traduzir, mas de quem percebe que o *Quixote* e a *Comédia* sobrepairam solenemente acima de nossos trabalhos.

E a tradução — um formidável teatro de sombras.

A Bíblia dos ventos:
Molnár, Márai, Kertész

I. A LÍNGUA E SUAS RAÍZES

Das altas planícies da Hungria e do gênio de dois romancistas da Europa Central — parentes de Musil, Mann e Broch — acabam de chegar ao Brasil *Divórcio em Buda*, de Sándor Márai, e *Kadish por uma criança não nascida*, de Imre Kertész.

Mas, ao falar de planícies e planaltos, dos aspectos pluriformes da cultura húngara, em momento algum hei de tecer considerações de certo (e ultrapassado) determinismo geográfico, ou (pior) linguístico e histórico para reduzir os matizes sutis que compõem a literatura do século XX na Hungria. E, no entanto, eu gostaria de desenhar uma breve arqueologia da relação que guardo com alguns nomes e ideias daquele mundo. Começando pela língua. Suas belezas e dificuldades.

Para muitos, a opacidade da língua húngara impede o conhecimento mais amplo de sua literatura. Há quem pense que o magiar seja das mais difíceis da Europa, como Paulo Rónai — erudito, professor de latim em Budapeste, e que se tornou, por assim dizer, brasileiro, tradutor da *Comédia humana* para o português, e de antologias de contos e novelas da Hungria — chegou a dizer, em *Como aprendi português e outras aventuras*, que a gramática húngara guardava "um emaranhado de opacos labirintos". O fato de não pertencer à família indo-europeia — sendo mais próxima do finlandês, turco e mongol — causa alguma estranheza, de início. Como quem sente estar perdido, em terra de ninguém, sem referências prévias, em meio a palavras definitivamente longas, irredutíveis (ou quase) ao dicionário do Ocidente, com vasta mobilidade frasal e delicada relação entre substantivos e adjetivos, além dos complementos (inessivo, ilativo, elativo, sublativo, superesivo, delativo, alativo, terminativo, adesivo, ablativo, e quantos outros!). Comecei a estudar melhor a língua há aproximadamente um ano e meio, e com pequenas interrupções. Ora otimista. Ora desesperado. Dediquei-me à gramática de Sauvageot, *Premier livre de hongrois* e a mais uma série de ensaios lexicais e etimológicos. Não fui além da (douta, talvez?) ignorância, de certa prática instrumental, conseguindo, todavia, relacionar planos e contextos, a partir de pequeno vocabulário e modos gramaticais.

Trata-se de uma língua de força e beleza, equilíbrio e razão. E se um idioma fosse capaz de impedir o conhecimento de sua literatura, seria lícito imaginar Shakespeare desconhecido em Sumatra, Pequim, ou Helsinque, pois que o inglês se mostraria incompatível com aquelas línguas e culturas para as quais seria traduzido? O argumento da impenetrabilidade do húngaro parece-me insuficiente, bom para encobrir — por inércia ideológica — outras e mais complexas motivações de ordem política e cultural, que se modificam a olhos vistos desde a queda do Muro de Berlim.

No Brasil, a difusão da literatura húngara é a resultante do esforço de um punhado de tradutores (Paulo Rónai, Paulo Schiller, Ildikó Sütö, Ladislao Szabo) que não conhecem apenas o original, mas o ofício da tradução, dominando com mestria a língua de chegada, bem como a literatura brasileira e portuguesa. Mas há todo um mundo a se fazer, desde uma boa antologia da poesia húngara a outros esforços e mais frequentes, como a criação de um curso de língua e literatura húngara em nossas universidades federais.

O primeiro (e talvez último) grande sucesso de público foi *Os meninos da Rua Paulo* (*A Pál utcai fiuk*), de Ferenc Molnár, traduzido por Rónai. Esse livro causou impacto na minha geração e na imediatamente anterior. Lembro de tantas páginas, e do terreno baldio, o *Grund*, e do Clube, em que sonhavam os meninos, bem como de episódios árduos, como as horas que precedem a morte de Nemecsek:

> Abriu-lhes a porta. Todos entraram embaraçados, tímidos, como quem entra na igreja, tirando os bonés antes de transporem a soleira da cozinha. Quando a porta se fechou atrás do último, os demais já estavam à porta do quarto, mudos, respeitosos, de olhos arregalados, olhando para o alfaiate e para a cama. Nem isso fez o alfaiate levantar a cabeça; descansava-a no braço, calado. Não chorava; apenas estava muito cansado. Na cama jazia o capitão [o menino Nemecsek], de olhos abertos, respirando com dificuldade, do fundo do peito, com a boca aberta. Não os reconheceu; talvez já olhasse para coisas que olhos terrestres não podem ver.

Tudo isso emocionou minha primeira adolescência. Decidi escrever para Paulo Rónai, porque havia ressonâncias entre aqueles meninos e o que eu vivera, em Niterói, dos oito aos dez anos de idade. O terreno baldio. A fundação do Clube. E a guerra (de alecrim e manjerona) entre facções rivais. O mesmo lirismo que aproximava os jovens do Brasil aos da Hungria.

Molnár não realizou uma obra forte (como a entende Bloom), sendo preciso acolher uma série de escritores húngaros, que segue desconhecida (por mim alcançada indiretamente), como os Petöfi, os Török, os Szerb, os Ady e os Radnóti. Há muitas gemas preciosas, que parecem dormir em profundezas abissais. Mas o problema — insisto novamente, e quantas vezes mais seria necessário insistir? — não é de ordem linguística, mas cultural.

II. O MAGISTRADO E AS RUÍNAS

> *Ce suflet trist mi au daruit partintii din parinti.*
> *Ce suflet Trist*
>
> — M. Eminescu

O caso de Sándor Márai explica bem o que vamos dizendo. Nascido em 1900 em Kassa, no domínio do antigo império Austro-Húngaro, seus romances eram muito lidos nos anos trinta. Durante o regime fascista de Horthy, Márai viveu períodos de exílio na Alemanha e na França, até deixar o país em definitivo, após a chegada do regime comunista, em 1948. Seguiu para o Canadá e fixou-se pouco depois nos Estados Unidos. Sua obra foi caindo em forçado e absurdo esquecimento na Hungria. Perdido numa grave solidão, Márai decide pôr fim à vida em 1989, na cidade de San Diego. Foi a editora Adelphi, na Itália, que começou a traduzir-lhe a obra, hoje inserida no catálogo das maiores editoras da Europa e dos Estados Unidos. Como bem podemos ver, no caso de Márai, as razões políticas foram largamente superiores às de ordem linguística.

O romance *Divórcio em Buda* (*Válás Budán*) é uma pequena obra-prima. Livro de corte clássico, Mitteleuropeu, cheio de passagens, mundos internos, grandes monólogos, geometricamente perfeitos, grande agilidade narrativa, além de uma estranha e bela consistência. Num dos retratos do protagonista, Márai funde a paisagem de Buda com os valores morais do magistrado, deslocados ou superados em tempos outros e graves:

Sentia a mesma intimidade genuína e a alegria que se experimentam em família, na propriedade, quando observava, amparados por andaimes, os nobres escombros da Igreja de São Mateus, aquela da coroação, quando contemplava os edifícios públicos que se agarravam do alto das colinas como os antigos castelos dos cavaleiros medievais, expressão em pedra e armadura do pensamento histórico, e, atrás, os velhos bairros quietos e encolhidos, cujos nomes das ruas anunciavam os antigos ofícios de seus moradores. Ele tinha algo em comum com tudo aquilo, sentia-se estreitamente ligado àquele mundo. Não podia acreditar que aquele pensamento histórico, expresso atemporalmente na fachada um pouco altissonante do castelo, tivesse entrado em declínio. Se nesses tempos cada um resguardasse seu posto, se ele, o juiz, também o resguardasse, se todos cumprissem seu dever, talvez se pudesse salvar a família à qual pertencia, à qual jurara fidelidade, essa grande, imensa família!

Todas as suas demandas e interpretações, tentativas de domar o real e superar os instintos, têm muito do que se costumou chamar de "alta modernidade" — o de uma vasta tradição do romance do século XIX, em que se retomam aquelas figuras e enredos, que agora, em Márai, se dissolvem por completo. Mas tudo sem espalhafato, sem lançar mão de uma teatralidade vazia e agressiva. Diz — pouco depois — o juiz Kömives:

> Sim, segundo todos os indícios — e que indícios terríveis! — o edifício da família estava desabando, as pessoas fugiam do lar decrépito e gelado, de todos os cantos surgiam falsos xamãs, profetas de modas detestáveis, que pregavam uma "união camarada", um "casamento experimental" e discursavam sobre a "falência do matrimônio". E Kömives odiava esses falsos profetas e seus seguidores, os cônjuges com nervos em pandarecos, ou apenas acovardados, irresponsáveis, libertinos, que um dia paravam diante dele com os olhos voltados para o chão porque não "aguentavam" as obrigações e o peso do casamento.

A MEMÓRIA DE ULISSES

Quase como a igreja de São Mateus, em Buda, e seus castelos e palácios em ruínas. Temos como que uma odisseia mental, espécie de reeducação burguesa dos sentidos, mas de uma burguesia liberal, marcada por gestos de humanismo e desespero. Tudo o que se pode perceber do juiz Kristóf Kömives, tentando a mediania clássica, a distância quase olímpica e objetiva que se requeria de um alto magistrado. As sutilezas são importantes aqui, alusões, remissões, que atingem o ápice na misteriosa visita do Dr. Greimer, terrível e maravilhoso acontecimento, de uma narrativa noturna, eminentemente noturna, feita de sombra e silêncio — inesquecível para o leitor mais exigente. Sándor Márai representa hoje para mim não exatamente o drama da língua, da história ou do autor. Mas o drama de uma literatura injustamente exilada, e dos grandes valores de uma certa e perdida modernidade.

Esses mesmos valores reaparecem num romance que me é caro: *Veredicto em Canudos* (*Ítélet Canubosban*). Onde Márai se inspira na obra-prima de Euclides da Cunha, *Os sertões* (como já o fizera Mario Vargas Llosa, em *La guerra en el fin del mundo*, 1981). Márai segue a tradução inglesa, de Samuel Putnam, e se impressiona com a obra de Euclides ("o livro é como a mata do sertão: a um tempo abundância e aridez") e o genocídio que a República recente perpetrou aos seguidores do Conselheiro, em 1896, nos sertões da Bahia. Não será possível tratar desse livro, mas gostaria de acolher a parte da nota final de Márai:

> A lembrança da leitura [de *Os sertões*] era inquietadora. Como se eu tivesse estado no Brasil (sinto nunca ter andado por lá). Como se, com a história de Canudos, Euclides da Cunha (morto há apenas sessenta anos) intentasse mais do que narrar os acontecimentos da explosão anárquica que se deu na orla da Região Nordeste no final do século passado. Porque a aventura selvagem de Canudos se repetiu meio século depois em outras paragens.

Márai referia-se a temas com os quais — do ponto de vista da história e da ideologia — não me vejo de acordo, da leitura de uma anarquia ou de uma história que se repete. Mas ao tratar de um genocídio feroz — dos canhões contra uma população indefesa, que se defendeu com imensa coragem, infligindo grandes derrotas ao exército —, não há como não abordar a trilogia de outro grande escritor.

III. A BÍBLIA DOS VENTOS

"Was? Du willst noch leben?"

Sorstalanság — Kertész

Quando penso em Márai concentro-me na reeducação dos sentidos e de modo imediato — neste cenário difuso, impreciso e capilar da literatura húngara no Brasil — volto-me de pronto ao belíssimo livro de Imre Kertész, *Sem destino* (1975), na versão de Paulo Schiller, a partir do qual retomamos em outra chave o que em Molnár era um *excursus* lírico.

Seguimos para uma adolescência áspera, de Kertész, que nasce numa família judaica de Budapeste, em 1929. Deportado para Auschwitz, Buchenwald e Zeitz, com apenas quinze anos, em 1944. Passados pouco mais de doze meses, Kertész volta a Budapeste e vive como tradutor (de Hofmannsthal, Nietzsche, Canetti, Schnitzler), libretista e escritor, refletindo sua dramática experiência dos campos de concetração, a partir da qual elaborou três belos romances: *Sem destino* (*Sorstalanság*, 1975), *O fiasco* (*A kudarc*, 1988) e *Kadish para uma criança que não nasceu* (*Kaddis a meg nem szültet gyermekért*, 1990). Por muitos anos, Kertész passou despercebido até lançar o primeiro livro, ou melhor, até que este livro encontrasse formidável acolhida na Alemanha.

Sem entrar em questões de ordem publicitária, cultural ou ideológica, eu gostaria de lembrar como Kertész ampliou e consolidou aquela reeducação dos sentidos que se poderia encontrar esboçada em Márai.

Das muitas possibilidades de abordar (mas não de esgotar) o tema, vemos em O *fiasco* um indício para fixar precisa e detalhadamente um espaço breve, que se define por uma série bizarra de coordenadas espaciais de longo alcance, marcadas, todavia, numa espécie de microespaço. Como se desenhasse uma escala fora de proporção, para fixar a conquista do espaço, numa tensão de proximidade e distância, intimidade e estranhamento, dentro de uma crise narrativa vivida pela personagem do Velho:

> Depois da poltrona do lado norte, partindo da estufa revestida de azulejos (calculando-se o devido espaço), vinha um outro espaço (menor), depois a porta de vitral, para ser mais preciso, um vão do tamanho de uma porta que por causa da falta de circulação do *hall* de entrada permanecia sempre aberta; atrás dela um espaço, depois do espaço — já no canto nordeste do quarto-sala — estava o lado mais curto de um dos sofás, depois o canto, em seguida, já ao longe da parede setentrional, a extremidade mais longa do sofá, espaço, um gaveteiro baixo, espaço, finalmente vinha um outro sofá, cujo lado mais longo, entretanto, já se encostava na parede ocidental, em sentido norte-sul, estendo-se até debaixo da janela, onde, ainda mais para o sul, se abria outro espaço, e depois uma mesa (mais exatamente *a* mesa, aliás a única mesa propriamente dita do quarto-sala) se estendia, cada vez mais no sentido sul, quase até o canto sudoeste, de impossível acesso, pois estava obstruída pelo móvel localizado nesse canto, certamente uma peça não totalmente desconhecida ao leitor atento.

Os mapas do mundo e do pequeníssimo apartamento surgem sobrepostos, demarcando igualmente, além das razões aludidas acima, certa experiência de cativeiro, que o Velho experimentou, em campos de concentração, no qual dimensões mais vastas parecem brotar de ínfimos espaços (como, aliás, tivemos ocasião de observar em muitos campos de refugiados, fixando tais observações n'*Os olhos do deserto*).

Vale observar como e quanto a voz narradora parece trabalhar numa espécie de caixa ou forma chinesa, que dobra e desdobra, a cada instante, o discurso — vário e pontual — em que cada ideia geral é cortada ou delimitada por outra de ordem particular e restritiva, partindo de uma série de parênteses, parênteses de parênteses, e outros mais, abertos para uma soma de interpolações.

> Era em um desses prédios que o velho morava. Ele ocupava um apartamento do segundo andar, do tipo *kitchenette* (um quarto-sala, uma antessala, o *hall*, banheiro, uma minicozinha, 28 metros quadrados no total, alugado pelo Conselho Municipal, com um aluguel que começou com 120 forintes, constantemente em elevação — no ritmo dos aumentos de aluguéis de moradia —, até chegar aos 300 forintes, que ainda não era muito) registrado temporariamente há décadas, com base no direito conjugal (uma vez que seu registro permanente, ou seja, sua residência oficial, como um parente de primeiro grau, correspondia ao apartamento de sua mãe, embora ele jamais tivesse residido lá, nem mesmo temporariamente, pois tinha esperança de que a velha senhora viesse a alcançar o limite máximo de sua vida, ainda considerando que um dia chegaria o derradeiro acontecimento inevitável...) (em uma palavra, quando apartamento ficasse vago em consequência do derradeiro acontecimento inevitável e ele passasse ao velho por meio dessa artimanha) (se essa artimanha, como era esperado — com base no direito consuetudinário —, fosse também aprovada pelo órgão municipal competente) (se bem que lá também se tratava apenas de um quarto, embora um quarto bastante grande, localizado em um bairro nobre, com muito verde com muito conforto; portanto, considerando-se uma troca, aquela residência — onde o velho fora registrado em caráter permanente, ainda que jamais ti-

vesse residido lá, mesmo temporariamente — seria sem dúvida mais adequada).

Temos assim uma redefinição do espaço, da página e do pensamento. Uma reconquista dos sentidos que parece deitar raízes em outra (mais dura e anterior) experiência do jovem personagem do livro *Sem destino*.

Auschwitz, Buchenwald e outros absurdos forjaram a têmpora de novos sentidos e percepções. Para um menino de quinze anos, o campo de concentração — com suas franjas terríveis — levou à espantosa redescoberta do corpo:

> Nunca imaginaria que tão depressa viraria um velho murcho. Em casa, era preciso tempo, pelo menos cinquenta ou sessenta anos: ali, três meses foram suficientes para que meu organismo ficasse no osso. Digo que não há coisa mais torturante, mais deprimente do que seguir dia a dia, contar dia a dia quantos de nós morreram. Em casa, ainda que não me ocupasse muito disso, estava em harmonia com o meu organismo, gostava — por assim dizer — da máquina. Lembro-me de uma tarde de verão quando no quarto fresco lia um romance excitante, enquanto a palma da minha mão, numa distração agradável, alisava a pele distendia pelos músculos, bronzeada de sol, com pelos dourados nas coxas. Agora, essa mesma pele pendia enrugada, pálida e ressecada, cheia de erupções, círculos marrons, fissuras, rachaduras, rugosidades e escamas...

Uma dramática percepção das transformações, e da linguagem praticada pelo corpo, submetido a um sem-número de provações. O peso da história. Seus fantasmas. E absurdos. Como interpretá-los? Como salvaguardar-se desses males? E todavia, longe de reduzir o fato a mera ideologia, Kertész revela o vigor dessa experiência no centro do fenômeno literário, evitando aporias outras, reduções e sequestros condenáveis, em que a literatura desaparece, deixando em seu lugar uma herança extraliterária de escombros, gestos, palavras. Nessa cognição da dor, o que surpreende é a lógica da sobrevivência ou de sua prática, ultrapassando heroicamente limites que antes pareciam intransponíveis:

> O frio, a umidade, o vento ou a chuva já não me incomodavam: não me atingiam, não os sentia. Até mesmo a fome passou; continuava a levar à boca tudo o que encontrava, tudo o que era comestível, mas distraído, mecanicamente, como por hábito, por assim dizer.

Ao deixar o campo, regressando para casa (regresso?, casa?), assistimos a uma espécie de drama da incomunicação entre quantos estiveram ou deixaram de estar no Hades. Como voltar incólume, depois de tanta guerra? Kertész estabelece (como em *A trégua*, Primo Levi) uma dialética de valores, cuja responsabilidade recai sobre os que regressaram. Uma espécie de transmutação. Como se houvesse uma tênue possibilidade — no meio de tantas ruínas — de fundar um novo humanismo; como se houvesse uma delicada, mas firme possibilidade — depois de tanta desesperança — de vislumbrar uma estrela engendrada pelo Caos. Um projeto nada ingênuo, marcado por uma firme compaixão. Um modo novo de tocar a estrela (de Nietzsche, ou de Celan), intensivo, não perdulário, voltado para o futuro:

> ... não entendia bem como podiam pretender o impossível, e assinalei que o que acontecera, acontecera, e afinal de contas, eu não seria capaz de dar ordens à minha memória. Eu poderia começar uma vida nova somente se nascesse de novo — ponderei —, ou se um mal, uma doença ou coisa parecida comprometesse a razão, e isso eu esperava que não me desejassem.

Nesse tom, nessa forma complexa de compreender a história e o sujeito, considero *Kadish* a obra-prima de Kertész, um dos livros mais belos, de que tenho notícia, intenso e veloz, como se fora escrito agora, a partir de sua música, de seus ostinatos, crescendos e diminuendos, como um grito lancinante, transido por um forte desespero. Desprovido de efeitos meramente retóricos e desproporcionados, *Kadish* é um templo grego consagrado para um anjo duro e difuso, tremendo e lancinante, uma espécie de *Ur-Schrei*, de grito primordial, lançado com exuberância e domínio pleno do discurso. Pensaria em modelos diversos, como a *Carta ao pai*, de Kafka, ou quando Leopardi se dirige a Monaldo, e no libreto *Erwartung*, musicado por Schönberg. E, todavia, a obra de Kertész é solitária, e não guarda um endereço específico, remetente ou destinatário. Mais se parece com um tratado sobre a dignidade do homem — como se fazia no *Quattrocento* —, mas numa complexidade nova, feita de adesão e desencanto, elaborando uma hipermoral, que parte de uma dada realidade, diante de cujos horrores será preciso formar outra e mais complexa imagem dos homens. Toda e qualquer explicação, mais ou menos determinista, mais ou menos classificável, não atende à demanda moral de Kertész, como vemos em *Kadish*:

> ... eu poderia ter dito, que não há explicação para Auschwitz, que Auschwitz seria um produto das forças irracionais não apreensíveis pela razão, pois para o mal há sempre uma explicação racional, pode ser que o próprio Satanás, como Iago, seja irracional, mas suas criaturas certamente são seres racionais, todas as suas ações deixam-se derivar como uma fórmula matemática; derivadas de algum interesse, da ganância, da preguiça, da cobiça de prazer e de poder, da covardia, da satisfação de um ou outro instinto e, se nada além disso, então de algum delírio de paranoia, da doença maníaco-depressiva, da piromania, do sadismo, do assassinato compulsivo, do masoquismo, da megalomania demiúrgica ou outras megalomanias, da necrofilia, de alguma entre tantas perversidades que conheço, ou talvez de todas ao mesmo tempo, porém eu poderia ter dito, tenham agora bastante atenção, pois o realmente irracional e o efetivamente inexplicável não é o mal, ao contrário é o bem.

E aqui não saberia não recordar da teologia de uma larga tradição judaica, voltada para o bem e suas forças tremendas, ou para o lugar da vontade eficaz e da vontade ineficaz de Deus, para aplicar muitas e diversas consequências sobre a questão singular do bem, sua difusividade e, em Kertész, dessa quase condição excepcional, nas páginas que dedica, o narrador, à biografia dos santos ou dos trinta e seis justos. Toda mordaça, ou conceito de segurança (como dizia Adorno), toda etiqueta, toda a farmacologia do bem para explicar Auschwitz, como se fora um capítulo não pertencente à humanidade, todas essas formas de superfície não encontram guarida nos livros desse autor.

Basta que acompanhemos as quase últimas páginas do *Kadish* para surpreender como e quanto repercutem em suas veias e em suas vísceras uma condição, um nome e a marca de um grupo, e os benefícios profundos que sabe retirar, não *a priori*, como condição irreversível, ou teologicamente disposta, do fato de ser judeu, mas a capacidade de estar na cena de uma história não necessariamente sagrada, mas em ruínas, escombros, de uma verdadeira devastação, motivada por uma absurda condição de raça:

> Nesse ponto de vista seria a mesma merda se eu fosse judeu ou não judeu, embora, sem dúvida, ser judeu aqui seja uma grande vantagem, será que ela entendia?!, gritei, *única e exclusivamente só sob esse ponto de vista* eu estaria pronto para ser judeu, exclusivamente sob esse ponto de vista, considero isso sorte, até mesmo uma sorte especial, até mesmo *graça*, não por ser judeu, não dou a mínima para isso, gritei, o que eu sou, melhor que eu, como judeu demarcado, tive a possibilidade de estar em Auschwitz, que assim, em razão de meu judaísmo, vivenciei algo e vi a olho nu e sei algo, de uma vez por todas, e irrevogavelmente, isso não abandono, jamais abandonarei...

A MEMÓRIA DE ULISSES

Eis o ponto crucial, quando as nuvens de ferro se abatem num campo de verde primavera, quando o triunfo da barbárie parece o último de uma série, como e quando as figurações do Pentateuco e de seu tempo forte parecem clamar por uma distância tremenda e solitária, como o brilho da estrela solitária da teologia judaica. A condição de Kertész, naquelas páginas, conhece nas nuvens uma forma de espanto da forma compacta e universal, marcada e pura, de aldeia e raiz, de uma mesma e muitas línguas, como nos versos de Iessiênin, quando ele se reconhece, a meditar, solitário, na Bíblia dos ventos, enquanto pasce o rebanho de inesgotável, secreta e puríssima demanda:

> Foi quando li e pensei
> na Bíblia dos ventos,
> Com Isaías pascei
> meus áureos armentos.
>
> (I mislil i chitál Iá
> Po biblii vetrov
> I pass so mnoi Isaia
> Moich slatih korov.)

vam um instrumento para figurar um mundo objetivo, com os futuristas ela se transforma num elemento autônomo.

Pasternak trabalhava com elementos fonéticos e com a *desfamiliarização,* cara a Chklovski e aos futuristas, de modo geral, prontos a romperem os automatismos da linguagem, como a devolver-lhe algo de sua nudez mais tersa e angulosa. Dos formalistas, afasta-se Pasternak, quando supõe uma dialética cognitiva da poesia. Para o nosso autor — e aqui se afigura outro elemento da estrutura do romance —, existe como uma herança, legada de geração em geração, uma verdade lírica, que passa, no caso da Rússia, do *Evgueni Oneguin,* de Pushkin, ao *Demônio,* de Lermontov; de *O capote,* de Gogol, à *Pobre gente,* de Dostoievski. Desse legado depende e se constitui a humanidade. E, por isso mesmo, as grandes obras permanecem legíveis, e claras, praticamente "autônomas" (como queria Pirandello a respeito das personagens, ao contrário da contingência do autor), de que somente a arte é capaz de realizar: a comunicação das diferenças, de linguagem e de estrutura, para que cada leitor viva, em seu próprio tempo, a contemporaneidade dos romances fortes. *Doutor Jivago,* como obra de tantos legados, não recusa essa perene transmissão. Diz Pasternak em *Salvo-conduto*:

> A arte não se interessa pelo homem, mas pela imagem do homem. Ela se apercebe de que a imagem do homem é maior do que o próprio homem. Superadas as dificuldades de um dado processo espiritual, uma nova geração conserva, em vez de rejeitar, a verdade lírica, sendo precisamente sob a espécie dessa verdade que a humanidade se constitui progressivamente a partir das sucessivas gerações.

Pasternak buscou essa lição nas obras de Tolstoi e Dostoievski, respeitadas as diferenças que as fundamentam. Uma cadeia de leituras se entrelaça naquela herança. São diversas as ruas que variações, que voltam ao tema e à dominante. Ou daquelas síncopes e *pizzicatos* que acompanham *A grande Páscoa russa*, de Rimsky-Korsakov, que parecem presentes na descrição dos motins junto às escadarias de Pasternak, ou de Eisenstein (do *Encouraçado Potëmkin*). O sentido musical em *Jivago* é assombroso: como se houvera um deus, que organizasse a expressão misteriosa dos destinos.

De igual modo, as considerações de ordem filosófica e histórica elevam Pasternak à grande tradição romanesca, de que descende. De uma fina *didascália*, à maneira das divagações, diminuídas e mil vezes compactadas, de um *Guerra e paz*, ou de *Os irmãos Karamazov*, onde se multiplicam considerações políticas e morais. Por toda a parte, em *Jivago*, deparamo-nos com um sentido radical de liberdade, uma douta ignorância, diante dos fatos, e a suprema defesa do singular, do individual, da história, em perene combate contra o plural, o abstrato e o a-histórico. Entretanto, reduzir o romance a um repto político, seria ler essas páginas com olhos pedestres. Uma ideia política, no meio de um romance — dizia Stendhal — equivale a um tiro de pistola, na plateia, durante o espetáculo. A política, bem entendido, no sentido menor, circunstancial. Não a política maiúscula, presente nas grandes obras, como em todas as formas que compõem e agregam os elementos da mímesis. Interpretar o romance de Pasternak meramente como político (como quiseram os emigrados russos) levaria a mal compreender as sutilezas dessa obra e das tramas que a compõem.

Para Pasternak, cujas raízes estão fincadas no cubofuturismo e no formalismo, o realismo socialista passava a muitas verstas de seu espírito, bem como a tradição do romantismo, ou do simbolismo de Blok. Assinala Angelo Ripellino que os cubofuturistas russos:

> Definiram como problema central a liberdade da palavra. Se os simbolistas viam na palavra apenas um meio para descobrir uma trama de correspondências metafísicas, e os acmeístas a considera-

Pasternak estava dividido entre Skriabin e Rilke. Anos depois, cursou dialética, em Marburgo, com o filósofo Hermann Cohen. E Schopenhauer. E Kant. Teve por Khliébnikov e Maiakóvski imensa admiração. Diz em *Salvo-conduto* que quando perguntavam de si, não falava senão de Maiakóvski, tal o profundo sentimento que dele o irmanava. Os *Lehrjahre* abriram-lhe novos horizontes. Marburgo não "compartilhava a rotina preguiçosa dos *ismos* que pretendem tudo saber. Sua atitude era crítica diante da herança da história, sem a odiosa condescendência, que faz do passado uma espécie de asilo, de velhotes em clâmides e sandálias". Assim, pois, já se desenhava a personalidade inquieta de Pasternak, com suas convicções, livres de sectarismos ou eruditismos.

Fora da poesia russa, Pasternak cultiva Rilke, por quem nutre "um reconhecimento infinito pelos frutos vastos e insondáveis" de sua obra, e a quem agradece a leitura, em russo, de seus poemas. Rilke apreciou a música de Pasternak, e seu rumor de fundo, e sua palavra, cheia de assonâncias. Mas não só: Skriabin reconheceu o talento de uma composição de Pasternak. Enquanto o poeta dedilhava ao piano, o maestro:

> Erguera inicialmente a cabeça, depois as sobrancelhas e, finalmente, se abrira. Levantou-se e acompanhou as modificações da melodia através de insensíveis modificações de seu sorriso. Ele assegurou-me que seria absurdo falar de dom musical, pois que havia infinitamente mais e que eu tinha o que dizer em música. Referia-se aos episódios que percebera de imediato. Pôs-se ao piano a repetir um motivo que o impressionara. A passagem era complicada e eu não esperava que ele a reproduzisse com tamanha exatidão.

A música se amalgamou em sua obra, e de modo especial, em *Doutor Jivago*, onde a forma sonata organiza a tessitura dos capítulos, com a apresentação de um tema inicial, desdobramentos e

Pasternak: minha irmã, a vida

para Bruno Gomide

O romance russo é a épica da *pietas*. Poucas vezes a literatura ocidental concentrou personagens tão perturbadoras. Noturnas. Luminosas. Toda uma sublime arraia-miúda, de santos e prostitutas, vagabundos e assassinos: com seus Akakis, Gavrilas, Bubnovas, Platons, Prokhartchins, Komarovskis, Bazarovs, personagens abertos e passíveis de mudança. Não marionetes do destino. Mas redenção, expiação, revolução. Por toda a parte, as demandas da consciência. Demandas solidárias.

Bóris Pasternak é uma de suas vozes. Como quem segue as leis da manhã para descobrir as razões da noite. Sem a tortura de Dostoievski ou de Tolstoi. Mas nem por isso, isento de feridas. Cicatrizes. Tal a síntese superior de *O doutor Jivago*.

Pasternak vem de uma família de artistas. Seu pai, conhecido pintor, ilustrara as obras de Liev Tolstoi. Sua mãe, pianista, estudara Chopin e os contemporâneos. Desde cedo, o convívio com as artes, a biblioteca e personalidades, como as de Tolstoi, Skriabin, Rilke e Verhaeren haviam de favorecer-lhe a formação. E o jovem demarcam a Petersburgo de Rogojin ou de Aleksandr (com seus turíbulos e beberagens, prostitutas e assassinos), da Petersburgo das personagens tolstoianas (ocupadas em largas avenidas, além das iconóstases ou estalagens, por onde passam Platon ou Karenina). Aqueles autores — para Pasternak — são perseguidos por um impulso vital, tanto em tempos de paz como em tempos de guerra. Desde o título, Jivago (de *jizn,* vida; *jivoi,* vivo) é bem o rosto de quem se lança para a vida em todas as suas quadras, ao mesmo tempo que reelabora a verdade lírica das gerações que o precederam. A vida, sempre a vida. *Sua irmã, a vida.* Para ele, a quem o feminino (via Goethe e Pushkin) era tão fundamental, não podia haver melhor correspondência. A vida, como irmã. E tal ocorre com Jivago. Marcado pelo conhecimento. Dos que buscam o verbo e a carne (para Isaiah Berlin o amor em Pasternak não ignorava altitudes shakespearianas, de cujo Shakespeare, aliás, Pasternak foi tradutor). A vida, de todas as maneiras. Ar puro. E águas límpidas. Sem as sombras de Dostoievski. Sem a expiação de *Crime e castigo,* que exigia a mudança de Raskolhnikov, talcomo a Ressurreição de Lázaro (palavra cara ao Pasternak-Jivago dos poemas: Ressurreição). Diz Dostoievski:

> Ele nem sequer sabia que uma vida nova não lhe seria dada gratuitamente, mas que ainda teria de comprá-la cara, pagar por ela uma grande façanha futura... Mas aqui começa uma nova história, a história da gradual renovação de um homem, a história de seu trânsito progressivo dum mundo para o outro, de seu contato com outra realidade nova, antes completamente ignorada.

Tratava-se do capítulo da redenção de um criminoso. E essa ideia havia de passar para Jivago, livre de outras punições.

O sentimento de culpa (da falta, da *hamartía* grega) também se apossara de Ana Karenina, que deixara de amar seu marido, e que buscava outra vida. E, no entanto, Ana sacrifica o próprio casamento e não pode não ser atingida pela suprema justiça, que é a expiação da culpa. O romance volta-se para o bem. E o fim de Ana — tão doloroso — havia de transformar Lewin e os demais. Começava o Tolstoi de *A morte de Ivan Ilitch*, o Tolstoi mais severo. O religioso. O reformador social, que Lou Salomé e Rilke iriam encontrar em Iásnaia Poliana.

Em Pasternak, amor e responsabilidade formam um todo, mesmo em situações ambíguas, vividas por Jivago, levado pela onda da vida, em suas correntes misteriosas. Jivago e seus contemporâneos, *déracinés*, entre a Revolução e a Contrarrevolução, habitam os territórios da incerteza. Nesse mundo de sombras, o amor de Lara encerra a justiça e a plenitude, *eros* e *ágape*, abismo entressonhado, e fogo, e brasa. Sem qualquer resquício de simbolismo. Da Belíssima Dama, de Blok. Ou de uma Karenina, em positivo. Ou de uma Sônia, isenta de pecado. Amor vivido no tempo, nas feridas do tempo, nas contingências do tempo, do qual emerge a verdade lírica, com seus anjos e demônios, que fazem do amor carnal e intelectual, estreitamente conjugados, o caminho do conhecimento e da compaixão. E a culpa não chega a ser árdua como em Dostoievski e Tolstoi, e inútil o castigo, mas a redenção, esta sim, a redenção para a vida: é isso que diferencia aquelas páginas, e que as torna tributárias, por diferença e contiguidade de quanto ilumina a tradição do romance russo: a Ressurreição de Lázaro. Como escreve Pasternak, em uma de suas *Cartas aos amigos georgianos*: "Em minha casa esperavam-me sinais precursores de perigo e sofrimento. Mas no mundo é preciso pagar o direito de viver unicamente pelas reservas da própria alma." Nem culpa. Nem ascese. Mas o preço pela vida. Preço derivado da consciência. *Doutor Jivago* é o romance da consciência. De sua vigília. De sua ressurreição.

E tudo isso, num fundo épico, tal como os anos vividos então, que se apresentavam com as forças inomináveis da Revolução, refletidas nos imensos espaços dos filmes de Eisenstein, como *Outu-*

bro e *Aleksandr Nievski*. Passado e presente regidos pela Revolução. E Pasternak não estava fora disso. Como disse Ripellino:

> As poesias nas quais Pasternak quis exprimir mais de perto as circunstâncias soviéticas resolvem-se habitualmente em perplexas considerações sobre a relação entre as exigências inflexíveis do comunismo e a frágil individualidade do artista. Embora declarando a própria adesão, ele não poupa reservas e não se separa da ideia de que aos poetas que vivem no comunismo caiba o amargo destino de sacrificar a si mesmos.

Seria impossível não lembrar de Essenin, Maiakóvski, Tzvetaieva, e de outros, menores e anônimos. O Prêmio Nobel, atribuído a Pasternak, em 1958, seu isolamento e exílio fariam parte desse triste capítulo.

Mas trata-se de referir aqui outro sentido épico, o da distância, dos cenários que guardam algo miniaturizado de Tolstoi (em *Guerra e paz*: o Don e o Dniepr, todos os rios, armas e amores — Universo profundo e sem fronteiras). A grandiloquência dos quadros, a força dos elementos e a obra dos corações concorrem para o teatro de inesquecível beleza. A natureza é traço de união entre o amor e a história, desde as estepes da Ásia aos crepúsculos da Sibéria, e os trens (não mais necessariamente futuristas), rasgando impensáveis vastidões, de dias e mais dias, e noites, madrugadas, chuvas torrenciais e tempestades, inaugurando uma lírica metereológica, como disse Marina Tzvetaieva. Na poesia de Pasternak — diz Marina — houve mais chuva do que em toda a literatura russa. Melhor: "Em vinte anos, em seu livro, houve mais temporais do que em duzentos; rios inundaram mais do que os do Vale do Missouri; nasceram mais luas do que em toda a história da Pérsia; floresceram mais árvores que no Éden." A natureza em Pasternak é personagem. A natureza (como a Revolução) existe por si, a nosso favor ou desfavor, solitária e sem reservas. E assim, pois, não somente a Revolução, mas a sinfonia dos elementos rege aquele mundo, em que domina a permanência da verdade, o sacrifício do amor e da transformação. Destino acima do destino. Solidão avara de si mesma. Solidão em estado puro. Voltada para o serviço. Da história, da natureza e da consciência. Do amor, que segue pelas águas dos rios e dos mares, pelo curso das estrelas, auroras, madrugadas. Tudo nos olhos de Lara. Nos olhos da justiça. E do futuro.

Joaquim Cardozo:
a mais longa viagem

Letizia che trascende ogni dolzore

Dante

I. BIODIVERSIDADES

Tarefa das mais difíceis, a de apresentar a obra poética de Joaquim Cardozo, tal a sua riqueza e diversidade, em que se conjugam — num raro equilíbrio de forças — tradição e inovação, ciência e poesia, metafísica e matemática, o aspecto quântico e as fronteiras do Universo. E não obstante essa noosfera, de temas e proposições, deparamo-nos com um lirismo delicado, longe de propostas cientificistas redutoras, ou de presumidas lições, em que a poesia é mero serviço de apoio (didascália). Trata-se de um dos maiores nomes da poesia brasileira do século XX, um atento seguidor de Leonardo da Vinci, usando outros métodos, mas não abandonando, em momento algum, esse olhar plural, essa intuição das coisas, de sua clareza e complexidade, que se resolve dentro de uma rara condensação poética.

É evidente que a sua obra vai se afirmando lenta e rapidamente (*festina lente*) no cenário da literatura brasileira, integrando-se ao cânone, no qual tem assento Drummond, Bandeira, Jorge de Lima, João Cabral e Murilo Mendes. Poetas que admiravam Joaquim Cardozo, como Drummond, diante da "Nuvem Carolina", ou de João Cabral (de quem ouvi pessoalmente, no Flamengo, sua admiração ao autor de *Signo estrelado*), diante de "Visão do último trem subindo ao céu".

A dificuldade, a que aludimos antes, consiste, pois, na multiplicidade dos interesses cardozianos, nas camadas da geologia poética, de que lança mão, num saber de grandes proporções e de vastíssima inquietação. A unidade, ao fim e ao cabo, é uma promessa que marca seus poemas. Também aqui vale a fórmula de José Guilherme Merquior (em seu estudo sobre Drummond) para o verso e o Universo.

E, todavia, Joaquim Cardozo não se perde num cosmopolitismo sem raiz, cuja temática e interesse poderiam ocorrer em qualquer latitude ou longitude. Trata-se de um recorte lírico, que parte de sua cidade, de sua região e que se abre para os mistérios do Cosmos.

Há muito conhecimento das ciências naturais, além das já citadas, donde a quantidade generosa de mangueiras e sucupiras, cajazeiras e macaibeiras, uma forma de começar o diálogo, a partir da terra do mangue, do massapê e de seus estratos antigos. Mas o centro de sua terra, o princípio das coisas poéticas, tudo isso está em sua cidade, em seu Recife mágico e real. Um Recife luminoso, em sua geografia, precisa e sublimada, mares, areias, belas comunicações, do litoral para as profundezas do mar, cores verdes e azuis, numa passagem, segundo a qual, "Por degrau de arenito e coral/ Do Recife se desce para/ o fundo do mar".

Uma visão geolírica, movida por um espírito de sonho e fábula. Em outras partes, contudo, mostra-se o Recife como se fora uma catedral submersa, em tom sombrio (como as histórias de fantasmas que Gilberto Freyre anota em livro conhecido), onde é grave o peso da história, a partir de naufrágios havidos nas costas de Pernambuco, de seus espectros, náufragos e sobreviventes:

> São marinheiros (...)

Uma breve história trágico-marítima, de frades, guerreiros, piratas, navegando em mar português, das Índias Ocidentais àquelas Orientais, do Japão (e não seria demasiado lembrar de Santa Maria de Nagasaki?), em cujos mares Recife é porto fundamental. E assim, a história e a geografia começam a dar à cidade uma inserção que atinge outras dimensões. Tal como a nostalgia de cidades e distâncias que não sabe, que não conhece, levadas pelas nuvens que se apressam do litoral:

> Através do quadro iluminado da janela
> Olho as grandes nuvens que chegaram do Oriente
> E me lembro dos homens que seriam meus amigos
> Se eu tivesse nascido em Cingapura (...)

Tarefa árdua, também, a de escolher, dos tantos poemas que dedicou a Recife e a Olinda, as paisagens mais densas e mais belas. Vemos naqueles poemas um fino diálogo com Manuel Bandeira — em lirismo e saudade, na força de sua evocação —, sem deixar de reconhecer outras forças, quando a noite se despenha na solidão — como em "Recife de outubro", desvelando heróis noturnos, que rezam, e a sua imensa e imersa catedral:

> Ó cidade noturna!
> Velha, triste, fantástica cidade!
> Desta humilde trapeira sem flores, sem poesia,
> Alongo a vista sobre as águas,

Sobre os telhados.
Luzes das pontes e dos cais
Refletindo em colunas sobre o rio
Dão a impressão de uma catedral imersa,
Imensa, deslumbrante, encantada,
Onde, ao esplendor das noites velhas,
Quando a noite está dormindo,
Quando as ruas estão desertas,
Quando, lento, um luar transviado envolve o casario,
As almas dos heróis antigos vão rezar. (...)

Uma cidade — mais que imanente — transparente, como o sonho que lhe dá vida e transforma suas fronteiras tanto mais amplas quanto mais enraizadas. Todo o método cardoziano parece adequar-se a esse percurso, que consiste justamente na passagem do específico ao universal, do minucioso ao flexível, do demarcado ao sem-fronteiras. Recife, "terra macia, formada de muitos longes".

Mas há também, acima da cidade, uma poesia aérea, meteorológica, pouco acima do Capiberibe e dos rios do mundo. Podemos afirmar que nunca choveu tanto na poesia brasileira! Nunca se formaram tantos vendavais, chuvas de granizo e (mais tarde) de algarismos! Como sopra o vento em sua poesia (há mesmo um congresso no qual se reúnem os mais famosos do mundo, num vasto seminário)! Os céus cardozianos mais se parecem com rios, prestes a banhar a terra. Mas, logo depois, a passagem, ou, mais precisamente, a permanência do Sol, ou de um princípio solar.

Céus em que o poeta adivinha o desenho das nuvens, e se abandona, contemplativo, cansado das coisas presentes, a partir de uma nuvem-lembrança, de uma nuvem-mulher, em vastas emoções, em velhos horizontes:

No alpendre da casa de um antigo sítio
Onde morei por longo tempo — longos trabalhos —
Todas as manhãs eu vinha ver o dia

> Que sobre as cajazeiras, longe, amanhecia.
> Ao lado, ao alto permaneciam... entre-havia
> Dois morros de matas virgens coroados.
> Na abertura desses montes, sempre aparecia,
> Na mesma posição, na mesma hora matutina,
> Uma nuvem cor de cinza e leve bruma,
> Com fímbrias e vestígios cor-de-ouro;
> — Uma nuvem ficava entre os dois capões do mato
> Por alguns quantos de tempos,
> Por alguns modos de sombras temporais. (...)

O sublime dessa maravilhosa música, em fervores de céu e de terra, na paisagem de montes e capões, traz o mistério drummondiano da máquina do mundo. Aquela impressão da poesia mais autêntica, cujos versos guardam com redobrado zelo uma força, que vai além do circuito das palavras, uma luz que marca todas as formas, nas fímbrias e vestígios de ouro, no dia amanhecente sobre as cajazeiras, e nesse ritmo sentido, de grande expansão, como num *andante maestoso*, em que sentimos a amplidão do céu e as arritmias do poeta, no maravilhoso que a nuvem revela:

> Uma vez tive a impressão que ela me acenava
> Me fazia, e tanto me fazia, em mímica, sinais:
> — Gestos de fuga, de fraga, de fronde e curso d'água —
> Símbolos de uma linguagem nova quase toda indecidível;
> Não compreendi, a princípio, aquilo o que nela significava,
> Mas senti que eram gestos, e gestos são palavras. (...)

Um diálogo de gestos, sinais, uma indecidível semântica da natureza, uma visão da *phýsis* digna de um pré-socrático, ou de uma rapsódia homérica, tal a unidade que o poema circunscreve na natureza, sabendo-se parte de terra, nuvem e água, nos céus pretéritos e futuros.

A MEMÓRIA DE ULISSES

Assim, nesse teor emocional, com os olhos voltados para o alto, já nos sentimos *puri e disposti a salire alle stelle*, puros e dispostos para subir às estrelas, ou para chegar talvez ao hiperespaço, a partir de um dos mais fascinantes poemas jamais escritos dentro e fora da literatura brasileira.

II. MAQUINISMOS

> *Al subir a un tren*
> *nadie espera ser conducido al sitio que desea*
>
> Juan José Arreola

Um dos trens mais belos da literatura brasileira, e que se embrenha num tecido regional, todo lirismo e saudade, é o G.W.B.R., de Jorge de Lima, um trem que podia levar seus passageiros até Natal, para visitar Câmara Cascudo, e toda uma presença do Brasil profundo. Terra em que passam vaqueiros e cantadores, como o inspirado Preto Limão, beatos e santeiros, varandas e alpendres, o fogo morto de José Lins do Rego, e meninos tantos, possíveis e impossíveis, ladainhas, ave-marias, e uma disposição espacial dos versos para dar conta de uma paisagem sob a perspectiva da velocidade (que para Manuel Bandeira se exprimia no ritmo "café-com-pão"). O trem da Great Western Brazil Railway deu a Jorge de Lima a "primeira viagem deslumbrada", pelas solidões do agreste, nas imagens derradeiras de casas, vendedores e meninos:

> Passam os últimos quintais,
> as últimas meninas,
> os últimos vendedores de pão doce
> os últimos mulungus dos cercados...

Segue desses versos um sentimento de despedida, feita de últimas cercas e quintais; saudade das coisas que passaram do último horizonte, que se traduzem por imagens ternas, delicadas, de um ponto ao outro do litoral nordestino, desfile de seres últimos e primeiros.

O trem de Joaquim Cardozo — que materialmente era o mesmo de Jorge de Lima e de Bandeira — recria um novo percurso, como se fora um sonho, uma visão (o *somnium* dos antigos) das coisas derradeiras, incluindo as mesmas casas e quintais limianos, anunciando muito embora uma noção de limite, que se funda sobre nova geometria:

> Visão do último trem subindo ao céu
> Tocando um sino de despedidas
> Saindo vai da última estação
> Através da noite vai... da noite iluminada
> Pela luz do casario: vai, do povoado,
> Passando ao longo dos quintais. (...)

A quantidade de luz que dava início aos versos de Jorge de Lima era generosamente solar e terminava em noite funda. No poema de Joaquim Cardozo, percebemos um pequeno *quantum* luminoso, onde a fronteira e o relevo do mundo surgem imprecisos e vagos.

A diferença entre ambos os trens, e destinos, e estações, não seria apenas a tentativa de levar o regional para o universal, no caso de Jorge de Lima, ou de realizar o movimento oposto, segundo alguns críticos, do universal para o regional, como no trem cardoziano (e nessa discussão tomaram parte, cada qual a seu modo, Câmara Cascudo e Gilberto Freyre). A diferença específica ultrapassa, todavia, o debate em questão, para além de muitos aspectos que aproximam ambos os poetas, em termos da disposição dos versos, a que correspondem o motivo, o percurso e o modo de realizar duas viagens tão distintas, além do tema da velocidade e o modo de a representar. Mais que universal e regional, a diferença de ambos os trens parece apoiar-se no que os físicos denominam de os sistemas local e global, que se alteram a partir da física relativista. Joaquim Cardozo imaginou uma viagem que seguia além do amor, que move o Sol e as demais estrelas. E precisou de Einstein.

O primeiro poeta a tirar o trem dos trilhos — integrando-o numa engenharia nova, cortando a terra, flutuando sobre o mar, e avançando por todos os quadrantes do mundo —, o primeiro a emprestar-lhe esse estatuto foi Vielimir Khliébnikov, "Presidente do Globo Terrestre", também apaixonado pela matemática, pelo espaço de Lobachévski, imaginando ferrovias que ligavam Moscou a Nova Iorque.

Mas não há dúvida que o passo mais arrojado veio de Joaquim Cardozo, ao inventar uma viagem rumo ao céu profundo, aos rincões perdidos do universo, ao "todo diferente", de que falam os filósofos, ao *Ganz Anderes*, partindo de uma visão cosmológica elaborada, que assegurava e dava apoio a uma viagem cheia de riscos. Era preciso escolher uma geometria (como a de Friedmann), uma forma de ver o mundo, em termos físicos, mas que em momento algum se desvinculasse da mais alta invenção poética. Algo dessa mudança — embora exclusiva, em termos metafísicos — já havia ocorrido com *Invenção de Orfeu*, e nesse livro florescia como um apelo, um sinal, um convite para que Joaquim Cardozo prosseguisse para outra e destemida navegação.

Já havia nos poemas cardozianos inúmeras conquistas ou passagens que o levariam de modo mais ou menos direto a realizar essa reengenharia do espaço-tempo. Um exemplo de rara beleza é o da velocidade, na descrição do esforço de um cavalo de corridas, tal como se fora a flecha de Zenão de Eleia, atravessando o espaço, num feixe de músculos e tensões:

Quando as cinzas do starter subiram
De um arco de músculos partiu uma flecha,

Um arremesso vivo de carne e sangue. Um dardo de nobreza-
instinto,
Em diagonal cortando a luz da pista vesperal,
Passou na frente, estremecido e forte.
E a égua iniciou, valente e arrebatada,
A sua constante e corrida vitória,
Junto à cerca interna galopando.
Galopando a distância revestida de grama verde,
Galopando os segundos daquela tarde. (...)

Nesse belo quadro, em que se dramatiza a relação espaço-tempo, já se percebem elementos de outra cosmologia, através da ideia de uma flecha que não abandona seu estado inercial, e que prossegue, quase como se buscasse o infinito.

Além disso, para além do aspecto veloz, houve também outra conquista, a da unidade de todas as coisas, como um fio de Ariadne, aproximando formas distantes ou refratárias, como as pedras e as estrelas, a mata atlântica e o fim do mundo, Recife e Cingapura, pois havia como um sopro, regendo o fundamento todas as coisas:

> No Um está o ser isolado e
> Está o Universo.
>
> Não é naquele ser, porém, nem neste Todo
> Onde reside a sua intimidade.
>
> Não está no subjetivo, nem na unidade.
> O Um é único e absolutamente disjunto
> Não tem aberturas, nem fechos. (...)

Vemos uma solidariedade entre os fenômenos, uma ressonância de tudo em todos. Além disso, a celebração dos números (em cálculos, matrizes e vetores, que podem servir como ideogramas, embora digam precisamente sobre as camadas e o infinito percurso da *mathesis*), ou mais precisamente, uma forma de os suplantar a todos, na metafísica da unidade.

Justo nessa linha, o trem adquire uma beleza e um equilíbrio de forças realmente singulares, quando a ciência e a filosofia, livres de suas rígidas funções, aproximam-se de modo indelével — com o sinete da poesia —, criando uma zona de sombra e de penumbra, para uma peregrinação total.

Essa unitotalidade, ou esse grau de coalescência, essa vastíssima teia que serve como ponte, passagem, comunicação entre ordens tão diversas da matéria/energia, traduz-se agora por razões radioastronômicas, em que as cefeidas e os quasares (que aqui aparecem como *quazais*, em vez de quasares, como se fossem versos, gazais da matéria, numa reinvenção conceitual) apontam para uma espécie de universo negativo, dos futuros possíveis, mas não realizados (algo de Bandeira: uma vida que podia ter sido e que não foi). No campo da física atual, aqueles possíveis se despenham no antiuniverso e são resgatados pela poesia ("Canção para os que nunca irão nascer") e pela ciência, a partir das máquinas do tempo:

> Os que ficarão somente almas
> Somente espíritos remotos
> À espera de uma voz que se anuncie.
> Sobre o silêncio do silêncio, inda silêncio;
> Silêncio de decibéis até os nadas negativos.
>
> ...
>
> Pois ficaram nas nebulosas e nas galáxias
> Na sombra dos quazais e no pulsar
> Das ondas hertzianas; em todo o mundo
> Na solidão eterna das estrelas;
> Que as Cefeides se iluminem
> E que se estendam para mais ainda.

Ouvirás; longínqua e inesperada;
Ouvirás através das ondas hertzianas
que irão além dos quazais.

A distância aqui se configura na *solidão eterna das estrelas*, nas *ondas de rádio hertzianas*, que se estendem para o *ainda mais*. Trata-se de uma nova dimensão na poesia brasileira.

O espaço em Castro Alves, por exemplo, possui um frescor singular, desde o voo solitário do condor às águas distantes do "Navio negreiro". Já com a "Via Láctea", de Olavo Bilac, deparamo-nos com uma poesia celeste, com um desejo de espaço, que sai do horizonte natural para o horizonte cósmico. Da mesma forma, com o carbono e o amoníaco de Augusto dos Anjos, abraçávamos uma dimensão microscópica, que tendia para longas cadeias da química orgânica. Mas ainda não se ultrapassara o campo físico, desde as selvas de Alencar aos céus de Gonçalves Dias. Era, ainda e sempre, o mundo sublunar, o espaço sensível da Terra. Foi apenas com "Invenção de Orfeu" que a poesia brasileira alcançou a alteridade, a metafísica do não lugar, ou do hiperlugar, fora do tempo e do espaço euclidianos, como no céu empíreo da *Divina comédia*, sobre cuja obra tanto meditou Jorge de Lima.

Com o poema "Visão do último trem subindo ao céu", de Joaquim Cardozo, passamos do universo ao multiverso, do campo metafísico (que constitui por si só um destino infinito) ao mundo em que florescem universos negativos, tantas vezes infinitos, atravessados por ondas de rádio, que tecem correspondências, trocas de energia (desde os anos setenta os cientistas propõem diversas passagens, dentre as quais as pontes de Einstein-Rosen e as curvas CTC, a partir de Kurt Gödel). Com Joaquim Cardozo, observamos a inclusão da física das partículas (o campo mésico), do universo em expansão, instaurando na literatura brasileira uma geometria que responde por outro modelo do Cosmos (que se apoia, desde Hubble, e para incômodo da constante universal de Einstein, na velocidade de fuga das galáxias, no consagrado desvio para o vermelho).

III. OUTRO CÉU

> *We were the first that ever burst
> into that silent sea*
>
> Coleridge

Assim, pois, para cumprir o seu destino, o trem de Joaquim Cardozo se inicia mediante um rito de passagem, uma paisagem que devemos, uma ligação mítica, entre santos e imagens de oratório, tal como Dante, atravessando a eternidade, a partir da selva escura. O trem de Joaquim Cardozo fundamenta-se numa espécie de visão:

> Toda a família reunida no quarto dos santos
> — Recinto animado de sombras pela luz da lamparina,
> Diante do oratório: sombras das imagens
> De São Roque, São João Batista e São Jerônimo
> Todos estão reunidos para rezar —
> Por aqueles que se encontram no exílio do mundo. (...)

Essa maneira de se chegar a um novo mundo (que se refere ao exílio do totalmente outro, em termos metafísicos e cosmológicos), surge a partir de uma oração coletiva, produzindo imagens de estranheza e suspensão:

> Um piano emudece, as moças param de dançar;
> Dois namorados se beijam e se despedem
> Junto à escada do jardim.
>
> O trem noturno passa,
> Último trem subindo ao céu. (...)

Passa o trem noturno, em pianos mudos, em beijos últimos, em jardins, que são retomados ao romper a barreira do som, a cujo rompimento corresponde o bailado incerto dos campos de força. Estes que atuam com as frágeis bailarinas, pois todos os astros interagem no sistema global, dentro de uma visão, que já não pode ser euclidiana, visto que o trem se move no Universo, onde tempo e espaço não são dados fixos, neutros, inalteráveis, mas elementos inerentes ao embate das forças do mundo. Onde se inclui o trem, cuja viagem depende da Teoria Geral da Relatividade e de geometrias que lhe sejam afins.

A saída do trem começa por uma chamada onomatopaica, e se resolve numa rima pobre (mas bela, do ponto de vista intelectual) entre *partir* e *florir*, estabelecendo um campo metafórico próprio. Como se o trem fosse uma flor desabrochando e crescendo rumo ao céu, deitando seu perfume sobre jardins e várzeas planetárias, num quadro cósmico, e ainda não metafísico (no além do além), naquilo que podemos chamar de salto metaôntico, como o realizou Jorge de Lima, em sua "Invenção", no episódio de Beatriz. Os tripulantes estão ainda no aquém do além, para lograr a série de infinitos (que Joaquim Cardozo chama provisoriamente de mistérios), que vão se revelar aos passageiros desse *iter* celestial:

> Estão na plataforma os que vão partir
> Partiiiiiiir! Partir? Os que vão florir;
> Os que vão viajar, subir para o aquém de além
> Das várzeas planetárias
> No campo da universal gravitação
> Os que vão florir ao céu.
>
> Mais que subir, florir
> limite
> — Flor coroa do que sobe
> remate

A MEMÓRIA DE ULISSES

>Flor que se desfaz na altura
>Que se ala e se perde no fruto
>
>...
>
>O trem vai partir
>Para alcançar, conhecer o mistério do céu. (...)

E vai alcançando espaço à medida que a sua velocidade de escape se efetiva. Desligando-se da gravitação da Terra, mediante subidas e distâncias vertiginosas, todo envolto em bruma escura, deixando um rastro branco, despedindo-se da Terra e do tempo, em cujos versos nos deparamos com o desencanto do Velho do Restelo, diante dos grandes feitos, e da censura aos apelos da história, e de seus terríveis motores. Desponta, das janelas do trem, a imagem da Terra, pequena e distante, a cujo tamanho correspondem as desmedidas paixões dos seres humanos (*l'aiuola che ci fa tanto feroci* — em Dante), na glória de mandar, na vã cobiça:

>À medida que o trem se despede, se desliga do mundo,
>Vertiginosamente subindo a derradeira rampa
>Envolto em bruma escura, em brancos vapores seus.
>
>...
>
>O trem se despede da história
>Da história torpe dos homens,
>Onde são tão poucas, sim tão poucas, as páginas de glória
>E muitas, quão muitas, as que são de infâmia. (...)

Ficam para trás os últimos quintais e as últimas saudades. Longe da atração da Terra, o comboio realiza uma curva geodésica, e atravessa regiões remotas, em álgidas temperaturas e profundos silêncios, além dos confins da Via Láctea. O trem não vacila. Nem flutua. Segue para o futuro. E o que mostram as janelas é passado.

> O trem transpõe, travessa, vencendo a barreira do som.
> Tudo agora é silêncio (ruído branco?)
> Não corre mais, nem voa; nem vacila ou flutua;
> Firma-se, geometriza-se na geodésica do mundo,
> No seu orientar-se pelo eixo do tempo. (...)

Deixa o passado em sombra, aberto para o futuro, pois a partir do eixo temporal tudo se aclara. Tudo, menos o lugar preciso, em que se encontra, tão veloz é a paisagem, tão fluida e tão incerta. Como se predominasse aqui o Princípio da Incerteza, de Heisenberg, segundo o qual não podemos afirmar ao mesmo tempo a trajetória da partícula e o lugar que ela ocupa. Assim, há muita coisa de não interno nessa viagem, que se move em todo lugar e em nenhum lugar. Quase tocando uma realidade fluida, em mares de pura isotropia, em que se espalham fótons e neutrinos. Uma paisagem indefinida. O Inferno. Talvez o Paraíso. Ou ambos:

> Por toda parte, e externo, e entorno domina o alhures
> e dentro deste, em morte, a região de nenhures.

País de Nenhures: o Inferno!

> O trem vai sempre bem perto do inferno, dele sempre junto e
> [separado.
> leve
> Sem tocá-lo; nem no leve. Nem no infinitamente
> [pequeno

Prossegue no seu veloz descendo

Subindo ao céu. (...)

IV. OUTROS INFINITOS

> Podemos dizer, *grosso modo*, que uma ideia matemática é "significativa" quando ela pode ser ligada, de maneira natural e iluminadora, a um conjunto grande e complexo de outras ideias matemáticas.
>
> G.H. Hardy

Dentro do universo curvo (*curvi-pluri-universal*), subir ou descer não corresponde à experiência local do mundo sublunar, e portanto o trem seguirá por estradas irredutíveis às que sabemos aqui e agora, num contexto de pura energia. Tanto assim, que Joaquim Cardozo lança mão de neologismos e invenções vocabulares para estabelecer caminhos e fluxos de uma realidade transfísica, sobretudo quando o trem passa a velocidade da luz, ou seja, quando abandona a verossimilhança da física relativista e segue para a liberdade metafísica. Antes disso, porém, o poeta fala de coisas *insentidas*, de uma luz *pretaluzente* (que poderia também ser *preterluzente*, a que brilha além de sua condição), passando barreiras, *transfugindo* para uma região negativa, marcada pelo não ser (nihil-sendo), na parte reversa deste Universo, nos infinitos mundos de Giordano Bruno, sobre os quais meditam os passageiros:

> Escória do tempo queimado; antitempo, antiluz pretaluzente.
> Região sem luz de nunca, onde não há efeito nem causa,
> Nem erro ou verdade, nem princípio ou fim, nem nascer ou
> [morrer.
> Sem número e sem grandeza: nihil-valente, nihil-potente, [nihil-
> sendo.
> ...

Os passageiros meditam e passeiam por esse antiuniverso, enquanto ruínas de cálculos integrais dividem o espaço da página e do universo em um antes e um depois, onde se precipita uma chuva de zeros, vivas tempestades matemáticas, batendo nas janelas do comboio. Esse encontro da poesia com a matemática se efetiva com imensa beleza, com o mesmo frescor, presente no teorema de Pitágoras e nos versos de Ésquilo. Tudo isso enquanto perdurarem números e palavras para a tradução do intraduzível e a representação do irrepresentável (como a raiz árabe *fa'al*, dentro do poema que significa o que é efetivo, o que tem força; além de outros sinais de espanto, itinerários, surpresa e comoção). Palavras, números, sinais enquanto não atingimos o silêncio, além das forças químicas e quânticas:

> Nas vidraças do trem batem todos estes signos
> Numa tempestade de zeros!
> Na sua voracidade de guardar as cousas que se somam
> E de anular as que se multiplicam.
>
> ...
>
> Tudo agora é silêncio. Que silêncio? O que está no limiar
> [dos ouvidos humanos
> Silêncio margem de um mar de som
> Silêncio onde vibram ruídos inaudíveis
> ...

O rumor de fundo, em tanto silêncio, posterior ao de Pascal, assombra e instiga para novas descobertas, situadas a milhares de unidades astronômicas, de sóis e de planetas. Num campo de lonjuras, em que vicejam universais e transcendentais, em cuja direção apenas a poesia pura sabe apontar, convocando a *poesia da matemática* e a *matemática da poesia,* como escreveu Novalis, num céu infindável (quando números e palavras já não forem a chave para a compreensão de tudo).

E os passageiros adquirem uma nova compreensão do Cosmos, uma ordem de categorias críticas, não mais linear, como em Euclides e Newton, com seus feixes de pontos e retas, rígidas fronteiras, em triângulos e retângulos, a compreensão de um todo que se representa como pura energia, em perene dinamismo, a compreensão de que viviam num sono dogmático, da terra, do intelecto e dos sentidos. Leitores e passageiros se identificam, no trem e nas páginas, orientando os sentidos e a mente para uma quebra da física clássica:

> Os passageiros do trem aos poucos se apagam
> Se apagam na temperatura dos seus olhos cegos
> Na luz intelectiva do seu pensamento morto.
> Aos poucos se apagam...
> Não pensam mais de modo linear;
> Abandonando os rígidos retângulos,
> As linhas paralelas ou em feixes retilíneos,
> Seus pensamentos se compõem em estrela. (...)

E quanto mais seguem nesse túnel infinito, mais as coisas tendem ao escuro, ao frio, ao vazio, no consumo derradeiro da energia, que atinge vertiginosas processões, apesar de que, nesse momento, trem e passageiros começam a formar aos poucos uma unidade sem distinção:

> Perdendo o Som, insentindo o Calor,
> A travessia continua para deixar a luz;
> Surdez, frialdade, escuridão, cegueira.
> Além da luz, além da última energia. (...)

E aos poucos transpõe os limites do multiverso e se embrenha numa dimensão metafísica, em sua definição clássica, em seus já citados universais, além de toda imponderabilidade, da velocidade da luz (não ultrapassável por definição), os vínculos da inércia e a lei da gravitação, como se voltassem, o trem e os passageiros, para um lugar de origem, do Universo, do Sol e da Terra, nos extremos confins aos quais é vedado o regresso:

> O trem ultrapassa a velocidade da luz
> deixa de ser um objeto do universo.
> O trem e seus passageiros
> Romperam os vínculos da inércia
> Rasgaram as cortinas da gravitação
> Suas formas ponderáveis recuaram para os seus contornos
> Para as nébulas mais leves das origens. (...)

Como em Dante e Jorge de Lima, Joaquim Cardozo passa por uma descrição do aquém no além, e atinge o céu empíreo que se localiza acima do tempo e do espaço deste mundo, redesenhando pouco antes desse estágio uma espécie de nuvem de beatos e monstros, como se fora uma Rosa dos Beatos e uma Anti-Rosa, numa visão de nuvens negras e brancas.

E contudo, na impossibilidade de narrar uma realidade transreal, ou ultramental, que só pode ser recuperada na fímbria de um sonho, como o de Cipião, o Africano, ou como paisagem onírica, inefável, do Livro de Er, em Platão, ou do Canto XXXIII do Paraíso de Dante. Nesse intraduzível, que não podemos conjugar ou expressar de outro modo, vemos o poeta celebrando uma teologia seca, uma teologia desprovida de Deus, marcada por uma transcendência deserta e solitária. E o trem se perde, em outras invenções vocabulares, no derradeiro horizonte mental, depois de vencer todos os de ordem cósmica, na mente do empíreo, do céu dos céus, afinal, a partir da celebração da distância em que o trem diminui, *minidui* (o que reitera o prefixo diminutivo, de quanto desaparece de nosso horizonte físico), *nuidimi*, ou quando, finalmente, começa a reduzir-se, em tamanho, a *durrezir-se*, a *zirredur-*

se (que dá conta do supra — e do antimundo, em que as palavras são espelhos de uma contrarrealidade):

> Quase totalmente apagado
> Totalmente no adormecido do apagado
> O trem transurge da região do sonho
> Opaco
> Turvo } reduzido quase a um ponto-superfície
> um ponto-supérfluo
>
> E diminui de tamanho, diminui, se condensa
> Ao estado supernuclear; diminui, minidui, nuidimi.
>
> O trem e o seu passageiro são agora uma célula
> Semelhante à que esteve no ventre materno:
> Ao céu findando, chegando, nascendo.
> Vendo a primeira luz,
> Ouvindo a primeira voz.
> Sonhando o sonho simples da primeira alegria
> Dentro do primeiro sono.
>
> E continua e diminua, diminui, infradiminui
> E a reduzir-se, a durrezir-se, a zirredur-se...
> O trem chegou além da região do sonho
> Totalmente *apagado*; passou,
> Como uma partícula neutra,
> Numa câmara de névoas. (...)

A viagem parece começar num ciclo, ou num eterno retorno, pois que o trem regressa, com seus passageiros, como na forma de uma célula, no ventre materno, dando início a uma viagem sem termo, da vida para a própria vida, dentro de um mundo sonhado, de uma visão, como dizíamos acima, de um poema transfísico, por iniciar-se e se espraiar em todos os horizontes do universo, das cem milhões de estrelas em nossa galáxia, e dos tantos multiuniversos, aos cem milhões de neurônios no céu da mente humana, à pura abstração. Um trem neutrino. Um trem fantasma. Um trem vida que cai — como um neutrino em plena Terra, soprado pelos ventos solares:

> O trem caiu sobre uma superfície suprema
> E nela se integrou no *para-sempre*.
> Caiu num corpo de substâncias infinitas. (...)

Os números possíveis e impossíveis, os racionais e os irracionais, o infinto possível e o infinito real, entre os muitos volumes de inifinito, com suas maravilhosas espessuras, em que se perde a noção de tempo (pósitrons indo ao passado, ou elétrons para o futuro), o fato é que o imedível segue rumo ao mistério de uma glória silenciosa, de uma teologia seca, de um mistério branco, que se divino ou não, sabe-se ao menos que será eterno e profundo como a matéria e como essa maravilhosa obra-prima da poesia de todos os tempos.

> Representante de todos os números:
> Os que são, e os que poderão/poderiam ser.
> E no âmago desse espaço, último e total
> Sem métrica e metria, sem ordem física,
> Sem orientação e sem origem;
> No centro dos centos, do anúncio de todos os possíveis,
> Erguido em Glória, em Majestade, em Grandeza,
> O acontecimento Branco
> Divino? Eterno.

A INVENÇÃO DO MUNDO

O Universo Goethe

A filosofia de Kant, a Revolução Francesa e o *Fausto* de Goethe. Desse horizonte surgiram — como se disse tantas vezes — os fundamentos do mundo moderno: a coisa em si e a representação, a figura do gênio e o complexo de Fausto, a igualdade e a fraternidade... Ideias-nuvens, que antecipam a aurora de um tempo novo, onde mal acabamos de amanhecer. Participamos de uma história sem fim. De um livro interminado. De um esboço perene. Cada horizonte promete outro. E o fluxo do desejo não sabe ultrapassar as aporias de Kant, a revolução inacabada e o ainda-não do Segundo Fausto.

E Goethe — esse fenômeno, esse destino — previu os aspectos sutis da *grande transformação*. Não se enganou quanto ao lugar do homem na *pós-história* e na complexidade da *literatura universal*, ao aproximar latitudes e culturas, atalhos e avenidas da diferença. Goethe disse claramente no *divã oriental-ocidental*: "Deus é o Oriente. Deus é o Ocidente." O mundo como objeto... Ele próprio levou a cabo a sobreposição de épocas distintas e lugares (*Weltgeschichte*), apontando para o recorrente cosmopolitismo de

Kant. Para Goethe, a literatura universal representava um descentramento necessário, uma compreensão realmente enciclopédica das partes de um grande e indivisível conjunto, da prosa do mundo à poesia do coração — para falar como Werther. Mais precisamente, Goethe guardava em sua poesia uma atitude científica, ou nela encontrava ressonâncias, assim como em suas pesquisas biológicas, físicas e matemáticas, a razão poética jamais deixou de participar. Como se fora o Ulisses de Dante, navegando pelos ínvios mares do conhecimento, ainda que o preço de sua ousadia fosse o naufrágio nas praias da eternidade. Depois dele, apenas Fausto, e sua libido goethiana pela física e anatomia, botânica e teologia — esse furor enciclopédico, que é sem dúvida o emblema do Leonardo dos tempos ferozes (contraponto de certa especialização aviltante e de sua parcela de arrogância e insensatez). Posso dizer que minha aurora — ainda interminada — encontrou desde cedo, na atitude-Goethe uma prova generosa, o sinal de uma vocação universalista.

Como, afinal, separar em Goethe a alquimia de *As afinidades eletivas*, a *Teoria das cores* do verbo de Mefistófeles? O poder de relação de nosso autor desconhece limites. E a crítica não deve e não pode inventá-los senão com diversos cuidados. Como quem entra na catedral de Colônia e mapeia, aos poucos, o labirinto de pedra e palavra, os estranhos vitrais, a espessa claridade e as alturas inadiáveis. O todo e a diferença não se dissipam. Goethe é uma catedral. Goethe é uma fuga, em que cada parte não pode ser jamais destacada de seu respectivo movimento, frase ou compasso, sem comprometer sua matemática e sublime precisão.

Fausto não é apenas uma obra grandiosa, mas desafiadora — como fuga e catedral. A cada leitura, surgem novas portas, corredores, janelas, que se abrem, delicadas, ou de par em par. Como em Dante (Inferno, 9) é preciso ver o mistério que subjaz além do sentido literal de seus versos. Não se trata de uma razão misteriosófica, mas de uma generosa multiplicidade, que enlaça verdades heterodoxas, sob a chave de um todo abrangente, de Kant a Spinoza, de

A INVENÇÃO DO MUNDO

Dante a Paracelso, de Schiller a Cervantes, de Shakespeare a Caravaggio. *Fausto* demanda um olhar inquieto, ambíguo e visceral. Para Pietro Citati:

> Nenhuma das frescas aparições do mundo revela a Fausto a sombra da beleza eterna. Nenhuma alegria deixa-o alegre, nenhuma conquista o satisfaz: nem as coisas próximas, nem as distantes contentam seu coração profundamente comovido. Assim, é obrigado a correr sem parar de um objetivo a outro, estimulado por uma ansiedade, uma inquietação, uma impaciência cada vez mais angustiantes e insaciáveis.

Nisso *Fausto* e *Quixote* coincidem, mediante a criação de horizontes, ampolas e moinhos, margaridas e dulcineias.

Pode-se mesmo dizer, sob a chancela de uma história suspensa, que Goethe escreveu a *Divina comédia*. E Dante, o *Fausto*. Ou que Cervantes redigiu as *Elegias romanas* e Goethe, o *Dom Quixote* — pois a demanda dos leitores que voltam para Dante e Cervantes, depois da redenção de Fausto, faz com que os textos produzam novos matizes. O problema da luz e da unidade, do silêncio e da palavra, da vida e da representação aproximam Dante, Goethe e Cervantes.

E não admira que um capítulo notável da *Weltliteratur* resida exatamente na história das traduções de *Fausto* (em si mesma uma ambição fáustica). A mais famosa é a de Nerval, toda semitons, claro-escuros e surpreendeu o próprio Goethe. E nela se origina tudo o que se fez posteriormente, em termos de recriação. Em língua portuguesa, a primeira foi a de Antônio Feliciano de Castilho. Fortíssima a presença do tradutor, que não poucas vezes avança inarrestável para além do original, com diversas paráfrases, reduções e grande liberdade sintático-semântica. Desse último aspecto, devem-se-lhe reconhecer alguns méritos. Trata-se de um processo importante. Mas não resta dúvida que a tradução de

Agostinho D'Ornellas (1867 a primeira parte, e 1873, a segunda) apresenta maiores cuidados com o original, tentando uma tensão de distância-proximidade, em que os versos aparecem mais claros, menos rudes do que os de Castilho, voltado à sonoridade e a certos aspectos da tessitura original.

A de Jenny Klabin Segall (a primeira parte em 1943 e a segunda, póstuma, em 1970) tem o mérito e a elegância de sublinhar a tremenda harmonia do *Fausto*. A transparência. As rimas ásperas. Conhecimento profundo das línguas brasileira e alemã e de suas respectivas tradições literárias. Infelizmente o opaco, o incerto, o difícil desaparecem, aplainados. Apesar disso, encontram-se boas redondilhas e decassílabos, além dos registros clássicos e populares (socorrida por Castilho e D'Ornellas). Essa diferença de registros equivale a uma das quase intransponíveis dificuldades das versões de *Fausto*, tão diversa na harmonia do Prólogo, na Noite de Walpurgis, no desejo de Fausto por Margarida ou no Doctor Marianus.

E poderíamos citar traduções outras, parciais, em prosa e verso, como a de Gustavo Barroso, ou a de Sílvio Meira, mas, de todas, desejava sublinhar o livro *Deus e o diabo no Fausto de Goethe*, de Haroldo de Campos, que considero, aliás, um de seus melhores. Irretocáveis os versos derradeiros de Fausto: "O perecível/ é apenas símile./ O imperfectível/ perfaz-se enfim./ O não dizível/ culmina aqui./ O Eterno-Feminino/ acena, céu-acima."

Finalmente, a editora Cosac & Naify acaba de lançar pela primeira vez no Brasil o *Urfaust*, o Fausto Primitivo, ou Fausto Zero (como sugeriu com felicidade Christine Röhrig, sua tradutora). Trata-se de uma versão livre, destinada à cena, onde vicejam certa fluência e atualidade. É de se considerar um trabalho progressivo, em contínua gestação, preenchendo, todavia, desde já, importante lacuna. Mas é certo que um exercício terminado requer novo começo. Traduzir Goethe pode bem ser representado pela Oroboro, a serpente alquímica que devora a própria cauda.

Pois o *Fausto*, obra infinita (como a serpente, a fuga e a catedral) ainda se encontra na idade primeira das traduções. E mil anos talvez não bastem para se traçar a linhagem de tradutores insones e desesperados, santos e assassinos, que, levados por um desejo fáustico, consideram infinita a tradução, como na subida sem termo, no presente interminável aos céus do peregrino.

O fogo da Grécia

Os estudos da Grécia seguem mais vivos. Como não sentir na *Apologia de Sócrates* algo de estranho e de maravilhoso, acontecendo agora, diante de nossos olhos, ávidos e atônitos, que não lidam com um fantasma, mas com um grande pensador, que pagará com a própria vida a sua demanda de verdade? Como não sofrer pelos destinos de Prometeu, com quem, aliás, compartilhamos a mesma sorte, marcados pelo desejo de superar inúmeras fronteiras, a despeito da história e dos deuses? Como não sentir a vertiginosa beleza dos diálogos platônicos, e não sair comovido das páginas do *Fédon*, sobre a imortalidade da alma, ou não perceber a grandeza dos fragmentos de Heráclito, príncipe do fogo, que tantas marcas deixaria séculos afora?

Não, o mundo antigo não é uma curiosa peça de museu, distante dos desafios do mundo moderno. Diversos cursos de letras clássicas já o compreenderam. E começam a viver atitudes complexas e difusas no ensino da cultura antiga. Ficou definitivamente sepultada (é o que se espera) a terrível separação entre língua e literatura. A gramática deixou de ser um fim em si mesma e a filologia começou a recuperar suas reais dimensões. As palavras de fogo dos sofistas e as ideias de

Platão voltaram a brilhar, com as grandes pesquisas de Giovanni Reale. Parece que o estudo abrangente vai ganhando maior espaço diante de uma gélida especialidade... Vico e Nietzsche abriram essa estrada. Não admitem a abordagem do mundo clássico, em termos exclusivamente filológicos. Não questionam a necessidade de um terreno firme, de um bom conhecimento material, linguístico e arqueológico. Ignorar, contudo, uma prática maior, de cunho filosófico, implica mobilizar uma grande plêiade informativa, e não lhe emprestar sentido, interpretações de conjunto. É justamente isso o que os centros de ensino começam a perceber...

Certos exemplos surgem nos livros de um Vernant ou de um Finley, nos quais vemos uma participação de múltiplos saberes, voltados para uma construção geral. E não são pequenos os riscos. Mas é preciso enfrentá-los. E se o erro vencer, há de se preferir um grande erro a um acerto medíocre, para criar novas perspectivas. E quanto a esses grandes erros — ou desvios de paradigmas —, dois gigantes como Vico e Nietzsche acabaram gerando uma guinada nos estudos clássicos, a partir de uma fenomenologia do mito ou de uma nova estética.

Assim, tanto na obra monumental de Wilamowitz-Möllendorff quanto nas cartas de Jacob Burckhardt, como nas conferências de Cornford — não sendo pequenas as diferenças que os separam —, todos endossam uma conclusão, ao mesmo tempo singela e inevitável: a tradição do Pensamento Ocidental está de todo enraizada no Mundo Antigo. E, assim, pois, um olhar sobre a Grécia constitui sempre, em múltiplas releituras, o ponto de filiação ou desfiliação dessas mesmas raízes — trate-se de um caminho etimológico ou metafísico, de um endosso ou de uma recusa.

Ora, essas considerações fora de lugar têm um motivo concreto. A bela coleção Signos, da editora Perspectiva, dirigida por Haroldo de Campos, acaba de lançar o livro: *A cultura grega e as origens do pensamento europeu*, de Bruno Snell. É preciso registrar de imediato o ineditismo de Snell — em nosso país —, que foi um nome de marca na geração de eruditos alemães, originários de um contexto positivista, recolhendo e classificando uma vastíssima coleção de documentos. Ao receber esse legado, e ao criticá-lo em diversos pontos, menos ambicioso do que um Willamowitz-Möllendorff, Snell procurou repontuar inúmeras questões, que pareciam excessivas em seu predecessor, provocando olhares novos em diversas áreas, como em seus estudos sobre a formação da linguagem científica na Grécia. O livro de Snell não alcança as generalizações da *Paideia*, de Werner Jäger, ou as do *Principium sapientiae*, de Cornford. Mas tampouco se apressa a seguir paralelos incertos, ou forçadas analogias. Snell soube dizer com propriedade e contida emoção as razões da morte de Sócrates:

> Ele não cai no niilismo. Para tanto, três coisas lhe dão sustentação inabalável... A primeira é o demônio, a voz divina que o põe em guarda contra o mal. A segunda é a fé absoluta no significado de uma ação conduzida em conformidade com o que se julga ser o bem, e no valor da tarefa que todo homem tem na vida e que não lhe foi conferida por jogo. Sócrates selou esse ensinamento com a morte. A terceira é a convicção de que o homem participa do universal e do duradouro através do conhecimento; tem, portanto, o dever de colocar todo empenho, a honestidade e a coerência no conhecer, ainda que não possa chegar a um saber perfeito. Esse é o meio para ampliarmos os confins da personalidade e atingirmos a felicidade.

Todo um itinerário da felicidade socrática, da *eudemonia*, que o leva, tranquilo, para a própria morte...

De Snell ficaram, igualmente, outras contribuições, como — por exemplo — as da origem da tragédia grega e do nascimento do indivíduo, no esquema já consagrado. Da passagem de Ésquilo para Eurípedes, do coro ao destaque do ator, da cantata ao solo, do drama coletivo e familiar — como na maldição dos labdácidas — ao erro de um só homem, da força escura dos deuses à força escura dos homens.

O Princípio-Leonardo

O fênomeno Leonardo da Vinci é hoje tão comovente e atual como no tempo em que se iniciou, em Florença, a construção do mundo moderno: desde Santa Maria del Fiore, das portas de Ghiberti ao Davi de Verrocchio. A cidade — chamada então de Nova Atenas — tornou-se a Meca de artistas, filósofos e poetas, que trabalhavam o "novo olhar". Mas era uma Atenas ferida por inúmeros desafios, que iam do vigor de Maquiavel ao desespero de Savonarola, da tristeza de Botticelli ao titanismo de Masaccio. Florença e o Ocidente, com suas harmonias e dissonâncias, passavam a coincidir. E como a Madona do Paraíso dantesco, Florença era filha de sua própria filha: a história.

Leonardo foi quem viveu radicalmente aqueles valores cruciais, como a dignidade do homem, a imanência da metafísica e a nostalgia platônica. Para ele, a pintura era como o espelho do mundo, a beleza contundente das coisas. Sentia-se perturbado pelo mistério dos corpos, tal como Galileu, diante do céu, e Vespucci, diante do mar. O rosto de Baco e a face da lua. Sant'Ana e a Virgem. O Atlântico e a força dos ventos. Para Leonardo, o essencial era a espera do rosto. O segredo do rosto. E de tão clara a proporção, a qualidade só poderia ser infinita.

Leonardo não examinava de perto florestas de veias, labirintos de nervos, protuberâncias ósseas, que resultaram em desenhos e estudos admiráveis. Leonardo trabalhava com o vigor da imaginação e o desencanto da observação, o que lhe permitiu um impressionante equilíbrio entre matéria e forma, antecipando o *Ensaiador*, de Galileu. Leonardo foi o grande físico do olhar. E nesse aspecto, contribuiu enormemente para firmar a perspectiva. Aprofundou na parede figuras, que antes não passavam de fantasmas. E superou a geometria de cubos e cilindros, círculos e quadrados das batalhas de Uccello e Masaccio. Leonardo elegeu uma geometria sutil, longe da mera distribuição dos volumes, voltado como estava para os pontos de fuga, para a proximidade e a distância, para o *sfumato*, que tornou mais frágil o contorno das figuras. Assim, ao surpreendermos em *Monalisa* uma engenharia da proporção, nem por isso o mistério de seus olhos e de sua boca, esfumados, deixam de produzir algo que não sabemos exatamente o que seja e que há séculos, todavia, nos aprisiona em seu sorriso. Sua pintura sem mistério, disse Élie Faure, é o mistério da pintura. E Leonardo está todo nessa qualidade de seções áureas e reticências, estrutura e dissolução, onde as linhas dos corpos são praticamente invisíveis, num fundo claro e nebuloso.

Mas é o esboço que revela parte de sua grandeza, o devir. Fascinado por caminhos que levam a outros caminhos, que por sua vez levam ainda a outros caminhos, seus esboços revelam essa abertura, às vezes angustiada, com tantos riscos e *pentimenti*, que não impedem a visão da obra futura, como a batalha de Anghiari, talvez esboço de outro esboço. Toda uma psicologia da obra era lançada nos cadernos de Leonardo para atacar os limites grosseiros da precisão sufocante e linear.

Já se conhecia no Brasil uma antiga edição do bestiário e de outras fábulas, e já se deparara com um Leonardo altamente imagético, empenhado em descobrir novas técnicas e combinações entre as cores, que o levariam ao desastre da pigmentação da *Última ceia* e ao maravilhoso estado de conservação da *Monalisa*. Mas o leitor verá nessas anotações o que já fora observado por Calvino: a busca rigorosa da expressão leonardiana. Veja-se, por exemplo, quando nos oferece um quadro ainda não pintado, como é o caso do *Dilúvio*, mas cuja descrição é realmente impressionante:

> Céu escuro e nebuloso, batido pelo curso contrário dos ventos e envolto em incessante tempestade misturada com granizos, arrastando de cá para lá infinitos ramos desgarrados e suas infinitas folhas. Árvores enrugadas e arrancadas pelo furor dos ventos, e as montanhas arruinadas e descarnadas pelo ímpeto das torrentes que entopem os vales e transbordam os rios, submergindo muitas terras e todas as suas gentes. (Tradução de Eduardo Carreira.)

Da pintura, como espelho do mundo, ao que hoje chamaríamos de conhecimento complexo, a figura de Leonardo forma como que uma grande linha de força. Leonardo clamou inúmeras vezes pelo caráter universal do conhecimento e da pintura. E trabalhou em diagonal por diversas áreas do saber, da medicina, da filosofia, da matemática, da mecânica, e assim sucessivamente. E o que pareceu a tantos de seus contemporâneos uma lástima, foi na verdade um marco nos primórdios da teoria da complexidade. Por isso, Leonardo é mais atual do que nunca. Seu projeto continua como um belo e dramático desafio.

Outonos de Villon

Do poeta François de Montcorbier, sabe-se que nasceu em 1431, em Paris, de família pobre. Depois de perder o pai, ainda na infância, sua mãe confiou-lhe a educação ao capelão Georges Villon, de quem François decidiu usar o sobrenome. Com seu apoio, cursa a faculdade das Artes, em Paris, onde se torna bacharel e mestre, em 1452, com seus conhecimentos de gramática, filosofia, direito e teologia. Recebe a melhor educação do tempo, e poderia obter algum benefício eclesiástico, se não estivesse envolvido em atitudes suspeitas ou perigosas. Frequentava, como os goliardos dos tempos idos, as tabernas, embriagado, a praticar um sem-número de excessos, como a sua desavença com o padre Philippe Sermoise, que o provocara, mortalmente ferido pelo poeta. Após algum tempo, evitando Paris e as estradas principais, participa de uma rapina memorável, no Colégio de Navara, Natal de 1456. Desde então, para nossa felicidade, a poesia e a biografia de Villon coincidem, legando-nos uma fonte de conhecimento, que relativiza as informações vindas de processos e tribunais e que constituem a sua "biografia oficial". Segue, vagabundo ou peregrino, de 1456 a

1461, pela França, como diversos estudantes, bandidos e desocupados. Algo como o Genet, do Humanismo. Um inconformado. Quase um *primitivo*. Nesse meio-tempo, recebe dos príncipes de Angers dinheiro e abrigo. Mas era pouco para a sua imensa inquietação. Toma parte de um grupo de temidos malfeitores. Preso, finalmente, em 1461, consegue, através de suas baladas, dirigidas a influentes amigos, a liberdade, concedida por Luís XI. Começa a reunir novos e antigos poemas, o célebre *Testamento*. Por um delito praticado no Quartier Latin, volta novamente à prisão. Por causa desta e de novas e dúbias acusações, é condenado à forca. Data desse período a famosa *Balade des pendus*, escrita com raro sofrimento. Em 1463, o Parlamento revoga-lhe a sentença, decidindo pelo banimento de Paris. Desde então, nada mais se sabe de sua vida. Como um fantasma, ou fugitivo, de si e do mundo, não deixou outros rastros, além da própria obra.

Há uma pergunta central na obra do poeta François Villon, que segue mais viva que a brasa e mais dura que o diamante. E a pergunta — magoada de tempo — é: onde estão as glórias de outrora? O que passou e hoje se conserva não é mais que despojo e ilusão.

A paixão das ruínas marcou a poesia de Villon. E Lucrécio. E Khayyam. Paisagens negativas. Laivos do fim. Como se da morte das coisas fosse possível detectar uma antimúsica, mais poderosa que as forças da criação. Não mais a perene Beatriz — além das esferas, como Dinamene, em sonho. Mas a *belle dame sans merci*: a morte, que corrói a beleza de catarinas e lauras, angélicas e isoldas. A morte onipresente. A morte e seu triunfo, como no cemitério de Pisa. A morte que não poupa grandes e pequenos, príncipes e camponeses, santos e prostitutas, ladrões e assassinos. E Villon — apenas para evocar uma de suas características — coincide com a tradição medieval, das coisas que passam e do barroco francês, que iria retomar em cheio as neves de outrora e as manhãs perdidas. Uma tradição onde se inclui o maravilhoso Rabelais, a rir-se do feminino, da beleza que passa e do conceito de melancolia, como sinal da genialidade. Permanece viva e compungente a *Ballade des pendus*, que Villon escreveu na perspectiva de morrer na forca. Igualmente viva, a *Ballade des dames du temps jadis*, com mitigado desespero, ódio, compaixão e amor, com suas joanas d'arc e bertas.

Tal aspecto compõe o *Testamento* de Villon, com maior ou menor intensidade. Prefácio rabelaisiano de quanto seria escrito formidavelmente em *Gargantua e Pantagruel*, como o demonstrou Lucien Febvre. E, no entanto, a síntese de Villon vive em seu conhecimento da tradição, do universo poético que o precede, e do domínio exemplar dos versos de oito e dez sílabas. Estes formam um mundo de variedade e riqueza, tão bem manejados por Villon, suas anáforas e repetições, o despojamento, a transparência das linhas melódicas, e o perfil de suas baladas, cujo perfeito domínio o aproxima de um Petrarca.

Muito se disse, e com acerto, que a obra de Villon constitui uma pequena comédia humana, onde comparece, como na prosa de Boccaccio, o trabalho na lavoura, o amor dos jovens estudantes e suas diatribes, ruas e tabernas, som de alaúdes, ranger de carroças, sino das igrejas, vaidade dos príncipes, ridículo dos homens, a pena de quem ama, a tentação, a injustiça e até mesmo a língua de Paris, rimando Robert com Poupart (como lembra Jean Dufournet). Suas cores são fortes, desprovidas do peso de símbolos e de alegorias, como as que inflacionavam o teatro medieval, e que receberiam um golpe de misericórdia com a *Mandrágora*, de Maquiavel, encarando os fatos, com a sua presença de risco e verdade. Villon, em sua comédia humana, compartilha com Boccaccio e Rabelais essa urgência de abraçar o imanente e abandonar as nuvens metafísicas para fixar na Terra os acordes de sua Lira, longe das abstrações da cosmologia e da teologia, não ignoradas por ele e pelos estudantes de outrora. Boccaccio decide-se pelo retrato da realidade, como afirma no *Decameron*. Maquiavel volta-se para o que hoje entendemos como a razão de estado, em *O príncipe*. E Rabelais, com Panurge e Thaumasto, toma a ironia, como princípio noético. Villon elabora a sua própria síntese, partindo de um vasto conhecimento poético, capaz de traduzir a paisagem boccaccesca e o ridículo dos homens e a piedade e a melancolia, em termos de uma nova expressão musical, inúmeras exclamações, interrogações, rupturas frasais, harmonias e acalmias. Esse me parece o triunfo de Villon. E de sua permanência. E de sua legibilidade, deliciosa, em seu francês arcaico e, ao mesmo tempo, tão moderno.

Hermann Hesse: felicidade

Hermann Hesse foi o melhor companheiro de minha adolescência. Não me terremotou, como Dostoievski. Não me abalou como Clarice. Não me feriu como Nietzsche. Mas parecia responder, melhor do que ninguém, aos movimentos sutis de minha inquietação. Sinto que alguns capítulos hessianos, como que por usucapião, já me pertencem. E de modo definitivo. Deixaria de compreender boa parte de meus desvãos, sem O *jogo das contas de vidro*, com sua piedade cósmica, e seu amplo sentido da história.
    Hesse criava uma sede interminável de horizontes.
    Deixaria de compreender outra parte de mim, se não houvesse meditado a terrível e comovedora *deseducação* do jovem Demian, quando sonhávamos, ele-personagem e eu-leitor, com a plenitude da vida, a força dos sentidos, e aquele compromisso impiedoso: *quem quiser nascer, terá que destruir o mundo*. Demian, para mim, sentia o futuro como sendo mulher. Tinha saudades do futuro. E o futuro seria Eva.
    Minhas lágrimas e minhas sombras terminariam com Eva. Nos seios do futuro.

De todos os romances de Hesse, *Sidarta* foi mais fundo, e meu mundo de então, com seus arroubos, não conseguiria sondar a linguagem dos rios, a sucessão das gentes, a apologia da impermanência. Tudo passava, mas nada era em vão. Somente o que não permanece — como disse Quevedo — é o que permanece. Tremia pelo tempo e abominava a morte. *Sidarta*, ao contrário, ensinava-me a celebrar a vida. O mundo era um grande rio, e o curso das águas seguia, incessantemente, o seu destino. Era-me essencial descobrir onde. Era-me essencial descobrir quando. Os livros de Hesse não diziam onde e quando. Mas a duração e o espaço podiam emergir tão somente de minhas próprias águas.

Tal o grande mérito de Hesse: que a angústia de seu tempo e de sua vida comunicam com a de nosso tempo e de nossa vida. Poucos terão exercido sobre o seu público uma tão grande, embora involuntária, influência. Poucos terão confirmado essa vocação literária tão visceral quanto Hermann Hesse.

Prova do que dissemos pode ser apontada no livro *Felicidade*, onde surge o escritor em casa, na oficina, trabalhando em sua geografia lírica e sentimental, mas, como sempre, desprovido de todo e qualquer sentimentalismo. Trata-se de um livro despojado. Um livro de sábio. De quem deve começar a esquecer. Esquecimento e sabedoria formam um todo. O capítulo "Felicidade", que é urdido segundo um andamento clássico, forma esse todo, iluminado por um lirismo delicadíssimo, que remonta ao primeiro romance, que se chama *Peter Camenzind*:

> Para o verdadeiro ser humano o mundo se justifica e Deus se justifica incessantemente através de milagres como este: que além do frio da noite e do fim do período de trabalho exista algo como a atmosfera vermelha no crepúsculo e as fascinantes transições do rosa ao violeta, ou algo como as mutações do rosto de uma pessoa, quando, em mil transições, é recoberta, como o céu noturno, pelo milagre do sorriso; ou que existam as naves e janelas de uma cate-

dral, a ordem dos estames no cálice da flor, o violino feito de madeira, a escala de sons, algo tão inconcebível, delicado, fruto do espírito e da natureza, racional e ao mesmo tempo suprarracional e infantil como a linguagem.

Outra passagem notável, o encontro entre Hesse e André Gide. Ambos se consideravam irmãos na literatura e no mundo. Uma angústia avassaladora consumiu boa parte de suas vidas, enquanto buscavam por todas as latitudes, geográficas e metafísicas, uma adesão irrefutável que lhes infundisse uma vontade de viver, uma possibilidade permanentemente adiada, e, todavia, mais e mais desejada, de perscrutar as pulsões de morte, atraídos pelo vórtice dos seres e do mundo, como quem salta, nietzschianamente. Palavras de Hesse sobre Gide:

> Era o olhar quieto de um rosto controlado e habituado a viver em sociedade, um rosto bem-educado, mas em seu olhar e na tenacidade com que fitava o seu objeto via-se a grande força que dominava a sua vida, que o levara para a África, Inglaterra, Alemanha e Grécia. Esse olhar, esse estar aberto e deixar-se atrair pelos milagres do mundo, era capaz de amor e compaixão, mas também não era nada sentimental: apesar de toda a entrega tinha algo de objetivo, seu fundamento era a sede de conhecimento.

Mas Hesse parece estar falando de si mesmo, escritor-nômade, atraído pelo Oriente, pela *Viagem ao oriente* (*Morgenlandfahrt*), criador de páginas memoráveis sobre a Índia, em *Aus Indien*. E não faltam sequer ao *retrato* as palavras *compaixão* e *conhecimento*, que batem insistentemente à porta de *Sidarta*.

Neste Gide, portanto, todo Hesse.

O que mais podemos apreciar neste *Felicidade* é a presença do quotidiano. De quem acaba de receber Gide, com a roupa de jardineiro e a barba feita às pressas. De quem cultiva rosas e conversa com os pássaros. De quem vive, como poucos, uma solidão comunicativa, e que não se faz de rogado para responder a seus leitores, com uma franqueza e com uma coragem, como raramente encontramos na vida literária. Ouçamos algumas dessas cartas:

> Voltando ao tema do suicídio, tão atraente para a juventude: várias vezes recebi cartas de leitores dizendo que estavam mesmo na iminência de se matar quando lhes caiu nas mãos esse livro que os libertara e iluminara, e agora estavam novamente subindo a montanha. Mas sobre o mesmo livro que podia ter tal poder curativo, o pai de um suicida me escreve uma acusação grave: meu livro, três vezes maldito, fora daqueles que nos últimos tempos andavam na mesa de cabeceira do pobre filho, e era o único responsável pelo acontecido. Pude responder a esse pai indignado que ele não levava bastante a sério sua própria responsabilidade pelo filho, uma vez que a transferia para um livro; mas levei bastante tempo para "esquecer" a carta desse pai, e está-se vendo como a esqueci.

Vemos aqui o analisado Hermann Hesse, conhecedor das obras de Freud e de Jung, ocupado com o princípio de individuação e com a psicologia profunda. O esquecimento que não esquece. A carta ao pai e a carta do pai. Quantas repercussões em sua biografia, em seu percurso.

Ou ainda:

> A respeito de outro de meus livros escreveu-me nos tempos em que a Alemanha chegara quase ao auge da curva da sua febre nacionalista, uma mulher de Berlim: um livro tão ignominioso como o meu teria de ser queimado, ela trataria disso, e toda a mãe alemã saberia afastar seus filhos dele. Caso realmente tivesse filhos, essa mulher sem dúvida os impediu de conhecerem meu ignominioso livro, mas não os impediu de sofrerem a devastação de metade do mundo, de chapinharem no sangue das vítimas desarmadas, e todo o resto.

Uma resposta cortante. Hesse jamais se recusou, mesmo na solidão mais intensa, a enfrentar as contradições de seu tempo e, para além de partidos e diretrizes, o seu velho humanismo — no qual Oriente e Ocidente não mais compareçam distanciados — jamais deixou de condenar o nacionalismo exacerbado e cruel, de que todos foram vítimas, como disse Dostoievski na *Recordação da casa dos mortos*.

Melhor que tudo, certamente, é a celebração da literatura, essa vocação que salvou Hesse de si mesmo, de seu pietismo protestante inicial, que o levaria, por desespero e necessidade, a conhecer novas paragens, outras visões de mundo, outros sistemas de representação, que se tornaram, afinal, a matéria indispensável de sua obra. Mudança e liberdade.

Ao sul da literatura

Assiste-se hoje a uma espécie de renascimento das letras italianas em nosso país. Cultivadas desde Cláudio Manuel da Costa a Machado de Assis, de Raul Pompeia a Affonso Arinos, de Otto Maria Carpeaux a Paulo Rónai. O que vemos nessas duas últimas décadas resume-se no aumento sensível de centros de ensino de italiano, ensaios e traduções de relevo, além de uma legião de leitores interessados não apenas no eixo Dante-Petrarca-Boccaccio, mas também na literatura italiana do século XX, com a sua multiplicidade de correntes poéticas, paralelas à afirmação do romance, desde suas formas tradicionais ao mais fascinante experimentalismo de Gadda ou Manganelli.

    A atividade de algumas editoras representa um dos índices da retomada desse diálogo, que, se não havia desaparecido de todo, parecia relegado a algum escaninho perdido da Grande Biblioteca. Algumas editoras perceberam tal movimento e, dentre elas, a Berlendis & Vertecchia decidiu-se por um projeto, que parece auspicioso, por apresentar não um livro, mas um conjunto de obras.

A MEMÓRIA DE ULISSES

Saltam aos olhos dois títulos: *Cenas da vida siciliana*, de Giovanni Verga (1840-1922); e *Érica e seus irmãos*, de Elio Vittorini (1908-1966). E apesar das não poucas diferenças que os separam, ambos poderiam ser vistos de modo a-histórico, ligados, talvez, por laços de piedade, frente à humana condição, tendo como teatro o sul da Itália, com seus múltiplos desafios. Ademais, se Verga é o grande representante do verismo, Vittorini é quem aplaude os filmes de Rossellini ou Vittorio De Sicca. Ambos condividem uma adesão pelo real, uma inquietação pelas coisas que guardam diante dos olhos.

O leitor que não conhece Giovanni Verga há de se surpreender com a sua mão firme ao retratar o universo camponês oprimido, suas paixões, ao longo e ao largo da história, com seus sonhos breves, levados pelas ondas do destino, vencidos por uma ordem injusta, que ele desenhava com uma piedade, aparentemente fria, temperada pelos ecos positivistas e darwinistas, quanto à luta para o bem-estar, que define com lastimosa clareza o limite entre vencidos e vencedores, opressores e oprimidos. Verga não queria senão penetrar na psicologia dos vencidos, como fez na família de *Os Malavoglia*. Ou na solidão de *Mastro-don Gesualdo*, em cujas páginas reverbera uma vontade esbatida por um conjunto de forças sociais, que desaba no estreito horizonte em que se movem os personagens. Dos que falam mediante um sem-número de provérbios, para definir, com alguma exatidão, os redemoinhos da história e do poder, de que são vítimas. Verga esperava de suas novelas o mesmo que o pintor realista (digamos, um Giovanni Fattori) demandava da tela: uma representação fidedigna, que exprimisse *a verdade* (o *squarcio di vita*, a *tranche de vie*), um rasgo ou corte documental, das coisas que se davam, pouco além do cavalete ou do laboratório narrativo.

Fundava-se uma literatura dos pequenos — sem o vigor transcendente de Manzoni — celebrando-se neles justamente a *pietas* da derrota física e material, não exatamente do anti-herói, mas de um personagem sem horizonte, fadado ao desaparecimento. Do *Cenas da vida siciliana*, o leitor brasileiro conhecerá decerto a novela que Pietro Mascagni musicou maravilhosamente, a *Cavalleria rusticana*, com uma série de transformações, que havia de superar, como concepção musical, a estrutura literária da novela. Mas é preciso conhecer de perto ferreiros, pastores, camponeses, que vivem e morrem, tristemente subjugados, com os sonhos esmagados em mil pedaços, pela ordem vil das coisas materiais.

Quanto à obra de Vittorini, depreende-se um ponto de vista diverso do de Verga. Temos neste caso um autor que encontrou no marxismo não apenas uma teoria da opressão, mas o sentimento da revolução. Essa mudança de perspectiva retirava de seus romances aquela *moîra*, aquele destino irreversível, que varria do horizonte humilhados e ofendidos. Se antes não havia como não se perder nas ondas da história, agora havia que compreender que as águas da história implicavam libertação. A utopia parece incendiar todas as páginas de Vittorini, por revolta ou participação.

Destaca-se de Vittorini uma graça ao mesmo tempo rara e insondável, uma forma profunda e aderente, na elaboração de uma narrativa histórica e simbólica, desde aquela inesquecível viagem de trem, de *Conversas na Sicília*, ao regressar à terra natal, à terra-mãe dos mitos primordiais, cujo retorno é mais do que a simples aferição do passado, em estado bruto, mas uma perspectiva de futuro, de acerto com as raízes, da sintonia de estar-no-mundo, numa projeção interminada. E pode-se bem dizer que boa parte da Itália não poderia não seguir essa mesma viagem. Vittorini viajava um pouco por todos, e tentava exprimir a melancolia de um tempo incerto e grave, de que dependiam os destinos da Itália, que o fascismo, mais do que nunca, em sua política de unidade linguística e ideológica, ia ameaçando os elementos de uma identidade fundamental. Mas, no seu caso particular, tratava-se de uma volta à Sicília, não necessariamente como haviam de fazer outros autores, para acusar apenas as condições de vida daquelas cidades e aldeias. Antes dele, talvez, o sentimento mais próximo fora sem sombra de dúvidas, o de Pirandello, num de seus contos mais dolorosos e delicados de que tenho notícia, quando volta para abraçar o fantasma da mãe. A Sicília é mais uma tentativa de reproduzir essa manifestação simbólica.

    Eis o que se pode ver em *Érica e seus irmãos*, de Elio Vittorini. Um quotidiano dramático por onde se move a protagonista, a meio caminho do sonho e da tirania do real, como os pobres amantes em Florença, de Pratolini, cuja dominante ética parece insinuar-se a cada passo e a cada esquina. Ainda não são os lumpemproletários da Roma de Pasolini, com seu lirismo e agressão. Existe em Vittorini, com a sua Érica, uma harmonia, desprovida de excessos, mas não ausente de força. O final do romance, deixado em aberto, parece apontar para um grau de solidariedade revolucionária que parece fazer de Érica, apesar de seu estado de carne e osso, endereço e identidade (ou quase), uma instância simbólica, tanto mais ampla quanto mais encarnada numa solução moral, mais que dolorosa para os que têm olhos para ver.

    Assim, em termos de olhos, considero os de Verga de uma beleza outonal, com seus matizes que guardam amarelos e cinza, jardins que se afinam, paisagens que brevemente serão tomadas pelo inverno. Já os olhos de Vittorini, que começam pelo inverno, guardam uma paisagem fresca, com as cores fortes de um princípio-esperança, com uma espécie de otimismo temperado, feito de contradições sociais, e pelo sangue da história, que percorre as veias do tempo.

A engenharia de Gadda

Carlo Emilio Gadda é fonte de renovação da literatura italiana deste século. Trata-se de escritor eminentemente europeu, mas essencialmente italiano. Podemos insistir em Joyce para compreender sua atualidade. Podemos avaliar parte de sua avassaladora linguagem. Podemos indicar suas dívidas com os clássicos da *Weltliteratur*, que não são desconsideráveis. Mas é preciso compreender Gadda como um autor italiano: os demônios de Dante, os paladinos de Ariosto, os barbeiros de Rossini e os moinhos de Bacchelli povoam-lhe o imaginário. E subjacente a tudo, a experiência da linguagem literária, que é sempre árdua na história da literatura italiana. Língua em construção, que começa com o *De vulgari eloquentia*, de Dante, passa pela segunda edição de *Os noivos*, de Manzoni, e ganha, neste século, uma formidável síntese com Carlo Emilio Gadda. Eis o que não devemos perder de vista. Gadda é escritor eminentemente europeu, mas essencialmente italiano. Toda a sua intensidade resulta dessa formidável condição.

O que me leva a saudar a tradução de *Casamentos bem arranjados* é a sua perspectiva fractal, ou seja, a sua visão complexa da parte, em detrimento da retórica do todo. Gadda tem a marca de um pensamento semovente, não aristotélico, que repousa em puro dinamismo. É como estar diante de uma fantasia musical. Tudo se altera de forma progressiva. Cada parte é um *Totum*. Como a personagem, que é um tubo digestivo. Ou uma expressão meramente linguística. Ou, ainda, aqueles sapatos, suspensórios, e gravatas, como desabitados (algo de *O cavaleiro inexistente*, de Calvino: uma armadura vazia, mas estranhamente viva). E o processo radicaliza-se genialmente em seu romance policial-filosófico, ocorrido na rua Merulana, onde a paisagem do crime (mais do que *logarítmica*, como diz neste *Casamentos bem arranjados*) dissipa-se no complexo das partes, cuja soma não coincide com o todo. O delegado perde-se num labirinto. O crime permanece insolúvel.

Mas a aventura da língua, essa determinou a vertigem a cada mudança de página, a emoção intelectual diante desse monumento literário, com seus nomes-guias, com suas estranhas e bem tramadas dissonâncias, que perfazem um concerto polifônico, como quem estivesse assistindo a um filme de Fellini, com aquele maravilhoso rumor de fundo, característico de um *E la nave va*, e suas maravilhosas e inarrestáveis mudanças de perspectiva. Além do que uma fina ironia e um alto sentimento poético movem toda aquela engenharia (não do navio, mas da criação literária) de peças longas e breves, novelas e contos, tal como *Adalgisa* e *Casamentos* assimilaram de modo soberbo.

Precisamos não esquecer a presença lúdica de Gadda. Sem a qual corremos o risco de não compreender seus motivos estruturais. Se tirássemos o sorriso da obra de Ariosto, já não teríamos Ariosto. O mesmo diga-se a respeito das aventuras frasais, das inversões sintáticas, dos arcaísmos, dos neologismos, que passam por estes *Casamentos bem arranjados*, em histórias como "O incêndio da rua Kepler" ou "Uma visita médica", onde Gadda atinge uma objetividade radical, genialmente deformada.

Donde, para o leitor mais atento, podemos lembrar as *Cosmicômicas*, de Italo Calvino, cuja sombra gaddiana é mais do que sombra, ou, ainda, a *Hilarotragoedia*, de Giorgio Manganelli, onde Dante e Gadda operam uma nova síntese de ordem cósmica e linguística. As dívidas são muito altas. Pois obras como *O conhecimento da dor* e *A mecânica* inauguraram categorias ficcionais poderosíssimas de espaço-tempo, como quem realiza uma revolução copernicana dentro do espaço literário, trazendo impensadas categorias para mover a máquina de uma ficção, cujas engrenagens funcionam *mal*, cujo *ruído* compromete a melodia (dissonante, bem entendido), cuja função parece *quebrada*. A máquina do mundo que não funciona. Os anjos que não movem as esferas.

Eis o melhor de Gadda. Um novo contrato entre a palavra e o mundo, o texto e o leitor, a máquina e os anjos.

Rachel Jardim: *Os anos 40*

Sempre me impressionou que a bela figura de Mário de Andrade não encontrasse justificativa para a cena final do incêndio em *O ateneu*, de Raul Pompeia. Desde a primeira leitura — na adolescência — pareceu-me correto e natural que as labaredas acabassem com aquele mundo tremendo e cruel. Minha admiração por Mário de Andrade não diminuiu, mas compreendi pouco mais tarde que os silêncios e as entrelinhas são os que mais dizem, palavras de cinza e silêncios de fogo.

Esse olhar oblíquo ou ambíguo para capturar abismos entre parágrafos e observações aparentemente marginais, que constituem o centro, esse olhar oblíquo ou ambíguo foi o caminho que decidi lançar mão quando de minha primeira leitura de *Os anos 40*, de Rachel Jardim, que abri justamente poucos meses depois da leitura de Mário e Pompeia. Fui buscar naquela época como a delicadeza podia ser viril e como certa alegria encerrava uma grave solidão. A cidade de Juiz de Fora, seu emblema total e para sempre perdido: "Amei a cidade apesar da chuva, da asma, da bronquite. Amei para o resto da vida, amor triste, fatal, sem solução. Perdida a cidade, restou a asma."

Essas memórias de Rachel criaram em mim uma profunda emoção. Percebi em *Os anos 40* um quê de serenidade e desespero, um grito sussurrado, uma brisa que anuncia tempestades, um desencanto marcado de entusiasmo, uma calmaria de naufrágios.

Mas de um naufrágio sem espectador. Desprovido de cores épicas, quando se luta e se morre para atingir uma glória soberba. Ou quando uma forma de redenção possível, mesquinha e abstrata faz de uma narrativa seca um pranto de abominável compaixão de si mesmo, frente ao grande Espectador (Pai, Deus, Leitor). Eis o que não se dá em *Os anos 40*. O emblema disso tudo — talvez — seja a imagem que Murilo Mendes guardou de Rachel Jardim: uma menina de ar assustado. Uma forma talvez de traduzir certa sensibilidade marcada pelo impacto dos seres e das coisas. Rachel nos deixa um texto aberto, uma casa habitada por poucas certezas e infinitas dúvidas.

Um contraponto de afeto e rebeldia é o que vemos quando descreve a coragem e a força de Tia Inaiá:

> Nunca teve religião. De Deus, simplesmente prescindia. Tinha o que sempre me faltou: a coragem de viver sem Deus. Tia Inaiá mexeu profundamente na minha vida. Deu-me forças que não teria tido sem ela. Abriu todos os caminhos que percorri. Encantou, enfeitiçou a minha infância, a minha adolescência. Foi o meu primeiro alumbramento.

E — portanto — não foi preciso incendiar o ateneu, destronar aristarcos e decidir por vários planetas em órbitas perdidas. O que temos é a casa. Corredores estreitos, janelas entreabertas ("gostava de espiar a chuva do lado de dentro da vidraça. Quando criança, permanecia horas imóveis, espiando"), luzes escassas que iluminam a sala de estar, e o primado de todos os sentidos na cozinha. Uma narrativa da casa, que habitamos algum dia, e que agora nos habita, inquilinos provisórios em que nos transformamos, por onde passam aqueles corredores sombrios, aquela sala, mergulhada mais ou menos na penumbra. Por mais dolorosas para a autora ("Este livro foi um mergulho muito perigoso, saí dele em pedaços"), deram-lhe essas páginas uma narrativa clara que a salvou de não poucos tormentos, de quem agora despotencializou uma energia avara e cruel, que se traduz de modo generoso e abundante. Terá sido o mais intenso de seus livros — todos muito próximos de uma pós-arqueologia, de uma liberdade que nasceu estilística e existencialmente depois de *Os anos 40*, como *O penhoar chinês* e *Inventário das cinzas*. Estes adquirem um novo estágio de escrita e representação, atravessados por um leve acento de melancolia, de coisas idas e passadas, mas de certo e imperioso alívio da distância, trazido pelo agora em que foram escritos. Esse maravilhoso agora, que distingue os que puderam viver ou sobreviver depois da infância.

    Queria dizer — mas não sei se consegui — que a nova edição do livro de Rachel Jardim é um motivo de grande alegria para os leitores da pequena, mas belíssima memorialística brasileira, onde se reserva um lugar especial para esse *Os anos 40*.

Biografia de uma rebelde

Lembro de Machado e de sua deliciosa expressão, *a química do tempo*, que opera com bases e ácidos, para compor ou dissolver imagens que se fizeram dentro de nós, em modos de afeto e bem-querer. Com a Dra. Nise da Silveira, a sensação que guardo é a de que sua força e desafio permanecem cada vez mais acesos. Como explicar tudo isso — ultrapassando o domínio científico — na província do humano e da química implacável?

A Dra. Nise trazia dentro de si um sertão profundo, como o de Euclides, Rosa e Mestre Graça — de quem Nise foi amiga, inventando nomes de personagens, como Caralâmpia. Trazia o *ethos* do sertão, o vigor e a nobreza das coisas que não se dobram, nem se vendem. Donde sua cultura marcada por uma fortíssima instância moral, sua vontade inquebrantável, frente à intolerância e à injustiça. Era um misto — mas por favor, no melhor dos sentidos — de *beata* e de *jagunça*, generosa, como poucas, e combativa, porque a estupidez das instituições exige denodo e coragem. Honrava a sua palavra e quando selava suas questões em nome do afeto, tornava-se um gigante em sua física, e apenas aparente, fragilidade. Em suas palavras, a marca da rebeldia:

Durante esses anos todos que passei afastada, entrou em voga na psiquiatria uma série de tratamentos e medicamentos novos que antes não se usavam. Aquele miserável daquele português, Egas Muniz, que ganhou o prêmio Nobel, tinha inventado a lobotomia. Outras novidades eram o eletrochoque, o choque de insulina e o de cardiazol. Fui trabalhar numa enfermaria com um médico inteligente, mas que estava adaptado àquelas inovações. Então me disse: "A senhora vai aprender as novas técnicas de tratamento. Vamos começar pelo eletrochoque." Paramos diante da cama de um doente que estava ali para tomar um eletrochoque. O psiquiatra apertou o botão e o homem entrou em convulsão. Ele então mandou levar aquele paciente para a enfermaria e pediu que trouxessem outro. Quando o novo paciente ficou pronto para a aplicação de choque, o médico me disse: "Aperte o botão". E eu respondi: "Não aperto" — aí começou a rebelde.

A rebelde. A forte. A que soube dizer não. E o rosto, que era um sol. E as mãos, como pintadas por El Greco, regiam uma orquestra invisível de princípios. Mas ao mesmo tempo sofria terrivelmente com a farra do boi e com atos de violência praticados contra as crianças e os animais. Por eles, brigava até mesmo contra Spinoza — filósofo de sua predileção. Porque era uma das melhores amigas de Francisco de Assis, cujo respeito pelo ser humano, pelo *ser cão* e pelo *ser gato* (de modo especial), deixou comovido mais de um índio xavante, a ponto de receber deles o título de Cacica da Natureza!

Mas era o bom humor da Dra. Nise, e sua cultura vastíssima, e seu humanismo, e sua paixão pela vida, que a tornavam tão singular. Porque não se tratava apenas de uma grande inteligência, mas de uma rara sensibilidade. Amava a beleza da luz de Apolo, mas cultivava a desmedida de Dionísio. Sabia das teses de Feuerbach, e queria mudar o mundo. Foi mais amiga do Dr. Bacamarte, de O *alienista*, depois de ele se fechar na Casa Verde, do que de certos apressados seguidores de linhas absolutamente políticas de certa psiquiatria. E dizia tudo isso. Que aprendera mais em Machado do que em Freud. Mas não desprezava o segundo pelo primeiro. Nise era mestra das coisas profundas e sagradas:

> Na primeira noite de sua primeira viagem à Suíça, Nise teve um sonho revelador: sentada frente a uma mesa, ela olha para o tampo e vê um céu estrelado; a imagem apareceu rápido, mas a sensação de que havia uma ordem oculta, uma constelação para além do visível, permaneceu. Este sonho sintetiza bem o mito de sua vida, a tarefa que teria pela frente: mapear o inconsciente através das obras dos seres que nele mergulharam, e que se perderam, através das imagens que criavam, "as estrelas-arquétipos" que compõem o nosso interior psíquico.

Nessa constelação de coisas fundas e luminosas, Nise foi realizando o seu mito pessoal, descendo às remotas instâncias do humano. Tão remotas e fascinantes, que guardavam como que a secreta imagem de coisas idas e passadas. Tanto que Lula (considerado como os olhos da Dra. Nise, amigo inseparável na pesquisa e nas lides) me enviou uma carta, que testemunha o fascínio de estrelas e mundos pregressos:

> Em 1974 continuava atrás de minha verdade do fazer, depois de passar por dois cursos universitários inacabados migrei para engenharia. Foi aí que conheci a Dra. Nise. Eu tinha pretensão de estudar na Europa com a minha irmã. Num belo dia, Nise falou da existência do Museu. Cheguei antes dela e me deparei com as esculturas de Adelina. Achei que fossem cópias de algum sítio arqueológico nas imediações. Jamais poderia imaginar que fossem feitas por uma mulher que estava numa sala do hospital... Enfim, me apaixonei, larguei a engenharia, peguei o dinheiro de minha viagem na Europa e aluguei um pequeno apartamento nas imediações do hospital, comprei livros de Jung; foi aí que começou minha aventura.

Começava a sua aventura. E todo um processo cultural seria desencadeado em ressonâncias profundas com a cultura brasileira. Uma aventura singular e plural, das mais importantes que se viram no doloroso século XX. E convocou a todos, sem distinção, por uma escolha severa que se transformava em afeto profundo. E por isso era um espírito aberto e generoso. Nise da Silveira tem representado para os que a conheceram a maravilha de uma descoberta infinita, ou de uma paixão permanente, para lembrar as palavras de Rubens Correa:

> Mestra e amiga muito querida: Estou começando a aprender a chamá-la de Nise; ando praticando para me acostumar. Porque afinal de contas Nise é o nome perfeito para nomear o arquétipo da maturidade, que com suave intensidade vem me ajudando a desvendar meu caminho e realizar minhas metamorfoses. A loucura através do teatro me ensinou a desmedida e o excesso. O exemplo de sua vida e trabalho me ensinou a paixão.

As razões de Ibsen

A Noruega — de céus puros, fiordes e paisagens de gelo — deixara de ser, desde 1814, província da Dinamarca. E começara a buscar suas raízes, a recolher as sagas, a repensar a história e a geografia, valorizando a própria língua. A construção do futuro marcava a nova geração, que sonhava com um país soberano e fraternidade escandinava. A Noruega e o mundo. E Henrik Ibsen cresceu sob a égide desses ideais. Nascido em 1828, em Skien, pequena cidade próxima de Christiania, corria em suas veias o sangue de marinheiros escoceses e alemães. Filho de abastado comerciante, viu o pai dissipar o patrimônio e foi obrigado, aos dezesseis anos, a ganhar a vida como ajudante de farmácia, em Grimstad. Corria o ano de 1848 e com ele a Revolução, na Alemanha, França, Itália e Hungria. Vemos um Ibsen engajado. Obras como *Norma, Catilinia*. Colabora num jornal operário. Mas é o teatro que o reclama. Um teatro romântico, de grandes façanhas, como *Os heróis de Heligoland* ou *Os pretendentes da coroa*. E como a história desfizesse a ilusão de um mundo pan-escandinavo — com a ausência da Noruega no conflito entre a Dinamarca e a Prússia —, Ibsen impõe-se um auto-exílio na Itália, onde redige seus dramas realistas: *Peer Gynt, Casa de bonecas* e *Brand*. Já se tornara um leitor assíduo de Sören Kierkegaard. Já lhe absorvera a ideia de liberdade. E correra meio mundo. Egito e Alemanha. Ibsen retorna à Noruega, famoso em toda a Europa, e lido por Bernard Shaw, D'Annunzio, Hauptmann e Strindberg. Apesar disso, continua solitário. Como nos quadros de Kaspar Friedrich. Festejado aos setenta anos na Noruega, com uma estátua, junto ao Teatro de Christiania, Ibsen faleceu em maio de 1906, reconhecido, afinal — após inúmeras diatribes —, como um dos fundadores do teatro contemporâneo.

E, de fato, sua obra parece arraigada em nosso horizonte, com as nuvens de incerteza, que prometem inesperadas redenções. O sol do futuro. De uma verdade que busca seus raios. O centro. Não mais que o centro. A descoberta de um princípio. E de toda uma vida que se volta para a identidade. Cessa o destino coletivo. O sistema (de Kant, Hegel ou Marx), no qual o indivíduo parece fadado a desaparecer, em meio a não sei quantos motores e ideologias. A humanidade. A razão. A luta de classes. Paris e as multidões. Contra essa tendência em larga escala, a voz solitária e poderosa de Kierkegaard defende o superlugar do indivíduo. Indiviso. Munido de destino. De síntese. Irrevogável. Irredutível... Era o pensamento de Kierkegaard fazendo vibrar as cordas de Ibsen.

Tinha início a busca da verdade. De pedras. E de espinhos. Mas como não lutar, beirando a crueldade, para atingir uma ideia do que somos, perdida nas formas peregrinas de ser e estar? Pai ou filho (e aqui, Turgueniev). Marido ou mulher (em Strindberg, *Puppenheim*), sujeito ou cidadão, como em *Il fu Mattia Pascal* (de Pirandello), cujo protagonista vive depois da morte civil. Conhecer algo da verdade, eis a tarefa. Opção que decide colher a verdade, por mais volátil, mediante uma abordagem, a revelar a teia de ilusões que corroem Rubreks e Heddas, Osvalds e Alvings. E não se trata de uma diminuição do humano. De uma parcela de bufões. Tal como nos *Saltimbancos*, de Aleksandr Blok, todos estão presos por um tênue fio de adesão e medo. É o que vemos, às raias de uma atitude glacial em *Casa de bonecas*. Diz Nora: "Existe outra tarefa de que tenho de me desembaraçar primeiro. Preciso tentar educar a mim mesma. E você não é o homem que pode me ajudar. Tenho de fazê-lo sozinha. E é por isso que agora eu vou deixá-lo." Depois dessas palavras, a audiência permanece desconcertada. Muitos aplaudem; outros, indignados, deixam o teatro. Mas Nora decidiu abandonar seu mundo de bonecas, a casa, o marido e os filhos, por ter descoberto que sua vida era uma não vida. Que não passava — como Mattia Pascal — de um ser morto, em vida. Que era preciso buscar as forças que haviam de levá-la a si mesma, longe do papel que lhe fora outorgado, primeiro pelo pai, depois pelo marido. Diz Nora:

> Tenho sido sua boneca-mulher, como fui a filha-boneca de meu pai. E agora os nossos filhos têm sido as minhas bonecas. Eu me divertia muito quando você brincava comigo, da mesma forma pela qual eles se divertiam muito quando eu brincava com eles. É isso que tem sido nosso casamento.

E agora. A coragem de ser. Contra tudo. E todos. Uma reeducação que cumpria ultimar, libertando-se da genealogia de bonecas semivivas, e demais automatismos, propostos pelo egoísmo de Thorwald, que pôs a lume a relação, ou a quase relação conjugal, de que Nora não passava de um satélite.

Aos que condenaram Ibsen por "tanta crueldade" (o abandono do lar e dos filhos), a resposta veio, firme, com *Os fantasmas*. O convívio ganha contornos sinistros. Se Nora — por hipótese — não houvesse partido, as consequências teriam sido terríveis... Como quem passa da condição de pseudovida, como a das bonecas, para a de não vida, dos fantasmas, da pura maldição. E temos na lembrança as figuras dostievskianas, arrasadas por um mal secreto, torturando Gávrilas, Rogójins e Míchkins, a seguir, pelas trevas, da culpa à expiação. Em Ibsen, a urgência e a liberdade varrem dos céus as nuvens — luteranas — do pecado. Seus personagens são mais kierkegaardianos. Mesmo quando aparentemente harmoniosos. Não ter desespero é uma forma de desespero... Ibsen despreza a culpa. E persegue a verdade. Além da cena — quando a peça atinge uma pétrea inflexão. E tudo começando e terminando — insiste Kierkegaard — pelo casamento: uma espécie de maldição dos átridas, passando de geração em geração, como a sífilis, em *Os fantasmas*, ou o suicídio, em *Hedda Gabler*.

Mesmo assim — dentro do fluxo hereditário — como são fortes seus personagens femininos!... Como distam dos de Victorien Sardou, levados à ópera por Giacomo Puccini, como a *Tosca*, a ponto de morrer por seu amor. Em Puccini-Sardou, o sacrifício de si. Em Ibsen, a descoberta. Terror e beleza andam inseparáveis. Como aquela atmosfera de *A cidade morta*, de D'Annunzio, em meio à escavação das ruínas gregas, no combate entre natureza e cultura. A verdade, acima de tudo. Por mais volátil, subjetiva e perigosa. Não há outra... Para Ulfheim, caçador ibseniano de *Quando nós, os mortos, acordamos*: "A princípio nada é perigoso. Mas, inesperadamente, encontramo-nos num ponto do qual não podemos voltar ou seguir adiante." É bem essa a intensidade de tamanha inflexão. A paralisia. O medo. Mas Ibsen avança para uma espécie de libertação, seja de que modo for. Na de Hedda Gabler, a morte voluntária:

> É um alívio saber que existe, apesar de tudo, algo de independente e corajoso neste mundo, algo que ilumina um raio de bondade absoluta... Sei que Loevborg teve a coragem de adequar a vida à sua ideia. Ele fez algo exemplar, onde se espraia um reflexo de beleza. Ele teve força e vontade de deixar mais cedo o banquete da vida.

O mesmo que Hedda estava disposta a deixar. Seu apetite de vida era intenso. Não havia como não buscar a morte. A vida clama pela morte. Outra saída seria impensável. A *moîra* de Hedda era-lhe anterior. E quem semeia o nada, colhe abismos.

Outra saída — involuntária — é a de quem sonha a ressurreição. O artista, que não amou, porque temia perder a própria arte. E que passou pela vida em transe. Perdido. Uma vida sem vida. E no limite. Junto ao precipício, entre as montanhas. Até quando decide perscrutar a própria identidade:

> Rubeck: — Estamos livres. Há ainda muita vida para nós.
> Irene: — O desejo de vida está morto dentro de mim. Agora ressurgi, e te procuro com o olhar: e te encontro. E vejo que tu, e a Vida... sois cadáveres, tal como eu fui...
> Rubeck: — Pois bem, nós dois, mortos, queremos de uma só vez beber a vida até a última gota, antes de voltarmos à tumba.

O branco da neve. O perigo das montanhas. E nessa ressurreição, uma avalanche leva Irene e Rubeck para o Gorgo. Eis o que parece marcante no teatro de Ibsen. O possível no impossível. Essa alta voltagem dramática.

E, hoje, mais do que nunca, marcados por uma crise de representação e de verdade, de queda em queda, e de altitude em altitude, buscamos esse árduo princípio, como quem espera um céu claro depois da tempestade.

Grass e a ratazana

Alguns críticos vêm apontando para uma espécie de trilogia para além da trilogia na obra de Günter Grass: *O tambor*, *A ratazana* e *Um campo largo*. E não lhes falta razão, pois alguns temas capitais comparecem e se desdobram nesses livros. Cada qual apresenta uma narrativa de frases longas, sujeito oculto ou inexistente, pronomes variados, que produzem diversas visões de mundo. Quase uma escrita musical, uma fuga de Bach, onde as partes e o todo apontam para um desenho móvel, complexo e fascinante. A razão política organiza esse horizonte, muito embora a independência de Günter Grass (como a de um Heinrich Böll) garanta a alta qualidade de suas obras, livres de estranhos compromissos e dialéticas parciais.

Foi assim quando publicou *O tambor*, no imediato pós-guerra. O romance não oferecia — como disse Reiner Kunze — uma purificação do nacional-socialismo e tampouco se transformava "num hino à bondade, à verdade, à beleza, segundo os cânones do neoclassicismo alemão". Grass optou pela farsa, pelo grotesco, onde a vida do personagem Oskar Matzerath correspondia à degradação moral e política iniciada antes mesmo do fim de Weimar. Um livro incômodo. Impiedoso. Um dos melhores retratos do século XX.

Quarenta anos depois, a Alemanha reaparece em *Um campo largo*, com um Grass contrário à reunificação imediata, tentando salvaguardar a parte oriental da desenfreada cobiça do capitalismo. Pensava numa aproximação lenta e gradual. E os fatos não o desmentiram. A queda do verdadeiro muro de Berlim ainda não começou.

Mas não há dúvida de que, dentre essas três obras, *A ratazana* guarda uma situação narrativa peculiar. Nada que a aproxime das cores estranhas de um Trakl ou de um Dionélio Machado. Vemos uma impressionante naturalidade. Como a de uma fábula pós-apocalíptica, quando já não existe um só homem sobre a face da Terra. "Somos apenas sonhados por ratos, única realidade, que nos reinventam constantemente, a nós que um dia existimos, para que ao menos como pensamento dos ratos o ser humano não acabe."

A metáfora não conhece limites. E, como todas as alemanhas de seus romances desbordavam de suas fronteiras, confundindo-se com o mundo, agora, mais do que nunca, trata-se de uma épica morta da humanidade, que, movida por guerras cruentas e suicidas, só pode ressurgir na memória dos ratos, além de todas as ruínas. A possibilidade de um novo humanismo encontra nos ratos seu derradeiro bastião!

Mas o que emerge deste romance não é o canto de cisne da vida humana e nem tampouco a força de um destino irreversível. *A ratazana* não configura o fim de um *admirável mundo novo*, mas discute o fantasma da barbárie contemporânea. Todos os seus riscos. Toda a sua cultura da morte e de opressão, que se acentua no cenário atual. E nisto coincide com a cegueira, de Saramago, e com o apocalipse, de Guido Morselli. O fim antevisto. E sobriamente apresentado com maior ou menor grau de esperança e de adesão. Esse livro espantoso de Günter Grass é o sinal de uma grande literatura, de um protesto e de uma reação.

FUGAS DISSONANTES

O meu *jihad*

O desafio deste século reside no fim de uma visão parcial e negativa de que são vítimas as culturas do Oriente, diante de nossa arrogância intelectual. Se o Ocidente é acidente, e não destino, se é parte, e não todo, como pode outorgar a si mesmo a condição de leitor ideal do que se passa nas areias do Tchad ou nas mesquitas da Caxemira?

Este me parece o grande esforço: a guerra pelas partes. A guerra pela diferença. Ou partimos dessa atitude crítica, ou não participamos seriamente do debate.

O livro clássico de Edward Said mostrou o nascimento do que viria ser a disciplina dos estudos orientais. E boa parte de sua argumentação permanece válida, quando demonstra que a ideia de Oriente foi criada e sequestrada por um conjunto de ideologias ocidentais, marcadamente capitalista, através de um pensamento quebrado, em partes desarticuladas, considerando-se o levante inepto para nossos padrões estéticos e intelectuais. Diz Said:

> O orientalista é necessário porque extrai algumas gemas úteis das distantes profundezas orientais; e, assim como o Oriente não pode

ser conhecido sem a sua mediação, também é verdade que a escritura oriental não deverá ser apreendida por inteiro. Esta é a introdução de Sacy à sua teoria dos fragmentos... As produções literárias orientais não são apenas estranhas para o europeu; elas também não têm um interesse suficientemente sustentado, nem são escritas com "'suficiente gosto ou espírito crítico" para merecerem publicação a não ser como extratos.

Não pretendo avançar, todavia, nessas cogitações. Quero exprimir o sentimento-ideia que me levou ao Oriente, num caminho de pedra e palavra — o meu *jihad*: a busca de uma demanda poética, de um endereço, de um destino — não mais parcelado, mas voltado para o sentimento do todo.

Tenho procurado o Islã com grande paixão, como quem sente um desejo férreo de o conhecer desde as origens, na música do *Alcorão*, no apelo de harmonia e de abandono, que se desprende desse mundo claro, livre da culpa original e do pecado, inexistente, portanto, e intransmissível. Eis um aspecto que responde pela paz do Islã, com seus pátios ensolarados e ruas coloridas, por onde emerge o Oriente profundo, que Byron, Loti e Rimbaud — em parcelas de ilusão — legaram ao nosso imaginário. Esse impulso me levou a percorrer — como viajante e em longas temporadas — o Egito, a Síria, a Jordânia, a Palestina, o Líbano, a Turquia, o Marrocos, a Mauritânia, o Irã e Israel.

Comecei pelo Saara Ocidental, com seus beduínos — mais livres, menos atingidos, talvez, pela fome de justiça — que já não sofrem o horizonte, a que se voltam em oração.

O infinito: convertido em dunas e silêncios.

Mas o meu périplo radica-se na língua árabe, áspera e forte, de lâminas e espadas, capaz de realizar uma síntese poderosa com seus nomes, que são como estrelas que rasgam a escuridão. Nomes às vezes ríspidos, às vezes rudes, tocados, muito embora, por uma delicada fraseologia, que não encontro nas línguas que frequento —

com exceção do persa e do turco, marcadas como foram pelo islã. O deserto da língua árabe revela oásis inesperados, e deve ter sido a escolhida por Deus para falar aos homens. Um Deus infinito e áspero. Físico e metafísico. Amante da parte e do todo...

Para mim era uma língua escondida. E bela. E mais do que a miragem, esse Deus-língua aponta a cada instante o verbo escuro com que plasmou todas as coisas, na lógica de raízes e derivados, cuja palavra, afinal, se cristaliza como as belas estalactites, nas mesquitas de Trípoli e Marrakesh.

Depois desse primeiro arroubo, foi a caligrafia, misteriosa e flexível, que me capturou, em definitivo, como que formada por fios delicados e joias raras, com que se adorna a Leila, de Majnun, contada e recontada por Nezami. Forma livre e soberana, múltipla e vária, transida de céu e de abismo, seguindo, em chamas, a direção dos astros. Impossível não se comover com a eufonia, com a ligação das palavras, com a elegância do desenho. Impossível.

E a paixão veio desde cedo: nenhuma outra língua me fascinou mais que o árabe. Nela eu pressentia uma estranha promessa, Eldorado, Pasárgada ou Djabolsa. E assim, continuei a estudar a língua de Allah — desesperado de algumas promessas —, buscando as fontes de sua pronúncia, como se fora uma profissão de fé na poesia secreta de todas as línguas.

Somente mais tarde — quando já sabia desenhar as letras, algum rosto e segredos — descobri, nos campos de refugiados de Sabra e Chatila, que o árabe se tornaria para mim a língua dos oprimidos, em sua demanda de justiça... Ahmed me recebe nos campos, dando-me as boas-vindas, em inglês: respondo-lhe, em árabe, e seus olhos se enchem de lágrimas... Não seria difícil ver nessa língua-atitude — não na dos países abastados do Golfo, mas na dos expatriados — uma ferida, uma esperança... O mesmo sentimento que guardo pelos peregrinos do padre Cícero, em Juazeiro do Norte, pelos índios mbyá-guarani, do Paraguai, pelos que sofrem nas favelas de Lima, pelos *anawin*, evocados na *Torá*. Vejo, em todos, essa demanda de Utopia. Os peregrinos do Padrinho, no Morro do Horto e a surda resistência de sua fé; Ataualpa, que, apesar de esquartejado, vai se reunindo aos poucos sob a terra — cabeça, tronco e membros — para o esperado desenlace; o Mahdî, que há de surgir, na torre branca da mesquita de Damasco, para travar o combate com o Anticristo; e o Mashiah, que poderá entrar pela janela das horas e dos segundos — antes de terminarmos talvez estas linhas. Aprecio a dimensão cristã e judaica do *Alcorão*, pois esta me parece uma das formas para o Diálogo, inerente a todos os filhos de Abraão. Olhos livres. Compassivos. Uma língua-sangue. Uma língua-lustral.

E fui me aproximando aos poucos de um mundo sem fronteiras, o deserto. Quem vive uma só noite no Saara ou na Judeia não pode não se enamorar de um céu tremendamente carregado de estrelas. Parecem dispostas a se desprender do frágil firmamento. Lembro-me da leitura dos sonhos, de Ibn Sirin: "Pegar uma estrela nas mãos é testemunho do nascimento de uma criança nobre. Ver as estrelas caírem no deserto simboliza a fuga diante do inimigo. Ver as estrelas girarem à volta é sinônimo de viagem." Não sei o que me disseram as estrelas físicas. Sei que os sonhos e as noites são os lábios de uma verdade impossível. E não há nada que supere o verbo reticente do deserto.

Sofro suas demandas, como quem muito ama e se entrega, sem cuidado, ao afã que o consome. O deserto me deu uma língua de ausência e plenitude... E companheiros de solidão, como os beduínos que, sob o manto escuro da noite, transmitem suas gestas, de círculo em círculo, de geração a geração... O deserto me cativou, e já não sei fugir de seus encantos. Trago o deserto em minhas veias.

Hoje, ele me habita. O ocaso marroquino, além do Atlas, com seus matizes e inacabadas vermelhidões. O céu da Mauritânia — o mais belo de todos os desertos, cortado por inúmeras caravanas, e o necessário, apenas, para seguir viagem. Não sei bem como explicar, mas aquela é a minha síntese, meu refúgio e paz.

Dentro e fora do deserto (creio que o fora tornou-se inabordável para mim), sofro também a sedução das cidades, femininas, às quais me sinto ligado indissoluvelmente. *Prima inter pares*, a cidade velha de Damasco, onde vou arrebatado, e onde bebo, a cada esquina, os perfumes que me atingem, os mais de mil aromas, que me guiam. Sou íntimo da velha Damasco, e amo cada parte de seu corpo. Em Beirute, passeio pelos arredores de Basta, com suas lojas e tradições, além do bairro armeno — curdos, armenos, palestinos: meus irmãos! Descanso em Fez, junto à fonte Najarine, depois de tantos labirintos, onde cala mais fundo a voz do muezim. Amo Al Gamâlîa, no Cairo, com suas antigas muxarabiês e personagens de um Oriente vivo, buscado por muitos europeus, mas traduzido por Mahfuz. Istambul e a vista do Bósforo, seus minaretes-agulhas, Santa Sofia, e a claro-escura língua turca, ocidental na escrita, mas radicalmente asiática. Suspiro por Nouakhoutt, em seu extremo abandono, onde o mar e o deserto combatem. E abraço a Terra Santa (al-Quds), a Jerusalém, terrestre e celeste, ferida, e três vezes bela, onde Muhammad cumpriu sua viagem aos céus, onde o Mashiah é esperado, em lágrimas, onde lateja a presença de Jesus. E, por fim, a cidade azul de Isfahan — nunca houve e jamais há de haver azul mais sereno que a mesquita de Isfahan.

Mas há um complexo de cidades que eu não saberia revelar, mais secretas, talvez, e mais profundas. Cidades invisíveis. Habitadas por fantasmas, e ainda e muito desejados por mim. Preciso de inúmeras cidades — e espero o momento certo de conhecê-las por dentro, a partir de suas vísceras e fronteiras.

Fiz amigos em várias latitudes. E lembro de todos desordenadamente. Abdallah — um santo perdido nas areias do Saara. Raffaele, que me hospedou em Beirute, e na sofrida Jericó. Nagib Mahfuz, que visitei, depois do atentado em Al-Agouza, no Cairo, em pleno Ramadã. Roger Garaudy, em Paris, cristão-marxista, convertido ao Islã. Paolo e o mosteiro de Nabak, no deserto da Síria, e a sua visão profunda do *Alcorão*, precioso amigo. O aiatolá Nu' mani, quando — num fim de tarde, em Teerã — conversamos sobre xiismo e liberdade. E outros conhecidos, e tristes, e vagabundos, e poetas... Todos esses rostos não formam mais que um rosto...

Gostaria de ter conhecido Louis Massignon, místico e estudioso que contribuiu decisivamente para o diálogo das civilizações. Fiquei fascinado — nas primeiras leituras — com sua análise sobre Cristo e Hallaj, Maria e Fátima, os adormecidos e a ressurreição. E aprecio os grandes riscos que assumiu. Interessam-me suas contradições, pois raras vezes *vi* alguém disposto a pagar a diferença, com o aval da própria vida, tentando um diálogo aberto, que a trincheira de um espírito, arrogante e cruzadista, não soube e não quis promover. Massignon foi quem levou adiante o *jihad* em que acredito, o *jihad* contra a intolerância, a guerra e o capital.

O que me atrai em Massignon reside na compaixão pelo *exílio metafísico* dos filhos de Agar e Abraão, reconhecendo a profunda sinceridade de Muhammad, e admitindo ao mesmo tempo a santidade das grandes religiões, do bosque de Yse, no Japão, aos templos indianos, judaicos e de outras confissões.

Um episódio raro de Massignon: tirando, das águas do Sena, os corpos de dois argelinos, mortos pela polícia, para ministrar-lhes o ritual fúnebre muçulmano. O resgate das partes, dos corpos e dos fragmentos. Massignon operava em favor da Kaaba do todo e da tolerância... Algo muito distante das palavras de Burton — em sua peregrinação a Meca — que me parecem, no entanto, metaforizar o projeto de uma viagem filosófica ao coração da fé islâmica:

> [A Kaaba] não possuía fragmentos gigantes de nívea antiguidade como no Egito, nem vestígios de graciosa e harmônica beleza como na Grécia e na Itália, nem o bárbaro esplendor, como nos prédios da Índia; a vista ainda era estranha, única — e como poucos olharam para a urna celebrada! Eu posso realmente dizer que, de todos os adoradores que se uniram para prantear na cortina, ou que comprimiam seus corações contra a pedra, nenhum deles sentiu naque-

le momento uma emoção mais forte do que o Hajji do distante norte. Era como se as lendas poéticas árabes falassem a verdade, e que as asas inconstantes dos anjos, não a brisa suave da manhã, agitassem e inflassem a negra cobertura da urna. Mas, para confessar humildemente a verdade, era deles o maior sentimento de entusiasmo religioso, e o meu era o êxtase de orgulho gratificado.

Como Burton, num certo e metafórico sentido, meus refúgios rumaram para as mecas do Oriente, para as águas de todos os rios, não por ascendência, que me falta, nem por exotismo, que me insulta, mas por eleição. Sou mediterrâneo (*um semita espiritual*), e me alimento das raízes judaico-cristãs, da religiosidade brasileira, católica e barroca. Sinto-me enamorado pela mística judaica, e não sei prescindir do *Livro do esplendor*, dos vasos e sefirotes. Cultivo a ideia do exílio de Deus, do *tsimtsum*, como também me identifico, por inúmeras razões, com a ideia do *nistar*, do santo escondido, como explica Gerschom Scholem:

> Há, em cada geração, trinta e seis homens justos que constituem os fundamentos do mundo. Se seu anonimato, que é parte de sua própria natureza, fosse rompido, eles não seriam nada. Um deles talvez seja o Messias, e ele permanece oculto porque a época não está à sua altura.

Mas também leio e releio — como contraparte do santo escondido e de um tempo sem alturas — a mística de Rûmî, de Rabi'a, de Hallaj, e de quantos advogam a peregrinação a Meca interior, que bem pode ser Roma ou Jerusalém, Lhasa ou Canudos, de quantos se filiam à melhor das tradições corânicas, segundo a qual Deus enviou a cada comunidade um mensageiro. E tenho novamente a relação das partes e do todo. E aprecio a justiça dos xiitas, o culto aos santos, a visitação aos túmulos, o dom das lágrimas e a intensa piedade. Não sei e não quero distinguir as lágrimas do Muro das

Lamentações e as lágrimas da Mesquita de Shiraz. O mesmo sal e a mesma dor. Olhos que demandam, silenciosos, a promessa de justiça. Faço minhas as palavras de Djalal ad-Din:

> Se os caminhos são diversos, o objetivo é o mesmo. São vários os caminhos que levam à Kaaba. Para muitos, o caminho passa por Bizâncio; para outros, pela Síria e pela Pérsia; para outros, ainda, pela China, pela Índia ou pelo Iêmen. Os caminhos são diversos, mas todos os corações são unânimes quanto à Kaaba.

Vejo nessa maravilhosa geografia, uma direção aberta, o elogio da diferença, o hino à tolerância, em que cada povo tem não apenas seu relativo mensageiro, mas sua pedra e tradição. Paolo dall'Oglio — embora em contexto algo diverso — traça um paralelo entre Jesus e Maomé. E sua analogia é ousada:

> Em nossa opinião, Jesus de Nazaré amadureceu sua vocação messiânica contemplando na intimidade de sua consciência o seu estado de Filho, gerado desde a eternidade no sopro do Espírito, num mundo linguístico-cultural-religioso tão determinante para a sua própria autocompreensão messiânica que faz com que se lembre até hoje o Antigo Testamento, tão vital quanto o Novo pela fé da Igreja. E o catecúmeno interpelado pelo anúncio do evangelho deve recorrer ao íntimo de sua própria consciência, onde ele se encontra a sós com o Senhor da Vida, para ouvir o "Abbà Pai" pronunciado pelo Espírito de Deus, que o envia para a mediação de Cristo Filho com a Igreja Esposa.

Analogamente, Muhammad tomou conhecimento de sua vocação profética do fundo de seu coração, onde viu brotar aquela revelação que dava forma linguística, histórica e contingente à inefável experiência de total devoção ao Uno, por quem fora graciosamente admitido. E o muçulmano só é muçulmano apenas à medida que se volta ao íntimo de sua consciência, ao segredo de seu coração, para colher a essência da devoção monoteísta; e tal ato acontece linguística, cultural e religiosamente no âmbito do Islã; e ali experimenta a verdade da sinceridade "muhammádica", de modo que é enviado novamente para a mediação do Alcorão e do Profeta, pela realização histórica e concreta da sua própria vocação na fé monoteísta.

Esse mergulho, essa inflexão, ou metanoia, esse regresso para dentro de si, como o de Jesus e o de Muhammad, me parece essencial — sem qualquer prejuízo da transcendência. Nessa perspectiva subjaz, talvez, o que Pico e Ficino advogavam no Renascimento, como sendo a *prisca theologia*, a manifestação do divino na história, antes da encarnação. A leitura de Dall'Oglio, no campo do islamismo, poderia representar a defesa de uma *tarda theologia*, que ocorre após a Crucifixão, do Evangelho mediado por outros profetas. E povos.

Desse modo, o projeto de paz não tem fim. Dizia-me o xeique Nasreddin, em Ankara: o *jihad* não cessa na Terra e tampouco no Paraíso. E citava o poeta Yunus Emre, que abordou a transcendência radical do *Alcorão*, em que não se realiza a visão de Deus. Tudo permanece aberto e remissivo, numa chave simbólica, das huris e outras delícias. Mas que a imanência aparente não engane em sua fisicalidade: esse jardim das delícias aponta para uma realidade inatingível, além dos pássaros canoros, dos límpidos regatos e das rosas:

> No paraíso onde os ramos cantam o nome de Deus, já não espalha a rosa o seu perfume, mas Seu nome. Os que têm fome e sede, anjos e profetas, respiram o Seu nome. As colunas celestes em pura luz se transformam e arbustos de folhagem argentina são como braços abertos para Deus. As huris de puro semblante e palavras doces vagam por entre o verde, cantando o santo nome de Deus... Apressa-te, Yunus, ao puro amor, não deixes para amanhã para chegar à Sua presença... teus lábios murmuram: Deus!

Essa visão do divino, todavia, sempre adiada, e irremediável, não significa, por outro lado, uma fria relação entre Criador e criatura. Nesse aspecto, a base da teologia islâmica se vale da dialética da proximidade e da distância, da semelhança e da diferença, do *tanzih* e do *tashbih*. Essa altitude — ao mesmo tempo insana e cruel, estranha e sublime, terrível e perigosa — pode e deve ser compreendida num conceito de contiguidade: um Deus que tudo sabe, imerso no mistério humano, mais próximo do que a nossa respiração, mais imediato do que a nossa imagem ao espelho, mais quente do que o sangue em nossas veias. Para Citati:

> Esse Deus distante, esse Deus escondido, esse Deus ignorado, esse Deus absurdo, esse Deus da força e do terror está ao nosso lado e nos ama. Nós o julgamos perdido nas distâncias como a nossa imagem refletida no espelho ou como a bem-amada com a qual dormimos. Ele conhece um caminho secreto para chegar ao coração de cada um. Sua misericórdia é semelhante à da mãe que não tem limites. Se lavarmos neste mar as manchas de todos os pecadores, sua água dos céus, protegida por sessenta mil véus de luz e de trevas; e ele está mais próximo do que nossa veia jugular, do que a nossa respiração, sua água permanecerá límpida como a das fontes; e se dermos uma taça a cada uma das criaturas terrestres, seu nível não baixaria um milímetro sequer. Ele disse: "Se vierdes caminhando em minha direção, irei correndo ao vosso encontro." Ele se dá a conhecer a seus fiéis, instiga-os a obedecê-lo e deposita em seu coração os germens do seu amor, sem que o mereçam.

Mas se a lei que rege o diálogo entre Deus e o homem — mediante seu Filho ou Mensageiro — dependesse apenas de uma certa fisicalidade, havia de se perder, segundo o Islã, o lastro que garante a Sua permanência além do mundo, das correntes heraclitianas, das feridas do tempo e da morte. Para sunitas e xiitas, Sua face é a realidade. E mesmo que rios, mares, estrelas e desertos desaparecessem, Ele jamais deixaria de existir: "Tudo perece exceto

Sua face. Tudo que existe passa e resta apenas a face de teu Senhor em Sua majestade e generosidade."

A permanência de Deus chega a ser tão importante quanto a sua transcendência. A própria realidade deste mundo e da matéria de quantidade é incogitável — como diziam os escolásticos. Lembra Martin Lings:

> O Eterno infinito transcende, penetra e abraça todas as durações e todas as extensões, existindo não só "antes" de todo o começo, mas também "depois" de todo o fim. Nele, tudo que passa "já passou", tudo que é suscetível de extinção "já" acabou, deixando apenas Deus, esse divino resíduo.

Esse divino resíduo, portanto, é a raiz de toda a subsistência. As huris e as delícias do Paraíso — tudo continua sendo muito pouco. E não é de estranhar que a mística Rabi'a chegue, com sua ríspida clareza, a recusar as divinas benesses: "Todo o bem que decretaste para mim neste mundo, dá a teus inimigos; e tudo aquilo que decretaste para mim no Paraíso, concede aos teus amigos. Eu aspiro a ti somente."

Em Rabi'a identifico esse terrível compromisso com o transcendente, esse *jihad* intelectual voltado para Deus, sem meias-palavras, numa certeza de brasa e chama, e fogo, para atingir o abismo da unidade. Quase todos os sufis preferem o número ímpar ao par — a unidade em estado bruto, o ser antes do ser: um Deus com dentes fortes e afiados, como um tigre, ciumento e perigoso. É o que move Rabi'a. É o que me levou a explorar não exatamente a diferença, mas um caminho para elaborá-la em termos factíveis e honestos.

E o que mais impressiona, depois de visitar desertos, rostos e cidades, o que mais renova e desafia, depois de tantos diálogos, em trânsito ou inacabados, é a chama da paz, que muitos poetas do Islã sentem em seus corpos, na ultrapassagem de todas as barreiras, de todas as geografias, de todas as ilusões, do eu e do outro, numa luminosa e intrínseca atitude de união — um sim profundo ao todo, um sim profundo à paz. Leio em Rûmî:

> O meu lugar é sempre o não lugar,
> não sou do corpo, da alma, sou do Amado.
>
> O mundo é apenas Um, venci o Dois.
> Sigo a cantar e a buscar sempre o Um.

Esses versos me marcaram, quando voltava de Konya para Istambul, e, desde então, essa voz serena e dramática de Rûmî definiu partes essenciais de meu caminho pelo Islã. O não lugar como lugar. Todas as fronteiras do mundo. Todas as latitudes, do céu e do inferno. Todas as religiões. E o Dois que se transforma em Um. O início de meu *jihad*, a reunião do todo e das partes, das inúmeras parcelas escondidas e fragmentos. E a compaixão pelos oprimidos. Não havia senão uma escolha: declarar o *jihad* a favor da paz e da diferença. Pelo sorriso das crianças da Palestina e do Curdistão, contra o Monstro da Indiferença e do Ódio.

Aspectos do *Diwan* ocidental-oriental

Quantos Orientes demoram e se agasalham na palavra "Oriente"? Quantos equívocos e enganos turvam-lhe a superfície e escondem riquezas infinitas e contradições? Goethe sabia disso e centrou o *Diwan* na Pérsia e no mundo árabe. Mas não desconsiderou o Japão e a China. A Pérsia foi como que o traço de união, a síntese entre o Oriente Médio e o Extremo Oriente, além de se voltar aos substratos antigos, zoroastrianos. No *Ginkgo biloba* constatamos esse diálogo. Na sua farmácia, Goethe lhe destina um poema, do qual retira uma série de consequências filosóficas e farmacológicas (na *Metamorphose der Pflanzen*, e em diversas ocupações científicas). Curiosa a localização do jardim e a visão zoroastriana da unidade e do todo (*daß ich ein und doppelt bin*), que interessariam sobremodo a Hegel e Nietszche:

> A folha desta árvore que de Leste
> Ao meu jardim se veio afeiçoar,
> Ao meu jardim se veio afeiçoar,
> Dá-nos um gosto de um sentido oculto
> Capaz de um sábio edificar

A MEMÓRIA DE ULISSES

Será um ser vivo apenas
Será um ser vivo apenas
Em si mesmo em dois partido?
Serão dois que se elegeram
E nós julgamos num unidos?

P'ra responder às perguntas
Tenho o sentido real:
Não vês por meus cantos como
Sou uno e duplo, afinal?*

(Dieses Baums Blatt, der von Osten
Meinem Garten anvertraut,
Gibt geheimen Sinn zu kosten,
Wie's den Wissenden erbaut.

Ist es ein lebendig Wesen,
Das sich in sich selbst getrennt?
Sind es zwei, die sich erlesen,
Dass man sie als eines kennt?

Solche Frage zu erwidern,
Fand ich wohl den rechten Sinn;
Fühlst du nicht an meinen Liedern,
Dass ich eins und doppelt bin?)

*

Seria longo e desnecessário lembrar quanto o léxico de Goethe se enriquece no *Diwan*, sem concessões fáceis ou demasiadas. Assim, *Bulbul* (rouxinol) concorre com *Nachtigal*, *Buch* (livro), com *Nameh*, *Uschk* (amor) com *Liebe*, *Allah* (Deus) com *Gott*, e assim por

---

*Tradução de Paulo Quintella, 1958. Todas as demais traduções do alemão neste ensaio são do Prof. Luiz Montez. As traduções do persa são de minha autoria. (N. do A.)

diante. Mas é no espírito da noite, em suas tonalidades, em seus
mistérios, ou abandonos, onde vemos o Oriente profundo, e das
fábulas, levando seu fascínio ao Ocidente, a partir de Silvestre de
Sacy e de Goethe — para ficar apenas com estes. No poema *Bulbuls
Nachtlied durch die Schauer*, temos o modo recorrente dos pássaros
e sua ligação com os céus. E com Deus. Sobre cujo mistério a poesia
turca, árabe e persa tanto meditou:

> A canção do bulbul ergueu-se, no calafrio da noite,
> Até o luminoso trono de Alá,
>
> E para lhe recompensar a melodia
> Deu-lhe este uma gaiola de ouro.
> Ela são os membros humanos.
> Decerto que aquele se sente confinado;
> Mas, se refletir melhor,
> Continuará, o espiritozinho, o seu canto.
>
> (*Bulbuls Nachtlied durch die Schauer*
> *Drang zu Allhahs lichtem Throne,*
>
> *Und dem Wohlgesang zu Lohne*
> *Sperrt'er sie ein goldnen Bauer.*
> *Dieser sind des Menschen Glieder.*
> *Zwar sie fühlet sich beschränket;*
> *Doch wenn sie es recht bedenket,*
> *Singt das Seelechen immer wieder.*)

*

O livro é tema dos mais visitados. A imagem do Alcorão infunde
um novo estatuto para o Livro. Em Dante, uma das formidáveis
descrições de Deus é a de um volume universal. No primeiro Fausto,
a diferença de imagem entre os vários livros e o Livro ressalta a forma

aparente do suplemento de muitas páginas e de sua identidade.
Também Khliébnikov escreve um poema formidável chamado
Edinaia Kniga, o Livro Único, no qual o poeta futurista demarcava
seu conteúdo universal, receptáculo de seres, ideias e formas. Em
Dante, as páginas dispersas no mundo ressurgem encadernadas pelo
amor, e o Livro guarda substâncias e acidentes. Para Ibn 'Arabi, Deus
é o calígrafo do Universo (diriam os medievais: escrito por dentro e
por fora) escrito com as letras árabes, onde todos os seres seriam
filhos dessa tinta, singularizados, agora, regressando *post mortem*
ao tinteiro sem distinção de nome ou pessoa. Para Goethe, o livro
dos livros é o Amor, retomando e deslocando a imagem dantesca,
traduzida a partir de suas leituras orientais. O livro do mundo.
Sagrado. Consagrado. Em termos do amor, com suas páginas,
volumes, capítulos, e a referência a Nizâmî, que pensou também o
Universo como um volume, a partir de seu canto aberto e cheio de
harmonias:

> O mais estranho de todos os livros
> É o livro do amor;
> Li-o atentamente:
> Poucas folhas de alegrias,
> Cadernos inteiros de dor;
> A separação perfaz um parágrafo.
> O reencontro — um pequeno capítulo,
> Fragmentário! Volumes de desgostos,
> Prolongados com explicações
> Infindas, desmedidas.
> Ó Nizâmî! mas por fim
> Achaste o caminho certo;
> Insolúvel, quem o solucionará?
> Amantes que se reencontram. (...)

(*Wunderlichstes Buch der Bücher*

Ist das Buch der Liebe;
Aufmerksam hab' ich's gelesen:
Wenig Blätter Freuden,
Ganze Hefte Leiden;
Einen Abschnitt macht die Trennung.
Wiedersehen — ein klein Kapitel,
Fragmentarisch! Bände Kummers,
Mit Erklärungen verlängert,
Endlos, ohne Maâ.
O Nisami! doch am Ende
Hast den rechten Weg gefunden;
Unauflösliches, wer löst es?
Liebende sich wieder findend. (...))

*

Separo de Hafiz alguns versos, como estrelas que clareiam a página:

Não tem a lua o brilho de teu rosto...
Vagando a sós pelo jardim do rei...
Ó brisa perfumada da manhã...
Anjos bateram à porta da taberna...
Eu bebo o cálice de minha vida...
Como é frágil o palácio da esperança!
Não se desvela essa beleza em parte alguma?

*

Longe e Perto. *Presso* e *Lontan*. Iraque e Khorassan. Tais os extremos da mística Ocidental e Oriental, desde o *Alcorão* à *Divina comédia*. A tradição neoplatônica assume a dimensão de um círculo de Deus, cuja circunferência está em toda parte, e cujo centro não está em parte alguma. A difusão dos raios do *amor mysticus* parece elidir a distância (*Auch in der Ferne dir so nah*!), ou, ao menos, colocá-la entre parênteses, numa espécie de nova dialética ("*Für Liebende Bagdad ist nicht weit*"), em que todo excesso perde seu referido potencial. Passagem do absoluto ao relativo. *Tanzih* — o intangível, o irredutível, o totalmente distante, o centro da circunferência. *Tashbih* — o que se pode sentir e tocar, a circunferência visível, a comunhão das partes e dos fenômenos. Oriente e Ocidente — para Goethe — devem e podem, mantendo suas distâncias, dialogar de parte a parte, no silêncio, no deserto e na cidade. E o símbolo tanto poderia ser Damasco quanto Bagdá:

>Separado que estejas de tua amada,
>Como o Oriente do Ocidente,
>O coração percorre todos os desertos;
>O cortejo oferece-se mesmo por toda parte,
>Bagdá não é longe para quem ama.

>(*Bist du von deiner Geliebten getrennt*
>*Wie Orient vom Okzident,*
>*Das Herz durch alle Wüsten rennt*;
>*Es gibt sich überall selbst das Geleit,*
>*Für Liebende ist Bagdad nicht weit.*)

*

Na escala dimensional, a distância e a peregrinação podem enlaçar diversos estados e modos. *Irrtum. Irrgehen.* O andar perdido, errando por desertos, lagos e montanhas, ao encalço da liberdade (*Kommen wir wieder ins Freie!*). Trata-se de um *tópos* coligível na literatura turca, árabe e persa, desde seus poetas mais remotos. Antes mesmo do Islã. E, todavia, depois de Maomé, as raízes de fundo neoplatônico e cristão emprestam ao *iter* espiritual uma nova determinação. Temos em Rûmî toda uma errância, dentre ruínas, espaços ermos, tabernas esquecidas e moinhos abandonados. Uma viagem que se move para dentro, um *itinerarium mentis*. Mesmo a Kaaba é mero pretexto, tanto em Râbi'a quanto em Rûmî. Deixam suas casas, os peregrinos, e mal desconfiam que a Meca entressonhada repousa em seus corações. Mas tudo isso parece vão. Pois que os homens seguem buscando (nos horizontes do Romantismo, como nos quadros de Kaspar David Friedrich, ou na poesia de Brentano) distância e mais distância, e novos lagos e montanhas *(Nun suchen wir in kurzer Zeit/ Irrgang und Berg aufs neue*). O tempo de Goethe se debruça em Orientes sublimados. Quase o fenômeno de Kant, a teia do tempo, do sujeito e de seus modos.

> Por montanhas e vales
> Equívoco sobre equívoco assim, tudo junto,
> Retornamos ao ar livre!
> Mas ali a amplidão é excessiva;
> Bem rápido buscamos então, novamente,
> Labirinto e montanha.

> (*Über Berg und Tal,*
> *Irrtum über Irtumm allzumal,*
> *Kommen wir wieder ins Freie!*
> *Doch da ist's gar zu weit und breit;*
> *Nun suchen wir in kurzer Zeit*
> *Irrgang und Berg aufs neue.*)

*

O tema das mil formas de se esconder, do "ausente" que envia emissários, dos testemunhos indiretos de sua beleza, e do diálogo perene entre os elementos, era bem conhecido no Ocidente, a partir do *Cântico de Salomão* e do *Cântico Espiritual*, de San Juan de la Cruz. As mil formas de se transmudar, velando e desvelando o mistério de seu rosto, para sempre inatingível na concepção corânica.

As partes desse amor subsistem em outras lendas, suavizando a solidão do solitário. Apesar de mil artifícios, de mil secretas formas em que se esconde ou se subtrai do Cosmos, quem ama reconhece, busca e lança o repto de seu amor e condição (*Doch, Allerliebste, gleich erkenn ich dich*). De todas, a obra mais famosa, dois modos de velar e desvelar, é a Linguagem dos pássaros (*Mantiq Uttair*), quanto à busca do rei dos pássaros, o Simurg, numa transcendência abissal. Mas o ouro que buscavam jazia em seus corações. Outro dos motivos mais visitados da literatura persa:

> Ainda que escondida, sob mil disfarces,
> Pronto, amada eleita, eu te distingo;
> Possa ocultar-te sob o véu encantado
> Pronto, onipresente, eu te distingo. (...)
>
> (*Im tausend Formen magst du dich verstecken,
> Doch, Allerliebste, gleich erkenn ich dich;
> Du magst mit Zauberschleiern dich bedecken,
> Allgegenwärtige, gleich erkenn ich dich. (...)*)

*

A poesia persa foi menos cultivada pelo grande islamólogo do século Louis Massignon. Parecia-lhe mais severa e essencial a poesia árabe, em detrimento do excesso (que alguns tomaram erroneamente como barroca), dos jardins, rosas, vinhos, amores e tapetes da poesia turca e persa, dentre os quais os poemas de Hafiz ou Saadi. A definição de Massignon parece fundamentada sobre uma chave excessivamente contrastante. De todos os modos, a representação do deserto nas três línguas e poesias encontra saídas irredutíveis (*Vorzüglich aber schön die Welt der Dichter*). O mundo é a trama de um tapete, em que as cores e as formas trabalham, como um kilim invisível, para dar conta da variedade profunda de todas coisas.

Poesia dos sentidos. Poesia dos excessos. Goethe alcançava tais maneiras a partir dos *óculos do amor*:

> Com encanto pode-se ver tão vastamente o mundo
> Mas, antes, o mundo belo dos poetas;
> Claras, multicores e argênteas,
> Rebrilham dia e noite as paisagens.
> Hoje tudo me fascina; se tudo se quedasse assim!
> Tudo vejo hoje pelos óculos do amor.

> (*Die Welt durchaus ist lieblich anzuschauen*
> *Vorzüglich aber schön die Welt der Dichter;*
> *Auf bunten, hellen und silbergrauen*
> *Gefilden, Tag und Nacht, erglänzen Lichter.*
> *Heut ist mir alles herrlich; wenn's nur bliebe!*
> *Ich sehe heut durchs Augenglas der Liebe.*)

*

A embriaguez. Os que seguem bêbados, e sobretudo bêbados de Deus (*die göttlichste Betrunkenheit*). E aqui a literatura alemã é de uma riqueza notória com Meister Eckhart e Angelus Silesius, em épocas diferentes, e de quantos legaram, desde a Baixa Idade Média, um vocabulário místico que migrou para a língua alemã, sem que se percebam facilmente aquelas raízes (como, por exemplo, na nudez mística e na palavra *bloâ*, além de outras abstrações como *wesentlich, Eindruck, Einfluâ*). Perder as fronteiras. Vencer o politeísmo da alma. Descer à Caaba espiritual, eis o itinerário de muitos sufis. Na poesia de Yunus Emre, poeta de expressão turca, de fulgente e puríssima beleza, esses temas emergem. Como em Shâms de Tabrîz e em Rûmî, a imagem do vinho é a mesma, e da taberna, e dos companheiros ébrios, vagando por desertos e descampados. Ébrios de Deus, atingem — no deslocamento semântico dos sentidos — uma forma de conjugar o que está perto e o que está longe, o visível do invisível, o tempo da eternidade:

> O amor e a ebriedade do vinho,
> Não importa se de dia ou de noite,
> A embriaguez divina
> Que me encanta e atormenta.
>
> (*Lieb und Weines Trunkenheit,*
> *Ob's nachtet oder tagt,*
> *Die göttlichste Betrunkenheit,*
> *Die mich entzückt und plagt.*)

*

O Paraíso — dentre as recorrentes aparições no *Alcorão* — pode ser visto a partir da surata 54, que se tornou famosa, na Alemanha, a partir do estudo que Bloch lhe consagrou, no *Das Prinzip-Hoffnung*, aproximando o Canto X, de *Os Lusíadas*, àquela surata. A imagem das huris, e das muitas delícias, é algo célebre quando se pensa no céu muçulmano. E, contudo, é necessário lembrar que a teovidência, ou a visão de Deus, para Maomé, mais se assemelha com o Fausto II. Ou seja: com uma ascensão que não se aterma em tempo algum, dando ao peregrino aquele estado de Crisálida (*Puppenstand*), de que derivam muitas e diversas complexidades. Já na Idade Média, a teologia cristã referia-se à teovidência em termos claros, para explicar como os olhos finitos dos seres humanos (olhos da alma) podiam receber e compreender o infinito. A questão podia ser respondida quase num adágio. Vemos Deus *totum, sed non totaliter*, todo, mas não totalmente, pois que não se pode esgotar o horizonte sem fim, a fonte perene e inesgotável do Cosmos. No Fausto II e no *Alcorão* — com olhos mais atentos — não podemos não perceber como o processo místico não se esgota. Apesar disso, vemos o poeta, às portas do Paraíso, quando lhe fala a Huri:

Hoje estou de guarda
À entrada do Paraíso.
Ser saber ao certo como fazê-lo,
Pois me pareces tão suspeito!

Será que também te dedicaste
Em particular às nossas muçulmanas?
Que tuas batalhas, teus méritos
Enviaram-te ao paraíso?

Encontras-te entre aqueles heróis?
Mostra-me tuas feridas
Que me anunciem tua glória
E eu te conduzirei para lá.

(*Heute steh ich meine Wache*
Vor der Paradieses Tor,
Weiâ nicht grade, wie ich's mache,
Kommst mir so verdächtig vor!

Ob du unsern Mosleminen
Auch recht eigentlich verwandt?
Ob dein Kämpfen, dein Verdienen
Dich ans Paradies gesandt?

Zählst du dich zu jenen Helden?
Zeige deine Wunden an,
Die mir Rühmliches vermelden,
Und ich führe dich heran.)

*

O mistério do véu e do rosto. A divina proporção e o divino excesso. Juntos. Inseparáveis. De um lado o sol. De outro, a herança das ruínas. O Sultão e suas belas palavras. O vinho. O lagar. O mistério do fogo. O mistério do rosto. O véu, sempre, pois que do rosto não sabemos mais que o véu. Mas a partir dele — por analogia e excesso, vocabulário neoplatônico — é possível depreender escalas e medidas. É preciso provar desse vinho. O absoluto em árduas possibilidades, eis o que propõe Rûmî, e o que o liga à mística alemã e à poesia do Fausto:

>O Amor partiu meu leve coração
>e o sol vem clarear-me nas ruínas.
>
>Ouvi belas palavras do Sultão.
>Caí por terra triste, acabrunhado.
>
>Acercou-se de mim, vi o seu rosto.
>"Do rosto não sabia mais que o véu."
>
>Se a luz do véu abrasa este universo,
>O que dizer do fogo de teu rosto?
>
>O Amor veio e partiu. Eu o segui.
>Voltou-se como águia, e devorou-me.
>
>Perdi-me no tempo e no espaço.
>Perdi-me nos mares do verbo.
>
>O gosto deste vinho,
>Conhece quem sofreu.
>
>Os profetas bebem tormentos.
>E as águas não temem o fogo.

*

A ideia do louco que rompe cadeias e grilhões. Quanto se escreveu a respeito, tomando a loucura como termo e medida do amor de Deus. Iacopone da Todi era o louco de Jesus (*pazzo di Gesù Cristo*), e uma das mais belas histórias do Oriente remonta ao amor de Leila e Mejnum (na grafia persa), ao amor intenso e dramático, no qual também opera a desmedida. O jardim é o lugar do encontro, perfumado, ameno, cheio de rosas (*gul, gulistan*), entre imagens que rompem a aspereza do deserto, de pedra ou de areia, prefaciando, como queriam os jardins persas, turcos e árabes, o paraíso corânico. Imagens de flechas luminosas, que se traduzem por uma chuva torrencial. As uvas doces e a desmedida. Aquela mesma desmedida — ou quase — que iria definir parte essencial do (assim chamado) espírito olímpico de Goethe, em sua rigorosa demanda de beleza e severidade:

> Vinde, vinde, o jardim está em flor,
> vinde, vinde, o Amado já chegou.
>
> Vinde, vinde, banhai-vos nesta chuva
> das áureas flechas dos raios de sol.
>
> Sorri de todo infiel solitário.
> Chorai o amigo que perdeu o Amado.
>
> O Louco rompeu as cadeias,
> da torre fugiu, está solto.
>
> Que dia é este? O Dia do Juízo?
> E o Livro das Ações está fechado.
>
> Ide buscar as uvas doces.

A transparência é uma dádiva ou uma conquista. É a marca do Transparente, que pode ser um dos nomes de Deus. Essa qualidade — como demonstramos em outro lugar — sustenta as altitudes do Paraíso, de Dante, e do Fausto II, de modo que podemos falar de uma conversibilidade entre os céus de Dante e Goethe, quanto ao Transparente (visível no campo fonético e semântico). Habitar a transparência do livro e da palavra, quando o verbo se fez livro ou palavra. Na tradição persa, Rûmî não se perde em abstrações, elaborando uma base, que repousa nos sentidos e nas sensações, recorrendo inclusive ao que Agostinho considerava como o Palácio da Memória. A beleza que fere. A beleza que atravessa. A chama imperturbável desse amor. Todas as formas que, começando pelos olhos e chegando ao coração, multiplicam, com o narciso e seus sinais, a transparência do Transparente, e seu apelo de amor:

> Moro na transparência desses olhos,
> nas flores do narciso, em seus sinais.
>
> Quando a Beleza fere o coração,
> a sua imagem brilha, resplandece.
> O coração enfim rompe o açude
> e segue velozmente rio abaixo.
>
> Move-se generoso coração,
> ébrio de amor, em sua infância, e salta,
> inquieto, e se debate; e quando cresce,
> põe-se a correr de novo enamorado.
>
> O coração aprende com Seu fogo
> a chama imperturbável desse amor.

Mil e uma noites

Com imensa alegria saúdo a tradução do *Livro das mil e uma noites*, levada a cabo pelo corajoso e erudito professor Mamede Mustafa Jarouche, a cujo primeiro volume outros quatro serão acrescentados. Com imensa alegria e entusiasmo. E não será preciso insistir sobre esse fato. Basta percorrer-lhe o livro, para se compreender o que esta edição significa para o Brasil. Uma prova cabal de quanto crescemos no campo do mundo textual. E ainda mais, tratando-se da cultura árabe, que durante uma eternidade foi considerada como a província de um mundo bárbaro, que teria inventado, quando muito, alguns nomes bizarros às estrelas, certas contribuições pontuais no campo da matemática e algumas versões da filosofia antiga!

A tradução de Mamede é um triunfo sobre um terreno devastado por preconceitos, que se repetem *ad nauseam* em não sei quantos manuais de história da literatura e da filosofia.

Não preciso sequer evidenciar como e quanto são oportunas as notas dessa edição, que formam quase um livro à parte, ou um livro dentro do livro, sendo possível ler apenas o que vai apenso ao texto, para situar as vias percorridas pelo tradutor. Mas, para além desse fato, o mais importante consiste numa vitória ideológica: *O livro das mil e uma noites* foi recebido no Ocidente com inúmeros e mais que arbitrários recortes, sob uma espécie de métrica do gosto ocidental, a fim de evitar *excessos* e *extravagâncias*, que não poderiam ser levadas a sério pela *civilização*, como ocorreu desde a bela e complexa tradução de Antoine Galland. Eram esperadas formas redondas, ideologicamente redondas, cuja tradução devia ser feita à base de cola e tesoura, com possíveis acréscimos, que não pertenciam ao original.

Tudo isso — em perspectiva — é fascinante, pelo uso tão amplo e variado de intervenções, que bem demonstram uma breve história da ideologia e da recepção daquela obra.

O fato de estabelecer as fontes e a consequente crítica textual, tudo isso é de raríssima qualidade. E ainda mais necessário em virtude do quadro que acabamos de apontar. Ir às fontes, nesse caso, não seria apenas um luxo, mas uma absoluta necessidade.

Ademais, a discussão de Mamede no prefácio me parece igualmente importante, quanto à demonstração de como um *corpus* tão largo e plural, como é quanto esse mar de histórias se afirma em sua própria *originalidade*.

Para a cultura árabe, a palavra *originalidade* é talvez das mais fatídicas, relegada como foi a mera repetidora de elementos interculturais, desprovida de uma inteligência própria, que não ultrapassava o campo da transmissão de saberes do leste para o oeste. Por isso, a defesa de Mamede me parece, nesse caso, essencial na formação de um núcleo duro.

E não só. Mamede houve-se bem nos acréscimos que introduziu em itálico para marcar diálogos, mudanças de planos e variação de personagens.

Quero ressaltar ainda o modo pelo qual trabalhou com o aspecto da ação e das formas verbais do árabe para o português. Isso mereceria uma tese. Sua tradução não ficou presa por certo imobilismo que as formas verbais poderiam causar (como vemos em diversas traduções dentro e fora do Brasil, que eu consideraria como traduções imobilistas, parmenídieas, das *Mil e uma noites*).

Outra dificuldade desse *corpus* pode ser evidenciada na gama amplíssima de vocábulos, expressões e coloridos, além dos empréstimos de outras línguas, e das formas arabizadas que se encontram no original.

E disso muito se discutiu, no âmbito da literatura persa e turca. Quando se defendia — por exemplo — para cada uma dessas línguas, a retomada de uma presumida matriz, como no caso do turco (*öz türkçe*), que desejava separar elementos da língua pretensamente *autóctone* das palavras de outras fronteiras.

Mas se a riqueza dessas línguas consiste justamente nisso, em sua riqueza oceânica!

O árabe — bem entendido — se apresenta de modo mais conservador, em virtude das raízes que o organizam, nas quais as palavras estrangeiras ou se arabizam de todo ou não tomam parte no concerto da língua. As mil e uma noites produzem (como podemos ver) outras mil e uma possibilidades de registros, em horizontes que se revelam infindáveis.

Mamede realizou essa pluralidade em português, lançando mão de formas eruditas e coloquiais, das vozes e construtos mais altos aos mais populares. Soube dar graça e colorido em sua recriação. Um grande feito.

Consagrou, afinal, em nosso país não apenas uma atitude estética e erudita, que seria mais que suficiente, mas também uma atitude cultural, que ultrapassa a tradução de um clássico de todos os tempos, e que leva a pensar no papel do intelectual em nosso país.

Nise e Spinoza

para Júlio Dalloz

Se com a morte de Nise da Silveira o Brasil perdeu uma grande pensadora, posso dizer que perdi uma das pessoas mais formidáveis de que jamais tive notícia. Nise era antes de tudo uma alta voltagem, uma inquietação, comprometida com a verdade, alheia ao bommocismo ou ao burocratismo. Nise da Silveira enfrentou a prisão, lutou contra uma parte poderosa da psiquiatria, clínicas e laboratórios, contra os que viviam (e ainda vivem) a fazer da loucura uma indústria desumana e lucrativa. E não lhe faltou coragem. Depois de Nise, a crítica de artes e a psiquiatria não seriam as mesmas.

 Cartas a Spinoza respira essa inquietação, esse descortínio, essa teimosia. Tive o privilégio de ser o primeiro leitor das cartas, o *primeiro spinoza*, e senti desde logo o fascínio dessa pequena obra. Tratava-se de uma prosa machadiana, cortante, incisiva, e que sabia atingir altíssimos patamares de significado, claro-escuros à maneira de um Rembrandt, páginas banhadas de luz, como os escólios de Spinoza e as metáforas de Farias Brito. E discuti com a *doutora* carta por carta, linha por linha, palavra por palavra: era terrível seu compromisso com a transparência. A forma literária das cartas dava-lhe maior liberdade para tratar de temas vários, saltar de um plano a outro, como a infância em Maceió, a prisão na sala 4, e a última carta, de longe a mais densa e metafísica, a tratar da morte, com as muitas observações indiretas da *física junguiana*, e dos estudos de Marie Louise von Franz. Decidimos que deveria ser aquela a última carta. Assim teríamos um *crescendo*, desde a primeira, "mais tímida", como acontece no início de uma correspondência, passando pelo diálogo pleno ao segundo derradeiro.

Cartas a Spinoza, como venho insistindo, é uma das chaves principais do pensamento de Nise da Silveira, um livro de chegada e de saída, onde se amalgamam episódios de sua vida e obra, a partir de um interlocutor vivo, como o Spinoza da *Ética*, ponto máximo do sentimento-ideia de Nise: uma cultura ética. Temos nessas *Cartas* a mesma obstinação pela verdade, como a de *Imagens do inconsciente*, como em *Gatos, a emoção de lidar*, ou como no livro que organizamos *Artaud, a nostalgia do mais*. Obra em que reverbera uma crítica contundente voltada para a psiquiatria tradicional, ou para outras correntes "menos reacionárias", mas igualmente comprometidas com uma estranha retórica, que serve ao poder, com o amorfismo dos que não passam do politicamente correto, dos que não têm coragem de errar. Mas de errar humanamente. Generosamente. Com *Artaud*, Nise livrou o *doente* da *doença*, mediante a ideia dos inumeráveis estados do ser. E recusava Bleuler, e muito de Freud, e de Jung. Assim, *Cartas a Spinoza* evidencia toda uma prática — levada a cabo pela *doutora* — que sempre desserviu a instituição, muito antes de Basaglia ou de Goffman, pois essa antipsiquiatria não passa de um rio, se comparado ao delta Nise da Silveira. E tal não surpreende. Como sabemos, o sistema repressivo do Capitalismo é, sem dúvida, um dos móveis cruéis e mais difusos da *loucura*, promovendo a morte dos corpos, do pensamento, da sensibilidade, de quantos não podem ser cooptados. A lógica não deixa dúvidas: deixar-se cooptar ou morrer. Uma dose de moralina ou o manicômio. Como negar uma evidência tão dolorosamente vivenciada num país que conheceu (e conhece lamentavelmente) pequenos e abomináveis campos de concentração, onde são abandonados inúmeros pacientes, mesmo no Rio e São Paulo, submetidos a eletrochoques e outras camisas de força químicas? Leitora de Marx e de Laing, tudo isso não passou despercebido a Nise da Silveira. Mas não era suficiente. Conhecer a revolução e comprometer-se com a práxis era o início. Nise ia mais longe. Procurava o abismo e o indivíduo, a verdade do corpo e da mente, recuperava biografias, no lugar de prontuários da psiquiatria cartesiana, que ela abateu sem piedade, e que hoje vemos sobreviver em algumas clínicas particulares, nas quais a sombra da eugenia e de outras infâmias parece inabalável.

Por isso mesmo, Nise mostrou como a antipsiquiatria foi (e deve continuar sendo) um grito, um gesto revolucionário, um sentimento civil, dos mais profundos e mais generosos. Mas como não avançar, como não buscar as formas do abismo, como não conhecer o drama de um Carlos Pertuis, como não examinar sua expressão pontual? Mas, além disso, as *Cartas* mostram como Nise da Silveira não merece a etiqueta junguiana (ou melhores como artaudiana, machadiana), ou qualquer forma que não ajude a perceber a marca diferencial de seu trabalho. Se acompanharmos essa liberdade de espírito, essa admirável *emoção de lidar*, veremos inúmeros caminhos de sua obra, inúmeras verdades de seu método.

E a ideia do planetário de Deus. A relação dos modos, da substância. O problema do infinito e da permanência. Todas essas esferas guardam a busca da unidade (a de Carlos Pertuis, Adelina, ou Rafael), relações profundas do psiquismo. Assim, os amigos que sobrevivem, guiados pelo Spinoza-Destinatário, hão de guardar da *doutora* Nise sua palavra solidária, sua profunda dignidade, enquanto não se tornarem protagonistas da última carta.

O Papa João XXIV

Consumada a eleição do Cardeal Ratzinger, enquanto eu sonhava com um possível João XXIV, sem imaginar o neopapa Bento XVI, lembro-me de imediato da fábula do último papa em Roma, Pedro II.

Um dos teólogos cristãos mais admiráveis desses últimos anos foi indiscutivelmente Sergio Quinzio. Seus livros trazem um misto de melancolia e desespero. Contundentes. Sem meias-palavras. Toda a sua vida foi marcada pela teopatia. Ferido por Deus e pelo mistério do mal. Deu páginas memoráveis, abrasadas pelo fogo de uma paixão que não se extingue. Nas partes remotas da fé. De sua adesão e abandono. Demandas, quase impossíveis. Feitas de guerra e promessas de paz, como em *A derrota de Deus*, *A cruz e o nada*, além do mais que fascinante *Mysterium iniquitatis*.

Nesse último, Quinzio imagina uma situação-chave. O drama recai sobre o Papa de um futuro não muito distante. Seu nome — segundo a velha profecia do monge Malaquias — seria Pedro II (esse nome fatídico, que nenhum cardeal ousara retomar) —, cujo pontificado havia de coincidir com o fim da Igreja.

Tomado de profundo desconsolo, o Bispo de Roma se pergunta: até quando o látego da injustiça, o sangue derramado, e as garras do inimigo?

Uma sombra de incerteza e precariedade circunda o recém-eleito pontífice, que parece naufragar num mar de inúteis esperanças, diante de um Deus silencioso. Pedro II partilha o mesmo silencioso desespero. A mesma devastadora solidão.

Poucos fiéis acorrem às missas papais, muito embora a Igreja prossiga (quase despovoada) com sínodos, nunciaturas e conferências. Maquinismos. Automatismos. Isentos de verdade e paixão.

As palavras do Pontífice não apenas não agradam (o que seria positivo), como perderam de todo o significado. O raio da indiferença brilha por toda a parte.

Pedro II adquire uma consciência trágica da história da Igreja. E se pergunta se haverá porventura no mundo uma verdade cristã mínima ou se terá chegado a hora em que a volta de Cristo ocorrerá num horizonte vazio.

Diante de teólogos eruditos e muito ocupados, essa pergunta parece totalmente descabida. Cada um dos quais ultraespecializados em seus domínios (filologia semita, liturgia, hermenêutica e semiologia), sondando problemas de alta complexidade, já não se compreendem entre si e tampouco se interessam pelas questões do santo padre.

Depois de redigir a encíclica *Ressurectio mortuorum*, segundo a qual os mortos hão de ressuscitar na carne para viver em plenitude — elevando a dignidade do corpo humano, a cada fio de cabelo, na glória de um corpo luminoso —, os fiéis recebem essa mensagem com indiferença e comiseração.

Tomado por crescente desamparo, o Pontífice redige, poucos meses depois, a derradeira e mais impressionante encíclica de toda a história da Igreja, a *Mysterium iniquitatis*. Nela sanciona o fim da organização eclesial: se a Igreja é o corpo, da qual Cristo é cabeça, o corpo-igreja não pode senão seguir, na morte, o destino da cabeça. Morrer para ressuscitar. Cada pedra do tempo. Cada fio de cabelo.

Determinado o fim da cristandade, o Pontífice sobe, à noite, até a cúpula da basílica e, com um feixe de luz, põe-se a ler as palavras inscritas à volta da base: *tu és Pedro e sobre essa pedra edificarei a minha igreja e eu te darei as chaves do reino dos céus*. Sem mais delongas, Pedro II se atira do alto, caindo bem no centro da igreja, sob a qual está sepultado o pescador da Galileia.

Um terremoto incomparável devasta as cidades das nações, e Deus se recordou da Babilônia, a grande, para dar-lhe a copa de vinho do furor de sua ira. Todas as ilhas fugiram, e os montes não foram mais encontrados.

Uma mensagem dura como a pedra. E rude em sua essencialidade. Quinzio sonhava secretamente — é o que penso — com uma esperança inconfessada. Uma reconciliação cósmica. Uma solidariedade entre Deus e a história.

É por isso que sonho com um Papa João XXIV — e aqui me afasto de Quinzio — formando um Vaticano III, aberto ao novo, sensível aos aspectos de todos os desafios que se multiplicam, num horizonte mais vasto e talvez mais solidário. É o que esperamos todos de Bento XVI.

A bomba informática

A rede mundial de computadores para muitos navegantes e infopolíticos tornou-se uma espécie de cibermessias, capaz de redimir os problemas da espécie, ampliar a riqueza das nações, promover as ciências e a democracia. Numa palavra: libertar o homem de sua triste condição, abrigá-lo numa bela cobertura da metacidade, com seus jardins matemáticos, infovias de alta resolução, lagos e praias eletrônicos. O passaporte é uma senha, uma arroba. E, tal como no espelho de Alice, o *homo digitalis* atinge o *outro lado* (mais colorido, acústico e dimensional que o mundo biológico), e descobre que a vida física não passa de um erro ou, na melhor das hipóteses, de uma fase na pré-história da evolução. E que hoje, afinal, pode ser corrigida. A venda de óvulos especiais, de verduras e de humanos transgênicos, prepara uma república de super-homens, da qual serão *deletados* os pobres e os doentes, como afirma em surdina certa engenharia genética (ou pós-eugênica!). Além disso, na Cidade Virtual, o tempo não passa. Tudo é agora. O passado deixa de existir. E a memória se reduz a um texto inútil. Uma vida eterna, de frente para o mar. Para acessá-la, uma senha, um provedor, um clique no *mouse*.

A MEMÓRIA DE ULISSES

Para Paul Virilio — um dos mais lúcidos e atentos intelectuais ocupados no estudo da desumanização —, é preciso não perder de vista o senso crítico diante das estratégias de poder, que vão construindo uma atitude e uma linguagem planetárias, numa trama fina e sutil, que nos aproxima (e aprisiona). Seria injusto acusar *A bomba informática* como o livro de um infopessimista, aborrecido e desconcertado, procurando fantasmas onde não existem. Virilio desfere seu ataque a um mundo que suprime a diferença, em pares de ordenadas absurdas. E a busca de um centro de linguagem, de uma visão de mundo, exclusiva e excludente, empobrece a pluralidade das culturas, como o inglês, a moeda e o sanduíche básicos (cujo sabor difere em Roma, no Rio ou em Beijing: cada cidade com seu hamburguer *típico*!). Assim, pois, se o fim da história — tão ansiado pelo poder — jamais ocorreu, assistimos hoje ao fim da geografia e da diferença.

Tudo isso já fora apontado nos filmes de Glauber e nos *Escritos corsários*, de Pasolini, com a clareza e o desespero dos que enxergam longe. O poder começava a se tornar mais sofisticado, ameaçando apagar de vez o fogo ardente da utopia, caso não se formasse um antissistema atento às novas estratégias. Mas a década de 70 era apenas o princípio de um processo, que haveria de se tornar — vinte anos depois — vertiginoso, menos transparente, na sociedade anônima da opressão.

Nessa mesma linha, outro fato vem ocorrendo com certa medicina, cujos profissionais, deslumbrados com os *avanços da ciência*, começam a esquecer o corpo real, que se tornou uma página de poucos *megabytes*, um *software* defeituoso, um parque temático, e ignoram o que seja anamnese, o diagnóstico, e já não sabem ouvir o paciente, senão através de um multimídia. Donde se percebe atualmente — mas no Brasil as características são outras — que o fascínio de certa medicina é a doença, e que o doente não passa de triste obstáculo para a sua realização. Um vírus no disquete.

Para Virilio, estaremos todos na internet. Felizes de pertencermos à comunidade mundial, e não saberemos escrever senão através de e-mails, e não saberemos conversar, senão através do *media-talking*, ou de celulares nervosos e ubíquos. E de tanto conversar, já não teremos mais nada a nos dizer. Como disse Virilio, entraremos em pane, não por um defeito no sistema, mas por impossibilidade comunicativa:

> Depois da extinção brutal da grande multiplicidade de dialetos das tribos e das famílias, em proveito da linguagem acadêmica de nações em plena expansão, agora desaprendida em proveito do vocabulário global do e-mail, pode-se imaginar doravante, uma vida planetária tornando-se progressivamente uma história sem palavras, um cinema mudo, um romance sem autor, quadrinho sem balão...

Assim, o modelo computacional — como insiste *A bomba informática* — imprime uma *forma mentis*, e com as telecâmeras, melhoradas e espalhadas pelos quatro cantos do mundo, há de criar uma televigilância em escala planetária, e seremos prisioneiros de um grande videogame, como se usássemos um bracelete, um *transponder* (parecido com alguns prisioneiros, na França), que há de nos tornar imediatamente localizáveis. Os celulares não estarão mais fora da área de cobertura ou desligados. Estaremos todos *on-line*. A interação será diuturna. Quase física, se não fosse virtual. Mediante essa absoluta telescopagem, os limites da observação se dissolvem, e a Terra será como o Panópticon, de Bentham, em que todos serão observados como apenados de uma linguagem que veio para *libertar* o homem. Prisioneiros de uma sutil prisão virtual. Policiais de nossos vizinhos. Trabalhadores do sistema.

As regras de Bourdieu

Pierre Bourdieu dispara suas críticas aos que não levam em conta a história na compreensão do fenômeno estético. Não que ele aprove a teoria do reflexo do marxismo vulgar ou outras tantas reduções, onde a filosofia ou a literatura se apresentem enquanto servas da história. Absolutamente! Explicar a *Educação sentimental* segundo a ideologia burguesa do tempo de Flaubert e de sua biografia, como fez Jean-Paul Sartre, é severamente condenado por Bourdieu. A obra deve ser compreendida na posição de seu campo literário e na própria evolução desse mesmo campo, em suas leis de funcionamento e na estrutura das relações objetivas que aproximam e distanciam grupos e indivíduos, que operam no mesmo conjunto de forças. O Flaubert de Bourdieu aparece num campo literário: a imprensa e os salões, os editores e os escritores. Qualquer interpretação biográfica — como volta a dizer em *Razões práticas* — é pura abstração.

Depois disso — e o primeiro capítulo é o menos representativo —, Bourdieu condena os que se enclausuram como freiras no mosteiro textual, onde tudo acaba e principia na transcendência pura da *obra*. Todo ruído histórico devendo ser exorcizado. De um lado, o jogo de dados. De outro, o acaso. E, todavia, Saussure afirmava que a sincronia era uma abstração. E Genette costumava dizer que a história estava apenas interrompida. E Lévi-Strauss reclamava de uma história centrada apenas no devir. E outros — já exasperados — sequestravam a história das tribos africanas para conseguir uma paz estrutural. Impossível não concordar com Pierre Bourdieu nestas questões. Que a sua proposta se agregue às interpretações internas, isso pode ser interessante. Substituí-las, impossível: pois significaria um retrocesso diante de não raras conquistas do formalismo russo, do *new criticism* ou do estruturalismo — por mais diversos. Mas a discussão não habita os extremos. Felizmente perdemos a *chave* e as portas são inumeráveis. A sociologia não é a palavra, mas uma palavra.

Interessa discutir o diálogo mais amadurecido da estética e da história. Bourdieu não aprovaria os saltos que certa literatura comparada vem fazendo sobre abismos insuperáveis do tempo, ou o pronto-socorro em que se transformou certa teoria da literatura, em que o texto chega *quebrado, deslocado, descentrado*, sendo imediatamente *suturado, costurado* e *amarrado*, em mãos cirúrgicas. Mas o signo da *desconstrução*, parece incólume. E a história, um fantasma. Diz Bourdieu: "Deus está morto, mas o criador incriado tomou seu lugar. O mesmo que anuncia a morte de Deus apodera-se de todas as suas propriedades." Como sentimento geral, estamos de acordo com Bourdieu. Basta recordar — fora do campo literário de *As regras da arte* — os ensaios de Lucien Goldman (sobre Pascal), Benjamin (sobre Baudelaire) e Adorno (sobre Wagner). Mas abandonar a operação interna do texto, isto é impossível dentro da economia das trocas simbólicas.

De todo modo, a dissonância de *As regras da arte* decorre de uma discussão — pós-estruturalista — entre a dimensão da literariedade e a dimensão da temporalidade. A precária síntese sonhada por Saussure ainda aguarda uma resposta mais ampla. O livro de Bourdieu é apenas este sinal de insatisfação e resistência.

Mario Luzi e a vertigem da palavra

Dia chuvoso em Florença. Janeiro de 2001. Mario Luzi navega num oceano infindável de cartas e livros, que lhe chegam de todas as partes da Europa. Dante e Leopardi configuram parte essencial de sua poética, que se abre em amplas raízes históricas e filosóficas. Não apenas a tradição, mas o futuro que não vem. O diálogo prosseguiu em formas intelectualmente diversas e apaixonadas, como a que segue...

Marco: O crítico Carlo Bo afirmou certa vez que a obra de Mario Luzi apresentava a princípio uma linguagem muito particular, mas que aos poucos adquiriu proporções coletivas, a ponto de apresentar-se hoje como um dos poucos instrumentos de orientação na floresta de símbolos contraditórios e frequentemente trágicos de nosso tempo. Como se constitui essa espécie de harmonia diante de tanto desconcerto?

Luzi: Na poesia juvenil, a que Bo está aludindo quando se refere à "medida particular", havia um lirismo verossímil, introspectivo, que me acompanhou nos primeiros anos de formação de minha personalidade linguística; em seguida, num livro como *Primícias do deserto,* que é dos anos 48-50, a poesia tem de lidar com um mundo mais objetivo, menos individualista, aberto à experiência geral do homem... Penso nesse livro *Primícias do deserto*, escrito no imediato pós-guerra... Eu poderia citar um texto em especial, "Invocação", um poema articulado em partes, uma suíte orgânica, que se interroga sobre a condição do homem, do indivíduo no Universo. Nos primeiros anos depois da guerra, ainda havia esperanças no progresso do ser humano e da justiça, que agora, todavia, se revelaram errôneas, inseguras e atribuladas. Já existia a condição de desengano, de desilusão. Jamais de forma desesperada, porém triste e desiludida. O caminho da humanidade não se abriu depois da guerra para uma nova estrada: retomou os velhos pecados, as angústias humanas... Trata-se de percorrer o caminho, com maior experiência, talvez, e consciência.

M: Já não se percebe o Mario Luzi inatingível do *Caderno gótico*...

L: É verdade, lá havia um sonho que deu lugar ao registro mais refletido.

M: Uma *pietas* que penetra todas as coisas...

L: Sim, ela ocorre de fato em *Primícias*. Trata-se de uma piedade diferente, de pessoas que sofreram juntas e julgam o mundo. Nota-se uma progressiva consciência dos limites da humanidade, do Universo que nos abriga e que também nos domina. Tudo isso demora além da nossa compreensão e, portanto, existe uma consciência da necessidade de sermos menos orgulhosos, intelectualmente, e de redimensionarmos as ambições humanas. Ou, melhor dizendo, as presunções humanas. E ocorre também o próprio redimensionamento da história, para a qual sempre demos enorme valor, pois que se trata de nossa história, não conhecemos outra. Devemos também aprender que nossa história não é a história do mundo, mas a história dessa pequena espécie humana, a que pertencemos. E por isso, a necessidade de reavaliar tudo.

M: Em seus primeiros livros, é recorrente a presença da lírica toscana, que emerge de sua poesia, com uma força precisa e delicada, que remete ao rigor de Dante e à melopeia de Petrarca. Poderia falar dessa experiência e dessas *estratégias* dantescas que de alguma forma o levaram a uma "autoanálise" em sua poesia?

L: Para um escritor italiano, para quem usa a língua italiana, a referência aos mestres, aos fundadores é inevitável. Não podemos fugir disso. Esse encontro, naturalmente, pode acontecer em muitas situações, na retomada do pós-guerra, depois desse trauma que produziu efeitos e consequências em minha poesia. Eis um novo encontro. Sobretudo com Dante, que esteve radicalmente presente, melhor dizendo, numinosamente presente, ou como pessoa que está acima, mais do que mestre, como companheiro de trabalho. Eis que nesse momento ocorre uma aproximação até cordial, humana, com o Grande Poeta, que de mito volta a ser mestre, um homem que também utilizou a língua, que sofreu, que também viveu uma crise total: o fim do império — que ele sempre sustentou — e o fim de todas as instituições da época. Mesmo no tempo de Dante levaram tudo à falência e ele também acaba por experimentar a "ruína", o "escombro" total, assim como nós depois da guerra. Não só ruínas materiais, mas também ruínas culturais, de comportamentos e instituições. Havia, portanto, essa analogia com ele. Naturalmente o que nos faltava, e que Dante possuía (à parte a genialidade), era a fé, a segurança teológica, doutrinal que o sustentava também nos momentos de dor, de tormento e nunca lhe faltou o tomismo e a fé cristã.

M: O senhor se refere também ao *dolce stilnuovo* salvífico de Dante em oposição ao *dolce stilnuovo* de Cavalcanti...

L: Sim, é verdade, o de Dante é animado por essa aparição, essa vontade transcendente de conhecer o todo através da experiência amorosa, enquanto falta ao de Cavalcanti essa sustentação moral. Cavalcanti é um incrédulo, embebido nas doutrinas materialistas de Averróis, de Avicenas e, por isso mesmo, a sua poesia amorosa fala de uma paixão muito mais destrutiva do que edificante. Não é como a de Dante. E, nesse sentido, nem a amizade intelectual entre

Dante e Cavalcanti se mantém... Em Dante, o poema é salvífico porque a experiência que nos projeta em seu poema principal é uma experiência que não termina nele mesmo, mas envolve todos os seus leitores. Por isso, Dante nunca aborrece, sempre o relemos como se fosse a primeira vez. Ele invade nossas vísceras e nos convida a atuar.

M: Para diversos críticos a sua poesia, depois de uma importante fase hermética, voltou-se para um campo sem fronteiras, com altíssimos imperativos morais, grande rigor formal, siderado pela delicada reação entre o Cosmos e a história...

L: Acho que no fundo, além das razões subjetivas, permanece intacta e inexplicada a razão da criatura humana, como tal, que afirma ver de um lado o criador e, do outro, a criatura. Vemos as coisas nessa perspectiva. Devo dizer que esta distinção, que existe no sentido ideal, é para mim cada vez mais próxima. A criatura também faz parte da criação e o criador também é uma criatura. Essa é a minha interpretação atual. Existe uma unidade no Universo que engloba a criatura e o criador, mas para chegar a isso eu não saberia falar de um processo lógico, mais ou menos descritivo, a não ser desse afundar, desse imergir na condição de criatura como tal, na criação, no mundo que nos escreve.

M: Como o leitor Mario Luzi analisa o itinerário do poeta Mario Luzi?

L: Bem, devo admitir que nunca me encontrei imóvel num determinado ponto, podendo afirmar "agora, passarei a ser observado por mim mesmo!" Ao contrário. Sempre estive em movimento, e o que experimentei depois foi transformado por outras coisas que eu estava fazendo. Não que eu tenha alcançado uma condição de neutralidade, um ponto de equidistância de meu próprio ser. Trata-se de um olhar em movimento, que costumo lançar sobre mim mesmo, meu presente e meu passado... Tenho dificuldades para responder a essa pergunta. O prodígio da vida é que ela não é jamais linear...

M: Há uma imagem de Bergson, que representa a vida como o fio da meada, que também pode retornar a si mesma, valorizando talvez algo que possuíamos e de que não tínhamos consciência.

L: Exatamente. Essa noção de tempo não é linear... Existe certamente uma cronologia por razões práticas, objetivas.

M: Importante tem sido a sua atividade crítica. E penso que o ensaio "Vicissitudes e forma" seja um bom instrumento para a compreensão das exigências éticas e estéticas de Mario Luzi...

L: Eu sempre dei um valor essencial ao movimento, à metamorfose, à mutação. A vicissitude é fluidez, ao passo que a forma é seu antagonista dialético, que captura a realidade, embora a dialética não termine. Isto serve para nos explicar muitos aspectos da história literária, da história da arte... O desejo, a necessidade simultânea das duas potências do humano, aquela de se mover, abstrair e contemplar.

M: Falemos de Florença. A Florença do *Caffè San Marco*, das *Giubbe rosse*, da Catedral... A Florença dos turistas... Noturna, solitária, coletiva... Qual dessas é a sua Florença?

L: Florença é a casa em que se vive. Cidade dura e cortante, que afunda em suas próprias pedras, e que por vezes se enobrece de modo pujante... Ao menos é assim que eu a vejo. Às vezes pouco doce, e nada hospitaleira. Eu a vi sofrer durante os eventos bélicos, e mantenho, portanto, muitos laços de ternura com ela, mas o que eu mais aprecio é a sua severidade, que de algum modo a enobrece. Ela é terna, de uma ternura quase insustentável. Mas é também severa de aspecto e, se quisermos, um tanto imperiosa, de quem ergueu igrejas e imensas catedrais, de quem sempre nutriu um sentimento de grandiosidade em relação a si mesma, sem deixar de ser, ao mesmo tempo, contida e severa.

M: Luzi, tradutor de Coleridge, Shakespeare, Du Bos, Racine... Qual é a ponte entre poeta e tradutor?

L: A tradução consiste num encontro com uma outra cultura, com uma outra língua mas eu procuro dizer que nunca gostei de teorizar a respeito porque, ao fim e ao cabo, somos sempre desmentidos... A tradução é um fato essencialmente, deliciosamente empírico... A primeira tradução que fiz para O *barco* é cópia de Ronsard, que usei como molde... É diferente, porém, do modelo... Mas o que eu queria fazer, afinal? Eu queria, num certo sentido, aderir a um sentimento, a uma *pietas*... É um poema que nasceu como outros vários, quando morrem os que amamos. Depois veio Coleridge. Leone Traverso pediu a minha colaboração, e eu me entusiasmei bastante... Traduzi "Kublakan" e outros, depois "Balada do marinheiro", que é um poema, mas que apresenta certas tonalidades que não existem em nossa poesia. Isso também deve ser considerado: a relação existente entre uma obra e sua história, a tradição daquilo que se deve traduzir. Esse encontro com outras línguas e estilos coincidia com a necessidade de alargar um pouco o meu regime expressivo, depois de *Advento noturno* e *Caderno gótico*, passado o período hermético... Eu estava encontrando as nuances, as passagens que, no fundo, não existiam no rigor demasiado formal de minha poesia, e essa aproximação me serviu para desenvolver em seguida a expressão linguística que encontramos nos poemas desse período, como *Primícias do deserto*, *Magma*... Outra grande experiência foi a tradução de *Andrômaca*, de Racine, que eu fiz porque estava apaixonado pela história, pela guerra de Troia, pela protagonista que, feita prisioneira, encontra Pirro, é uma história muito bela, e cheia de razões para ser traduzida. Depois traduzi Shakespeare para o teatro. Naquele mesmo período eu estava escrevendo *Magma* e, por causa daquela potencialidade dialética que antes já se dava em minha poesia, agora eu tinha à disposição uma linguagem idônea para esse trabalho, não só para mim, mas para a própria tradução. Para um escritor, a tradução deve ter uma motivação, senão perde o sentido. Não é traduzir simplesmente. Para fazer isso há profissionais.

M: "A viagem de Simone Martini" é um dos poemas mais belos e estranhos da literatura italiana. Desejava saber de sua gênese, do tempo interno e externo...

L: Bem, eu diria que depois de escrever *Para o batismo de nossos fragmentos* (1985) e *Frases e incisões de um canto salutar* (1990), tive a impressão de que o meu discurso estava concluído, que eu havia alcançado o ápice dentro da minha reflexão, meditação. No entanto, os poemas iam chegando, eu senti a necessidade de escrever certas coisas... Então eu perguntava qual era o significado das coisas que desejava escrever... O tema era o retorno. Um motivo antiquíssimo, primordial, a viagem e o retorno. Pensei na minha infância em Siena... E à medida que o livro avançava, eu era atraído por esses dois polos: havia a poesia da volta, que não era, contudo, um retorno aos próprios passos. Era mais um retorno às fontes, às origens. Siena e o pintor Simone Martini, que era a recordação mais cromática de minha infância (foi ele quem introduziu uma dialética da cor dentro da luz). Simone Martini tornou-se uma pessoa, um companheiro do qual eu não poderia me privar. Além disso, ele fora convidado a ir para Avignon. Conviveu com a cultura francesa, que exercia sobre mim enorme atração. Mas Simone Martini não pensa em voltar para Siena, quer ir além. Ele se parece com Dante. Era um bom leitor de Petrarca e de Dante. Chegou a fazer o retrato de Laura. Era alguém que sentia a poesia: "Luz intelectual plena de amor..." É o que devia estar buscando. Numa certa altura, como costuma acontecer, o livro passou a me conduzir. Não era mais eu, e sim ele quem estava se fazendo, e me arrastava, me fazia entender o que eu não entendia, e estava a se escrever...

M: O senhor escreveria um livro de memórias? Ou acredita que a sua obra já contenha a dialética recordação e esquecimento?

L: A memória... Toda vez que tive de usá-la ou que procurei recorrer a ela... Talvez seja a memória aquela que nos usa. Sinto que começo a transformá-la... Até mesmo certas coisas de que me lembro... A memória como recordação, ou seja, circunscrita às coisas que vimos, conhecemos... Bem, eu a transformo sempre, mas acredito que todos nós fazemos isso. Ao recordar não somos mais fiéis... Talvez inventemos até o significado daquilo que recordamos, e que antes não possuía qualquer significado especial... Um livro de memórias para mim não faz sentido. Admiro os livros que já foram escritos, como o de Arceri. Trata-se de ótimo livro. Pode apresentar aspectos nada gratificantes. Mas é bom livro. Estou citando apenas um, mas há outros tantos como *Iacopo Ortis*... No que me diz respeito, acredito que narrei tudo em minha obra... A memória é uma grande dimensão de nossa mente, de nossa psique, de nossa interioridade, mas não sabemos o que ela é. Sabemos somente que nos dá essa profundidade. Até para imaginar o futuro é preciso se alimentar inconscientemente. A memória, se não é nossa, é de nossos pais. Acredito que possam influir em nós reminiscências, coisas que não são nossas, que herdamos, e que são discutíveis, também... Estou pensando em certos pesadelos que vêm de longe...

M: O poema "Voa alta palavra" encerra memórias e transparências, quem sabe pesadelos, mas também convida a um profundo compromisso com a luz. A palavra representa para o senhor uma estrela, um ponto fixo... Como sua mãe... Um lugar excepcional, um observatório altíssimo. Quais são os caminhos da alta poesia em nossos tempos?

L: Não sei se a palavra possui um tempo ou se está fora do tempo. Acho que está no tempo da criação, dentro da ordem do que foi criado — algo que nos dá a revelação da magnitude, da grandeza e também da aspiração ao conhecimento... É a palavra que nos ilumina a respeito de tudo. Não somos nós que a pronunciamos. É ela quem nos pronuncia. E ilumina.

M: Como o senhor vê o quadro da poesia italiana contemporânea?

L: Para mim não é fácil julgar a poesia contemporânea. Nessas últimas décadas, existe uma notável variedade de atitudes, que talvez sejam mais superficiais do que fundamentais. Essa variedade está mais concentrada nos modos, nos tiques estilísticos do que na substância que, ao contrário, apresenta uma certa homogeneidade. Trata-se de uma poesia mais variada em estilo do que em substância. Existe uma certa *koiné*, como se costuma dizer, da qual alguém se destaca. Alguns poetas que aprecio não possuem, no entanto, um conteúdo profundo, uma atitude diante da história, do mundo. Não sei se existe uma individualidade. Existem, no conjunto, desenvoltura e desembaraço de linguagem, imaginação, com um registro um pouco minimalista, que olha mais para as coisas superficiais, que não enfrenta, afinal, o nódulo.

M: Seu livro para o novo milênio...

L: O meu novo livro, se é que existirá, quero que seja escrito pelo transitar quotidiano do tempo, que seja escrito pelo tempo que passa, que seja um registro humilde dos sentidos e do fluxo das ideias e das coisas.

Naufrágio, poesia e tradução

Se a tradução literária é a arte de naufragar com dignidade e nobreza — e sobreviver ao mar profundo, aos sabores e dissabores corsários, o certo é que de sua navegação depende boa parte dos ventos do processo cultural, dos que promovem passagens, diálogos e tesouros, que antes haviam de estar irremediavelmente perdidos. Uma aposta de abertura e finitude, onde a tessitura poética não é mero acidente, mas um apelo profundo que a demanda de um texto deve guardar e transmitir em formas infinitas, com seus mapas incertos e ilhas distantes. Trata-se mesmo de uma rede de coisas sobrepostas, de palavras que descansam umas sobre as outras, de uma teia de fenômenos — levados a uma fonte incomparável de possibilidades que nascem como dunas levadas pela ação dos ventos.

No entanto, essa rede de inúmeros acenos, esse reclamo de possibilidades intermináveis dão ao horizonte um saber infinito e às vezes uma certa nostalgia *real* da coisa. Apesar dos naufrágios de grande beleza — que podiam evocar uma história trágico-marítima da tradução, ou então uma perspectiva quinto-imperial da tradução, quando um Sebastião-Texto pudesse regressar de um infinito sempre adiado — apesar disso, aqueles naufrágios não apagaram o desejo de me pôr a salvo das águas — tanto quanto possível. Mas uma tentativa de terra, sabendo e sofrendo, e celebrando, e esquecendo que a poesia não é mais que um laivo — a tentativa de dizer a labareda através da cinza.

Mas será preciso recordar a presença, a memória do fogo na cinza?

Isso foi quando decidi pôr fim aos meus dias. Ou seja, quando o tradutor que nunca existiu em estado puro, como coisa em si, foi assassinado pelo poeta, que passou a administrar o profundo e a superfície de seu mediterrâneo. Mandei-me uma carta — de condição póstuma, dizendo:

> Declaro para os devidos fins, que acabo de morrer como tradutor e que não ressuscitarei para vestir de português e de poesia os poemas de outras plagas e os romances complexos deste mundo. Peço que não guarde saudades. Que me esqueça de uma vez por todas.
> — Never More!

Foi uma espécie de manobra psíquica (fortemente marcada por Brás Cubas), de me livrar não tanto dele, mas de sua tirania exclusiva, e de uma visão que nosso ambiente cultural, tão vivisseccionado, costuma ter do risco literário — para usar o termo de Maurice Blanchot — de que poetas não traduzem e de que tradutores não fazem poesia. Como se as duas atitudes fossem inimigas. Tentei demonstrar o contrário no texto "Tradução e alquimia", onde eram sugeridos outros caminhos: poeta e tradutor se alimentavam das suas diferenças, como num laboratório alquímico.

Cada linha de Umberto Eco ou do Pseudo-Dionísio sempre mereceram não apenas o necessário tratamento científico, mas a sua sinergia poética. Não podia abrir mão disso, pois que não dispunha de duas naturezas, mas de uma, apenas, embora multívoca e aberta — com seus fantasmas e missivas póstumas, tal como a carta acima, onde coincidem remetente e destinatário. O que muda é o endereço, não as personagens em questão.

Meu pensamento seguia esse fluxo, quando me veio, inesperada, uma carta de Curt Meyer-Clason com poemas de *Alma Vênus*, traduzidos para o alemão. Algo não entrópico acontecia: remetente e destinatário começavam a divergir. Tesouros eram transportados de ilhas distantes. Naufrágios. Portulanos. Desenhava-se um diálogo de nobre impressão.

Deparei-me com o poema "Reparação do abismo", onde procurei dizer:

>
> e assim
> procuro a luz
> que me confunde
>
> e segue
> essa procura
> a procurar-me

A tradução congenial de Curt Meyer-Clason diz:

> *und so*
> *suche ich das Licht*
> *das mich verwirrt*
>
> *und diese Suche*
> *fortsetzt*
> *mich zu suchen*

Percebi então que os ventos do diálogo — quase ausentes para as navegações culturais de nossos dias — sopravam aqui com tamanha força, que o papel do tradutor e do poeta deixavam de ocupar um modo de exclusão. E que o seu contrário seria possível. E que o Pirata e o Capitão, o Naufrágio e a Terra Firme podiam e deviam ocupar um mesmo espaço e atitude.

Dediquei — portanto — um poema em alemão a Curt Meyer-Clason, intitulado "Himmel" (Céu) — atualmente no livro *Sphera*. Essa homenagem se resolve no elogio de duas cidades. Duas línguas. E pátrias. Todas sob o mesmo céu da literatura. E duas presenças vivas: do lado luso-brasileiro, Camões: suas cidades e lágrimas, que formam um rio tão vasto, capaz de atingir o Grande Sertão (maravilhosamente traduzido por Curt); do lado alemão, Hölderlin e a ilha de Patmos, além de uma citação indireta de Trakl — em modos imperceptíveis.

> *Der Wortfluss und das Helle Wasser des Denkens — Zwei Sprachen und Ihre Flügel: — Die alt-geträumte Babel, Die neu — gegründete Sion — Und derselbe Wortfluss atmet die Entfernung: — Die Tränen von Camões und die Luft der Sertões — (das Erdgeschriebenewasser!) — Der Abgrund und die schwin-delnde Rettung und Gefahr — Das erste Wort des Himmels — Das ungeborene Antlitz — Wasser für deinen Tiefsemantisch — Garten — wo die Uardi Rosa strahlt — Ein Himmel und zwei Länder — Ein Himmel aus dem neuen Gestirne blühen.*

Em tradução quase literal, sem aliterações e demais recursos que inventei no original diria mais ou menos o seguinte:

> O rio-palavra e as águas claras do pensamento — Duas línguas e suas asas: — A antiga entressonhada Babel e a nova entretecida Sião — E o mesmo rio-palavra respira essas distâncias: as lágrimas de Camões e a brisa dos Sertões (água escrita de terra!) — O abismo e a vertigem do riso e do socorro... — O verbo celeste — E o rosto inascido... — Água para o teu fundo semântico jardim, onde brilha a Rosa Uardi... — Um Céu e duas pátrias — Um Céu em que floresçam estrelas novas.

Uma carta para o futuro e sem um destinatário preciso Ó viva Poesia!

A MÁQUINA DO TEMPO

A história em Vieira

I. A VISÃO DAS PARTES

Antônio Vieira é desses autores, cuja poderosa totalidade enseja frequentes releituras, onde se revelam partes inúmeras de seu espírito continental. São tais e tantas as abordagens dos aspectos multiformes de Vieira — como o discurso e a língua, a teologia e a política, a economia e a religião —, que chegam a formar uma das bibliotecas mais bem acabadas das letras luso-brasileiras. E do contato com este mundo novo, barroco e universal, surgem grandes ensaios, com seus fluxos e refluxos, no espaço de quase um século de boa metodologia. Mas a tarefa não se esgota, apesar (e por causa) daquelas mesmas páginas. Quanto mais se escreve — eis o paradoxo de Vieira —, mais e mais resta a dizer. E a tendência que hoje parece tomar corpo é aquela que persegue um entendimento que pretende não perder de vista, mesmo em estudos específicos e parciais, o *sistema* de Antônio Vieira, como as dimensões da história e do Quinto Império, ou, em outras palavras, o sentido de unidade que varre de ponta a ponta obra tão vasta.

Vieira sente a unidade queimar-lhe o rosto e as mãos. E em vez de se perder em múltiplos fragmentos, num sem-número de compósitos breves, exige do intelecto a compreensão do todo. Tal como na *Divina comédia*, onde cada pedra do "Inferno" possui uma razão estrutural, a unidade em Vieira concentra-se na melodia do todo, em recorrentes citações, em claros *Leitmotive*. Assim, a palavra, no Jesuíta, como a pedra em Dante, desafia a multiplicidade, de selvas e labirintos, na construção de um pensamento em chamas, desde a solidão factual ao agregado complexo da estrutura. A dialética da parte e do todo, da imagem e do espelho, propicia uma interpretação forte, tal como ele próprio — Antônio Vieira — analisa em cada partícula do pão consagrado:

> E assim como se parte o cristal, sem se partir a figura, assim se parte a hóstia sem se partir o corpo de Cristo. E assim como a figura está em todo o cristal e toda em qualquer parte dele, ainda que seja muito pequena, assim em toda hóstia está todo Cristo e todo em qualquer parte dela, por menor e mínima que seja. E assim, finalmente, como o rosto que se vê no cristal, dividido em tantas partes, é sempre um só e o mesmo, e somente se multiplicam as imagens dele, assim também o corpo de Cristo, que está na hóstia dividido em tantas partes, é sempre um só corpo, e somente se multiplicam as suas presenças. (Sermão do Santíssimo Sacramento, parte V)

Todo fragmento, imagem e palavra, multiplica-se, diante daquele espelho, que jamais desiste de sua função: debelar o múltiplo, sob a chama da unidade — tão perseguida por Vieira, nos sermões e nas cartas, e que tornou possível uma leitura transversal de sua obra. Sua totalidade guarda implicações não apenas discursivas, mas metafísicas, como insiste desde o "Sermão da Sexagésima", ao rechaçar a ausência de um fio condutor, de um tema central. Vieira invoca o céu noturno, límpido e claro, como espelho da unidade primordial, antebabélica, que os sacerdotes devem perseguir. Assim, também, diante das línguas da Amazônia, maiores que as de Babel, fora preciso recorrer ao fio de Ariadne, sonhado pelas gramáticas jesuíticas, aspirando, afinal, ao brasílico, que havia de tornar una todas as línguas, por onde se pudesse comunicar melhor, entre nomes e verbos rudes, a *imago Dei*, de um Cristo não partido (na unidade do verbo), mas integrado na pele das palavras, ressurrecto nas línguas, em cujo vocabulário começava a ser conhecido:

> Quando Deus confundiu as línguas na torre de Babel, ponderou Filo hebreu, que todos ficaram mudos e surdos, porque ainda que todos falavam e todos ouviam, nenhum entendia o outro. Na antiga Babel houve setenta e duas línguas: na Babel do rio das Amazonas já se conhecem mais de cento e cinquenta, tão diversas entre si como a nossa e a Grega; e assim quando lá chegamos, todos nós somos mudos, e todos eles surdos. Vede, agora, quanto estudo e quanto trabalho será necessário para que estes mudos falem, e surdos ouçam. (Sermão da Epifania, parte IV)

Dessa tensão (da parte e do todo, da língua e das línguas, da imagem e do espelho) surgiu o corpo da história. Desde a saída do Paraíso. Da diáspora da unidade. Para Vieira, o tempo havia de trazer de volta o estado adâmico. Como em Paulo: Tudo em todos. E havia de preparar o mundo ao último ato da redenção. O tempo linear — do *Gênesis* ao *Apocalipse*, insiste o jesuíta — é maior que o tempo cíclico, das estações e das demais formas de eterno retorno. E, além disso, não cria apenas etapas cumulativas, de que o presente não seria mais que uma partícula. O devir produz uma tensão, que antecipa o Pleroma. O presente é obra do passado, mas tem asas de futuro. Tal como no *Deuteronômio*, o tempo não é senão a ponte entre a revelação e a consumação — o *hayyom*, do *Velho Testamento*. E a história sagrada e profana — que é una e sacra, para Vieira — oferece outros e maiores enigmas, que demandam espelhos e tipologias, capazes de articular as figuras de Cristo e Moisés, Eva e Maria, Judas e Jonas. O passado bíblico antecipa o que será: o verbo e o tempo. Por isso, a história sacra é maior que a profana. É modelo. E paradigma. E seus motores permanecem invisíveis, movidos por Deus. Ainda não são os homens que fazem e sofrem a história. O tempo humano é um capítulo da eternidade (*Interminabilis vitae tota simul et perfecta possessio* — como sabe Vieira, citando Boécio), não mais que um capítulo, inaugurado pela *hýbris* de Adão, e sem o qual o verbo não teria podido fazer-se carne. Como na *Jerusalém*, de Torquato Tasso, ignoramos onde começa a história. Mouros e cristãos enfrentam-se na Terra, enquanto anjos e demônios combatem no céu, e mal sabemos de onde se origina o imenso turbilhão. O trabalho dos homens. E os dias de Deus...

No Padre Vieira — como para o Bossuet, das *Oraisons funèbres* — o tempo cessa na eternidade, ao encalço do qual jamais se arresta. O rio da história corre para o mar, como o Tibre, o Jordão e o Amazonas. E o impermanente há de ser, como em Donne e Quevedo, a única forma da permanência. O tempo é de Heráclito — e de suas lágrimas. E a duração — isto se deve, primeiro, aos gregos e, depois, aos portugueses — será como um navio sobre as águas, cujo porto é Cristo. O drama da história divide-se entre Heráclito e Parmênides, fluxo e permanência, ser e não ser.

Por isso, o poder temporal deve colaborar com o espiritual, apressando o curso da história, do não ser até o ser. Dessa discussão, pela via nova ou antiga, depende a prática política da Idade Média e Moderna, com os tratados de Marsílio de Pádua, Dante e Maquiavel. Vieira decide-se pela autonomia das esferas, e, ao mesmo tempo, pela estreita colaboração do papa e do imperador. Os poderes devem assegurar a demanda de infinito, gerada nas entranhas do tempo. Para Vieira, a *pax lusitana* iria ensejar o equilíbrio dos poderes, e produzir uma plenitude que resultaria na conversão da política em metafísica. O sonho do mar português era uma nova travessia do Mar Vermelho. Portugal seria a Páscoa do Universo.

II. AS RAZÕES DO TODO

Antes do Império Luso, a história foi marcada por uma sucessão de civilizações, como vemos no sonho de Nabuco, lido por Daniel, ou em Zacarias. Quatro idades passaram. Quatro impérios. E foram assírios, babilônios, persas e romanos, os que ensaiaram, com maior ou menor êxito, a monarquia universal. Todos deixaram de ser. Glórias, medalhas, nínives e atenas foram levadas pelos temporais da história:

> Prêmio e castigo são os dois pólos em que se resolve e sustenta a conservação de qualquer monarquia (...) Sem justiça não há reino, nem província, nem cidade, nem ainda companhia de ladrões que possa conservar-se. Assim o prova Santo Agostinho com autoridade de Cipião Africano, e o ensinam conformemente Túlio, Aristóteles, Platão e todos que escreveram de república. Enquanto os romanos guardaram igualdade, ainda que neles não era verdadeira virtude, floresceu seu império e foram senhores do mundo; porém tanto que a inteireza da justiça se foi corrompendo pouco a pouco, ao mesmo passo enfraqueceram as forças, desmaiaram os brios, e vieram a pagar tributos os que os receberam de todas as gentes. Isto estão clamando todos os reinos com suas mudanças, todos os impérios com suas ruínas, o dos Persas, o dos Gregos, o dos Assírios. (Sermão da Visitação de Nossa Senhora, parte II)

O fim da justiça leva à morte dos impérios. Sobrevivem, à pompa e circunstância dos tempos idos, poucas e míseras ruínas. *Pulvis et umbra*. Não mais que sombra e pó. Desmaiam os brios. Morrem as virtudes. Cessam os méritos. E as forças. E os domínios. E as leis. Tudo que foi, não é. A glória de César. A beleza de Alcibíades. A fama de Sócrates. Varridos pelo triunfo da morte. Prêmio e castigo. Amargo remédio da providência. O Tempo do Cosmos e o Tempo da Terra. Ontem e hoje. *Sic transit gloria mundi*:

Todas as coisas se resolvem naturalmente, e vão buscar com todo o peso e ímpeto da natureza o princípio donde nasceram. O homem porque foi formado da terra, ainda que seja com dispêndio da própria vida e suma repugnância da vontade, sempre vai buscar a terra, e só descansa na sepultura. Os rios esquecidos da doçura de suas águas, posto que as do mar sejam amargosas, como todos nasceram do mar, todos vão buscar o mesmo mar e só nele se desafogam, e param como em seu centro. Assim todas as coisas deste mundo, por grandes e estáveis que pareçam, tirou-as Deus com o mesmo mundo do não ser ao ser; e com Deus as criou do nada, todas correm precipitadamente, e sem que ninguém lhes possa ter mão, ao mesmo nada de que foram criadas. (Primeira Dominga do Advento, parte IV)

Seguem os rios esquecidos de si. Da doçura de suas águas, correndo para o fim. Também os homens vão buscar a terra, de que nasceram. Todas as coisas deste mundo, Deus as tirou do nada e ao nada hão de voltar. Mesmo Roma — em sua grandeza e formosura — não faz exceção. Antes: é o espelho, o destino dos impérios. Figura da morte. E seu triunfo. E pena. E dano. Vieira frequenta o famoso *ubi sunt?*, no preto e branco de sua prosa, focalizando, como Gibbon, mais tarde e noutro contexto, as ruínas de uma Roma defunta, avara de piedade e de justiça:

> E se no interior da mesma Roma recorrermos às coisas de maior duração, quais são os mármores; quantos anos, e quantos séculos há, que dos mesmos mármores levantados em obeliscos e arcos triunfais, se veem só as miseráveis ruínas, ou meio sepultadas já, ou cobertas de hera? Finalmente aquele império sem-fim, a que a fortuna não pôs metas ou limites alguns, nem à grandeza, nem ao tempo; diga-nos, a mesma fortuna onde está, e onde o tem escondido? Busque-se em todo o mundo o império romano, e não se achará dele mais que o nome, e este não em Roma, senão muito longe dela. (...) Acabaram-se as guerras, e vitórias romanas, não só

fechadas, mas quebrados para sempre os ferrolhos das portas de Jano: acabaram-se os Capitólios: acabaram-se os consulados: acabaram-se as ditaduras: acabaram-se para os generais as ovações e os triunfos: acabaram-se para os capitães famosos as estátuas e inscrições: acabaram-se para os soldados as coroas cívicas, morais e rostratas: acabam-se enfim como império os mesmos imperadores, e só vivem e reinam, ao revés da roda da fortuna, o que eles quiseram acabar. Acabou Nero; e vivem e reinam Pedro e Paulo: acabou Trajano; e vive e reina Clemente: acabou Marco Aurélio e vive e reina Policarpo: acabou Vespasiano; e vive e reina Apolinar: acabou Valeriano; e vive e reina Lourenço: acabou enfim Maximino; e vive e reina Catarina: ele, e os outros imperadores, porque se fiaram falsamente do império sem-fim: *imperium sine fine dedi*: e ela com os seus, e com os outros Mártires, porque reinam e hão de reinar por toda a eternidade com Cristo, num reino que verdadeiramente não há de ter fim: *cujus regni non erit finis*. (Sermão de Santa Catarina, Virgem e Mártir, parte X)

Duas Romas. Uma vencida. Outra vencedora. Morta, a cidade dos homens. E sua infâmia. Neros. Calígulas. Viva, a Roma santa. De Pedro e Paulo. Dos Mártires (*semen est sanguinis christianorum*). Viva, a promessa da cidade de Deus... Daquelas ruínas, ferrolhos, estátuas e medalhas, renasce a Roma eterna, capital do tempo, e suas torres, e pináculos preparam novas altitudes. Puramente agostiniana, todavia, a filosofia da história de Vieira faz de Lisboa o epicentro das grandes mudanças, a nova Roma ocidental — a que havia de fundar o Quinto e derradeiro Império. Reino de um soberano. De uma religião. Católica, como a Terra — toda de Portugal e sem fronteiras. Apenas um rei. Um só rebanho e pastor. A conversão de todos. E — *mirabilia Dei!* — os monarcas do mundo inteiro haviam de abandonar a vã cobiça, em favor do rei fatal e do papa angélico. Duas Romas. O prefácio da parúsia.

III. O PRINCÍPIO DE ESPAÇO

Para Vieira, depois dos judeus, os portugueses eram o segundo povo eleito. Cabia-lhes, uma não pequena tarefa na economia salvífica. O Deus mosaico firmara um pacto com Tubal, primeiro português, filho de Jafé, neto de Noé. A aliança entre Deus e os lusitanos levaria ao maravilhoso do Novo Mundo e à fundação do maior império de que se tem notícia (*cesse o que a antiga musa canta*), emblema dos altos desígnios:

> Quem logrou esta promessa feita a Jafé? E em quem se cumpriu a grandeza de toda esta profecia? Cumpriu-se no primeiro português que houve no mundo, e na sua descendência, que somos nós. O primeiro português que houve no mundo foi Tubal: sua memória se conserva ainda hoje, não longe da foz do nosso Tejo, na povoação primeira, que fundou com nome de Coetus Tubal, e com pouca corrupção, Setúbal. Este Tubal, este primeiro português (como se lê no capítulo X do Gênesis) foi filho quinto de Jafé (que também é boa a fortuna dos filhos quintos): *Filii Japhet, Gomer et Magog, et Madaï, et Javam, et Tubal*. E finalmente neste filho quinto de Jafé, neste primeiro português, neste Tubal, se verificou a bênção de seu avô Noé, e se cumpriu a profecia e promessas feitas a seu pai Jafé; porque só os portugueses, filhos, descendentes e sucessores de Tubal, são e foram (sem controvérsia) aqueles que por meio de suas prodigiosas navegações e conquistas, com o astrolábio em uma mão, e a espada na outra, se estenderam e dilataram por todas as quatro partes do imenso globo da Terra. Portugueses na Europa, portugueses na África, portugueses na Ásia, portugueses na América: em todas essas quatro partes do mundo, com portos, com fortalezas, com cidades, com províncias, com reinos, e com tantas nações e reis tributários. Houve algum filho de Noé, houve alguma nação outra nas idades, por belicosa e numerosa que fosse, e celebrada nas trombetas da fama, que se dilatasse e estendesse tanto por todas as quatro partes da Terra? Nenhuma. Nem os Assírios, nem os

Persas, nem os Gregos, nem os Romanos. E por quê? Porque esta bênção, esta herança, este morgado, este patrimônio, era só devido aos portugueses, por legítima sucessão de pais e avós; derivado seu direito de Noé a Jafé, de Jafé a Tubal, de Tubal a nós, que somos seus descendentes e sucessores. (Sermão Gratulatório e Panegírico, parte II)

As etimologias de Vieira, como as de Vico, apesar de sua fragilidade (*coetus Tubal*), servem para criar, no labirinto das razões primeiras, um fio de compreensão mítica, um argumento *a posteriori*, que tire da história uma essência, uma noção de origem. Esta seria necessária para trazer de volta, desde a língua sagrada, anterior a Babel, e compreender o arcano da palavra, o destino da palavra, pois o étimo não oferece apenas uma origem, mas um destino, uma enteléquia (*res sunt consequentia nominis* — para inverter o adágio medieval).

IV. OCEANO E DESTINO

Fundaram os portugueses sublimadas geografias. Novas leituras, em águas jamais cortadas, a não ser pela imaginação de Dante, Ariosto e Rabelais. O mundo ficou maior do que supunham angélicas e orlandos. Caíram as barreiras do espaço. Desenhou-se uma nova exegese. Um mapa-múndi cristão (profetizado por Isaías — dirá Vieira): horizontes perdidos, águas que escondiam outras ilhas, reinos e cidades, reservados às naus portuguesas, cujo sucesso se explicava — ao contrário do Ulisses de Dante — porque Deus o quisera (*altrui piacque*). A empresa ultramarina produziu danos irreparáveis e um sem-número de naufrágios. Mas o herói épico mostrou-se inflexível, à altura do plano divino. Os lusitanos eram os novos cruzados. Com suas venturosas proas, faziam do mar a terra de sua andarilha missão.

O que encobria a Terra era o elemento da água; por que a imensidade do oceano que estava em meio, se julgava por insuperável, como a julgaram todos os antigos, e entre eles Santo Agostinho. Atreveu-se finalmente a ousadia e zelo dos portugueses a desfazer este encanto, e vencer este impossível. Começaram a dividir as águas nunca dantes cortadas com as venturosas proas dos seus primeiros lenhos: foram aparecendo e surgindo de uma e de outra parte e como nascendo de novo as terras, as gentes, o mundo que as mesmas águas encobriam; e não só acabaram então no mundo antigo as trevas desta ignorância, mas muitas mãos do novo e descoberto, as trevas da infidelidade, porque amanheceu nelas a luz do Evangelho e o conhecimento de Cristo, o qual era o que guiava os portugueses, e neles e com eles navegava. (Sermão da Epifania, parte II)

Impressionante observar a geografia vieiriana se tornando uma personagem (Adamastor vencido, metafísico), vigiando a misteriosa semelhança do Mundo Novo com a Bíblia, redimensionada em grandeza, como se houvera mantido intacto o todo diferente de uma paisagem sagrada, como aquela percorrida por Francisco Xavier. Os mares de Vieira, Camões e Plotino confundem-se na mesma pátria espiritual, que se conquista nos mares do ser, na distância de outros portos e de outras ilhas. Máquina do mundo. Máquina do uno. Francisco Xavier, prossegue Vieira:

Saiu de Lisboa e chegou até o Japão. Tomai agora um mapa, ou uma carta de marear, ponde-a diante dos olhos, e vereis que em toda esta navegação e caminho, de mais de quatro mil léguas, levando Xavier um pé por terra, outro por mar, sempre o pé da terra foi o esquerdo, e o mar do direito. A primeira terra que deixou saindo de Lisboa e navegando ao sul, foi à costa de Berbéria até Guiné, toda à mão esquerda, e à direita o mar Atlântico. Dali até o Cabo de Boa Esperança, e voltando o mesmo Cabo até o estreito de Meca, por uma e outra parte a terra era a África sempre à mão esquerda, e à direita o mar Etiópico. Daquele estreito até o Seio

Pérsico, a foz do Eufrates, à mão esqueraa a Arábia Feliz, e à direita o mar arábico. Da garganta do mesmo Seio até à primeira foz do Indo, a Carmenia, parte da Pérsia à mão esquerda, e à direita o mar Pérsico, por nome mais geral, Eritreu. Do Indo começa a terra, a que ele dá o nome, chamada Índia, e se estende até o cabo de Comorim, à mão esquerda toda, e à direita o mar Índico. Do cabo de Comorim, dá volta, e corre a contracosta do reino de Narsinga, ou Bisnagá, até a foz do Ganges ao mesmo modo à mão esquerda, e à direita o mar ou golfo de Bengala. Seguindo o grande arco que faz aquele golfo pelas costas da mesma Bengala, Pegu, e Sião, até o estreito de Singapura o mais austral de todo o Oriente, todas aquelas terras ficam à mão esquerda, e o mar por onde se navegam, que é o mesmo golfo, à direita. Finalmente, continuando depois de Malaca os reinos de Camboja, Champá e Cochinchina, e o vastíssimo império da China, todo este grande trato de terras demoram à mão esquerda, e o mar ou mares do oceano chinense até o Japão à direita. (Xavier Acordado, 1, parte IV)

Eis o maravilhoso da distância. O interminável périplo se veste do detalhismo barroco, cujas citações inauguram um mundo de lugares ainda mais longínquos do que as de muitas epopeias. Nomes estranhos, que parecem lembrar o fundo escuro dos quadros de um Fetti — como o de David —, ou de Salvator Rosa — como o de Jesus entre os doutores. Uma zona misteriosa, bendita e maldita, ao mesmo tempo, que era preciso tornar luminosa, no contraste da direita e da esquerda, como fizera Dante no Além. Os mares ambíguos de São Francisco tornavam-se melhores, singrados pelo invisível Cristo-Capitão.

Mas, além da etimologia, da paisagem, e da leitura bíblica (do *Velho Testamento* e do *Apocalipse*), de símbolos, empresas e alegorias, o profetismo é o centro das cogitações vieirianas. A tradição de Joaquim de Fiore, Frei Gil, Ubertino de Casale, esmaecidos, mas nem por isso esquecidos, oferece-lhe a perspectiva central de sua obra. E, mais intensamente, a suplantá-los, a presença de Bandarra, cujas profecias mostram-se perfeitamente acabadas, quanto ao pio Monarca. Não havia dúvidas. Para Vieira, o rei fatal era Dom João IV. O que rompeu os grilhões que ligavam Portugal a Castela. E, vice-Cristo na Terra, favoreceria a consecução das *magnalia Dei*. Os destinos da Monarquia Universal — traço de união entre o rei e o papa, o sol e a lua, o corpo e a alma, o tempo e a eternidade. A espera do Cristo em todos:

> Foi El-rei D. João um rei buscado e achado por Deus. Há reis que parece que os fez a fortuna a olhos fechados, sem buscar nem achar, senão acaso. Destes estão cheias as histórias, como estiveram vazias as coroas. El-rei D. João não foi só buscado e achado, senão buscado e achado por Deus. Mas onde o buscou Deus e o achou? O que Deus buscou era um príncipe que pudesse ser rei e restaurador de Portugal: buscou-o entre os príncipes pertensores do reino, e achou-o na casa de Bragança: buscou-o entre os príncipes da casa de Bragança, e achou-o na pessoa d'El-rei D. João. Os príncipes pertensores à coroa de Portugal foram cinco: Espanha, França, Saboia, Parma, Bragança; e assim como Deus buscou David entre todos os que tinham ou podiam ter algum direito a ele, só na real casa de Bragança o achou: *Inveni*. (Exéquias d'El rei D. João IV)

O sofrimento de Portugal, de 1580 até 1640, findara com a restauração bragantina, como quisera o Altíssimo. Deus e a história esperavam Portugal, cujas lágrimas lembravam as de Madalena, junto à sepultura de Cristo:

> (...) assim Portugal, sempre amante de seus reinos, insistia ao sepulcro del-rei D. Sebastião, chorando e suspirando por ele; e assim como Madalena no mesmo tempo tinha Cristo presente e vivo, e via com seus olhos e lhe falava, e não o conhecia, porque estava encoberto e disfarçado, assim Portugal tinha presente e vivo a el-rei nosso senhor, e ouvia e lhe falava e não o conhecia. (Sermão dos Bons Anos, partes III e IV)

Sofria Portugal. E, todavia, mantinha-se fiel. Como os judeus, na Babilônia. Deus e a história esperavam Portugal. O regresso de Dom Sebastião, novo David, novo Lázaro, com sua aliança firmada com o Messias, havia de libertar Portugal do jugo a que seus próprios erros o haviam conduzido. Assim, redento, como Madalena, Portugal — mais forte nas fronteiras, no império e na fé — colaborava com o regresso ao Uno e aprofundava em seus mapas, e gentes, mares e paisagens a conquista do *Liber Mundi*. E a história — como em Orígenes — não seria mais que a etapa complexa de uma supra-história. As esperanças de Portugal coincidiam com as do reino de Deus. Mesmo depois de sua morte, Dom João havia de ressuscitar (diz Vieira ao Bispo do Japão), o que não seria pouco, ultimando, assim, espetacularmente sua missão antecrística.

Os altos Desígnios têm Portugal como centro. E rasgou mares nunca dantes e doutrem navegados, ampliou a Terra, atingiu impossíveis confins, com meios diminutos, provando não apenas o seu *status electionis*, mas a obstinada vontade. Caminhos vitoriosos, é bem verdade, e, nem por isso, isentos de vicissitudes. E a semeá-las, o Deus do Antigo Testamento, o Deus tentador, para certificar-se da pureza de seus lugares-tenentes. A prova mais dramática deu-se com a presença holandesa no Brasil. No celebre "Sermão para o Bom Sucesso das Armas de Portugal contra as de Holanda", mais do que uma exortação bélica, essa página antológica da *Weltliteratur* traça uma perfeita filosofia da história, desesperada e triste, como a de Jó, temerária e grave, como a de Isaías, que exigem do Deus mosaico o cumprimento de Sua parte, a mudança favorável no curso da história, o clamor da providência, de quem se deve exigir a parte que Lhe cabe, no Tempo:

> Tirais também o Brasil aos portugueses, e assim estas terras vastíssimas, como as remotíssimas do oriente, as conquistaram às custas de tantas vidas e tanto sangue, mais por dilatar vosso nome e vossa fé (que esse era o zelo daqueles cristianíssimos reis), que por

amplificar e estender seu império. Assim fostes servido que entrássemos nestes novos mundos, tão honrado e tão gloriosamente, e assim permitis que saiamos agora (que em tal imaginária de vossa bondade) com tanta afronta e ignomínia! (...) Que a larga mão com que nos destes tantos domínios e reinos não foram mercês de vossa liberalidade, senão cautela e dissimulação de vossa ira, para aqui fora e longe de nossa pátria nos matardes, nos destruirdes, nos acabardes de todo. Se esta havia de ser a paga e o fruto de nosso trabalho, para que trabalhar, para que foi o servir, para o que foi o derramar tanto e tão ilustre sangue nestas conquistas? Para que abrimos os mares nunca dantes navegados? Para que descobrimos as regiões e os climas não conhecidos? Para que contrastamos os ventos e as tempestades com tanto arrojo, que apenas há baixio no oceano, que não esteja infamado com miserabilíssimos naufrágios de portugueses? E depois de tantos perigos, depois de tantas desgraças, depois de tantas e tão lastimosas mortes, ou nas praias desertas sem sepultura, ou sepultados nas entranhas dos alarves, das feras, dos peixes, que as terras que assim ganhamos, as hajamos de perder assim! Oh quanto melhor nos fora nunca conseguir nem intentar tais empresas! (...) Mas só digo e lembro a Vossa Majestade, Senhor, que estes mesmos que agora desfavoreceis e lançais de vós, pode ser que os queirais algum dia e que não os tenhais. (Sermão para o Bom Sucesso das Armas de Portugal contra as de Holanda, parte III)

Vieira lembrava ao Senhor dos Exércitos que a conquista de tantos reinos, ilhas, cidades realizara-se *propter nomem suum*, em Seu nome. Causa que era mais de Deus que dos portugueses. Tantas vitórias não podiam ser mera dissimulação para os liquidar com imerecida ira. Era preciso converter Deus para Deus e fazê-lo sair arrependido daquele sermão. Por outro lado, como não recordar que os portugueses sofreram o complexo de Ulisses — soberbos de suas façanhas —, como não recordar que a injustiça grassava por toda a parte, como não recordar que a desmedida ambição pusera tudo a perder? E, assim, os portugueses foram tentados não apenas pelo mundo, pelo diabo e pela carne. Os portugueses foram tentados terrivelmente por Deus, que os desejava experimentar. E começaram a perder o Império. Antes, Portugal. Depois, Angola. E Pernambuco.

Mas, como a dor fosse mais forte, como o martírio fosse irreparável, Portugal e seu Império redimiram-se pelo sofrimento. Quase um purgatório terrestre. Portugal seguia isolado no deserto, despedaçado pela dor. Foi quando a Providência o arrancou do abismo, com o fim da monarquia dual e a expulsão dos holandeses. Portugal voltava aos antigos resplendores. A história do futuro já podia ser vivida em seus múltiplos aspectos e apelos.

Mais luminosa do que antes e mais sublime, a missão de Portugal. Com as estrelas, que vão desmaiar em suas costas ocidentais, os portugueses são a luz do mundo. Marcados por um destino metahistórico, viveram uma conversão radical e sentiam-se, portanto, *puri e disposti* à plenitude da história... Portugal — rocha da Igreja:

> Quando Cristo apareceu a el-rei Dom Afonso, estava ele na sua tenda lendo a história de Gedeão, não só com um, mas com dois mistérios: primeiro, para que o rei desconfiasse da promessa, vendo que os seus portugueses eram poucos: segundo, para que os mesmos portugueses entendessem, que, como soldados de Gedeão, em uma mão haviam de levar a trombeta, e na outra mão a luz. A Pedro chamou-lhe Cristo: Cephas: pedra em significação do que havia de ser: os portugueses primeiro se chamaram Tubales (de Tubal) que quer dizer mundanos, e depois chamaram-se lusitanos: lusitanos, para que trouxessem no nome a luz; mundanos para que trouxessem no nome o mundo; porque Deus os havia de escolher para a luz do mundo: *Vos estis lux mundi*. (Sermão de Santo Antônio, parte II)

Portugal não seria mais que a sua própria e infinita luz. Portugal seria o mundo, sem impedimentos, da Terra ou do céu. Livre de

Bojadores e Tormentas. Nenhum Adamastor a contrastá-lo. E tampouco um Velho do Restelo, que é morta a glória de mandar e a vã cobiça:

> Portugal é toda a Terra (...) E depois de assim remido, depois de assim libertado Portugal, que lhe sucederá? *Africa debellabitur*: será vencida e conquistada África. *Imperium ottomanum ruet*: o império otomano cairá sujeito e rendido aos seus pés. *Domus Dei recuperabitur*: A Casa Santa de Jerusalém será, finalmente recuperada. E por coroa de tão gloriosas vitórias, *Aetas aurea reviviscet*: ressuscitará a idade dourada. *Pax ubique erit*: haverá paz universal no mundo. *Felices qui viderint*: Ditosos e bem-aventurados os que isto virem. (Sermão de Santo Antônio, parte II)

O ato final do drama cósmico (a *apocatástasis*) estava prestes a ser deflagrado no fim da história. Portador dessa missão, tudo dependia de Portugal, Cristo das nações — como seria chamado mais tarde. Todas as ilhas do mundo. Todos os continentes... Tudo seria Portugal. E, tão vasto como a Terra, Portugal deixaria de existir. O corpo de Cristo e o de Portugal coincidem com o da eternidade. Cristo, em todos. Não mais um fragmento. Um indivíduo. Ou solidão. Tudo em todos.

Spengler e o relativismo

Onde estão? As glórias de assírios e romanos. O império sassânida e mogol. Leões e aldravas de Micenas. O farol de Alexandria. Os jardins da Babilônia. Onde estão? Os olhos de Cleópatra e a melancolia de Catão. A batalha de Salamina e a deusa Ishtar. O orgulho de Bonifácio VIII. A Corte de Dom Manuel. Onde estão as colunas e propileus, outrora soberbos, que fizeram da Acrópole o centro do mundo? Por toda a parte, ruínas e escombros. Como se um princípio metafísico demorasse no tempo. Fortuna, para Maquiavel. Providência, para Bossuet. Velhice, para Lucrécio. O mundo que se apressa para o fim. Pesam os séculos. A Terra, exausta. A colheita, escassa. E a máquina do mundo há de arrestar-se um dia: tudo corre para o nada.

A paixão das ruínas marcou Trakl. E Leopardi. E Lucrécio. Paisagens negativas. Laivos do fim. Como se da morte das coisas fosse possível detectar uma antimúsica, mais poderosa que as forças da criação. Mas essa *libido* marcou também uma constelação de autores, ocupados em determinar o curso da história, a melodia das Romas que se gastam. A liturgia do fim. Um deles, Oswald Spengler

(1880-1936) sente a atração da morte das sociedades, e após dedicar-se às matemáticas, à filosofia e às ciências naturais, decide estudar o devir. Põe-se a ler uma fila inumerável de monografias, resumos, compêndios de história universal, e uma coleção de apriorismos, que ia sublinhando em livros e diários. Resíduos de Goethe e de Nietzsche misturados com outros, de Dilthey. E de suas leituras atabalhoadas, impulso barroco e febril, resulta o *Der Untergang des Abendlandes* — o primeiro volume, em 1918; o segundo, em 1922 — cujo título, *A decadência* (crepúsculo, naufrágio) *do Ocidente*, traduz o clima cultural do entreguerras, na Europa, e de modo especial na Alemanha, que acabara de sofrer uma derrota sem precedentes. Spengler identificava os primeiros sinais de morte. A passagem da *Kultur* para a *Zivilisation*. Da vida ao letargo. De Apolo a Fausto. A democracia burguesa e o capitalismo não passam de sintomas irremediáveis do fim. E a *libido ruendi* de Spengler não apenas se espalha pela Europa, como também absorve uma corrente pessimista do Velho Mundo. Thomas Mann e Toynbee sofrem o impacto de *Der Untergang*, e levariam anos para libertar-se dele. Toynbee decidiu superá-lo; Mann acabou por odiá-lo. Mas havia que compreender-lhe os pressupostos. Arrancar-lhe a ideia de uma época, e de suas inabordáveis consequências, como em *Jahre der Entscheidung*, onde Spengler define o futuro como objeto da história. Tudo quanto Popper saberia criticar em *A miséria do historicismo*. As profecias são estranhas ao método científico e perigosas para a ordem democrática.

E, todavia, *Der Untergang* foi uma espécie de *bestseller* dos anos vinte e trinta. Não lhe faltaram razões. O clima de abandono e desencanto ia refletido naquelas páginas. Havia nelas como que uma inteligência da derrota. E as proporções titânicas da paisagem ampliavam e enobreciam a decadência de Weimar, cujo modelo reverberava o dos grandes impérios da história, que passaram do fastígio à decadência. *Der Untergang* incitava o público a ler o passado, compreender o presente e sofrer corajosamente o futuro. Spengler tornava-se um profeta. E se a história ainda não fora considerada em sua legítima dimensão, ele se arroga a tarefa copernicana de ser-lhe o *primeiro* hermeneuta. Um Copérnico do tempo. Que ia além dos fatos singulares e contingentes, a fim de conhecer o universal e o necessário, atingindo a metafísica do processo, a gênese das coisas e dos fatos aparentemente desprovidos de sentido, mas depositários de uma direção inelutável. Na base da história, de cada gesto ou sinal, subjazem protoformas biográficas, universais, que permitem compreender — não como o Plutarco das *Vidas paralelas*, que se limitava a Alexandre e César, Antônio e Demétrio — as culturas e civilizações, da quais emergem césares e virgílios, císeros e augustos, como se pudéssemos ler a história universal, num único relance, além da trama factual, dos caprichos e golpes da sorte. Para tanto, Spengler reclama o método comparativo, conceitos, similitudes, analogias, capazes de ultrapassar o quadro plutarquiano de reis, filósofos e capitães. Dessa atitude depende a *filosofia do porvir*, onde o tempo não forma senão um *continuum*. Uma vez alcançado esse estágio, adquire-se uma posição que *supera* as *ambições da historiografia* tradicional:

> Refiro-me à possibilidade de avançar além do presente, além dos limites da investigação e predizer a forma, a duração, o ritmo, o sentido do resultado das fases históricas que ainda não transcorreram. Refiro-me à possibilidade de reconstruir épocas pretéritas, remotas e desconhecidas, culturas do passado, por meio das conexões morfológicas. Este método, de certo modo, se parece com o da paleontologia, a qual, pelo exame de um pedaço de crânio, infere dados seguros sobre o esqueleto e a espécie a que pertence o exemplar.

Como vemos, a história é uma resultante de coisas vivas. Para compreendê-la, é preciso construir uma razão análoga, apoiada num terreno biológico — e, portanto, fora do tempo —, de modo que o singular adquira sentido numa escala universal. Assim, pois, a queda do Império Romano condensa o fim de outras civilizações — muito especialmente o da nossa. E as culturas — nesse vasto jardim — são como flores que nascem, florescem e morrem. Guardam todas uma previsibilidade. Um destino:

> Todo organismo tem seu ritmo, sua figura, sua duração determinada, e isso ocorre com todas as manifestações da vida. Vejo o fenômeno de múltiplas culturas poderosas que florescem com vigor cósmico no seio de uma terra-mãe, a que cada uma delas está unida por toda a sua existência. Cada uma dessas culturas imprime a sua matéria: que é o homem, sua própria forma; cada uma possui sua própria ideia, suas paixões, vida, desejo, sentimento, modos de morrer.

Nesse fundo de vastas proporções e impensáveis silêncios, por onde passam as culturas, e seu fluxo heraclitiano, insinua-se algo da biologia de Goethe. Mas em chave diversa. Um sentido radicalmente individual. Intransferível. Grandes biografias, cujas personagens são as línguas, moedas, religiões. Organismos vivos. Flores que se perdem nas entranhas do tempo, onde deitam raízes provisórias:

> Cada cultura possui suas possibilidades de expressão, que germinam, amadurecem e morrem. Há muitas artes plásticas, muitas pinturas, físicas, matemáticas. Cada qual é, em sua profunda essência, totalmente distinta das demais; cada qual possui uma duração limitada; cada qual vive fechada em si mesma, como cada espécie vegetal possui suas flores próprias e frutos, tipo de crescimento e decadência. Vejo na história universal a imagem de uma eterna formação e deformação, de um maravilhoso advento e perecimento de formas orgânicas. O historiador de ofício, em troca, concebe a história como se fora uma tênia, que, incansavelmente, cresce época após época.

A monadologia spengleriana arma-se claramente no proscênio do mais intenso relativismo: nascem as culturas ao sabor de um destino vegetal, como que saídas do nada, como do caos da *Teogonia*, ou, mais apropriadamente, do desvio de um só átomo da chuva de Lucrécio. Culturas fechadas. Incomunicáveis. Emergem das sombras e seguem seu próprio curso. Dos primeiros raios da infância, com seus ardores, passam ao meio-dia, onde — com os ânimos arrefecidos — atingem a plenitude e, aos poucos, seguem para o crepúsculo (*Dämmerung*). Tempos culturalmente diferenciados. Porque a história é descontínua. E o princípio comum repousa no *surgimento e na morte das formas orgânicas*.

Por isso, tudo é história: a filosofia, as letras e os números. Os inteligíveis não habitam um mundo à parte, dependem do horizonte social, de que se originaram. Fora disso, a pré e a pós-existência das ideias não passam de ilusão. Como quem buscasse compreender a gênese das plantas, abstraídas do solo, que as alimentou, e dos ventos, e das chuvas. Para Spengler, a história da ciência deve considerar a evolução das ideias como um processo não linear e descontínuo. Assim, pois, a matemática não é o resultado de processos que vão se integrando sucessivamente uns aos outros — miragem dos que pretendiam desenhar uma lógica simplista, no labirinto da ciência e das ideias, de seus numerosos atalhos, passagens, becos sem saída. Costuma-se, entretanto, explicar — com base na hegemonia de uma ciência — como toda a evolução do pensamento não podia senão chegar até onde chegou.

Para Spengler, nada sobrevive além da história. Mesmo a matemática não pode reclamar o absoluto, acima das culturas. A geometria de Euclides, por exemplo, seria eminentemente grega, movendo-se dentro de categorias, desejos e tradições específicas. A de Descartes não seria a mesma de Euclides. O *Discurso do método* assume ideias cinéticas, estranhas ao pensamento parmenídeo-aristotélico, inseridas, como seguem, num contexto pré-capitalista, infinitamente distante da economia da *pólis*. Prevalece na história das ciências (bem como na consideração de Spengler) a mais profunda expressão do descontínuo: a matemática da *pólis* difere da geometria cartesiana, que se distingue da gravitação newtoniana, engendradas como foram, nos mais diversos horizontes sociais.

Por isso mesmo, insiste Spengler, o sentimento do mundo como história universal (*die Welt als Geschichte*) é algo que pertence ao mundo europeu, desde o humanismo, desde Petrarca até Schliemann. Troia e os códices. A prática do esquecimento e da memória confunde-se aqui para criar a diferença específica, entre mundo antigo e moderno:

> Destruída Atenas pelos Persas, foram as velhas obras de arte lançadas ao lixo, de onde, agora, as estamos tirando. E nunca se viu ninguém na Hélade que se preocupasse com as ruínas de Micenas ou de Hefestos, com o objetivo de descobrir peças históricas, feitos históricos. Liam os antigos Homero, mas a ninguém passou pela cabeça, como ocorreu a Schliemann, escavar a colina de Troia. Os gregos queriam mitos, não história. Já na época helenística haviam perdido parte das obras de Ésquilo e dos filósofos pré-socráticos. Em troca, Petrarca colecionava antiguidades, moedas, manuscritos com uma piedade, com uma contemplativa devoção, que são próprias apenas dessa cultura.

O sentimento da história nos distingue de outras sociedades, que não realizam a ideia de devir. O mundo como história é o sinal do Ocidente. Mas não é tudo. Spengler afirma — orgulhoso e solitário — ter chegado ao âmago, ao mistério da história, a uma teia de afinidades *morfológicas*. Pode representar a imagem. Desenhar o retrato. Preparar o afresco de uma cultura e civilização. Tal o ofício do historiador — e não é difícil lembrar de Toynbee, lendo o semblante dos faraós do Novo Império. Passar do retrato individual ao coletivo, mais amplo e duradouro, para surpreender a paisagem das culturas originárias, eis a tarefa de Spengler. A *fisionomia* é a arte do retrato, *transposta ao domínio espiritual*:

Dom Quixote, Werther, Julien Sorel são retratos de uma época. Fausto é o retrato de toda uma cultura. O investigador da natureza, o morfologista sistemático [o historiador], conhece apenas o retrato do mundo como imitação, que corresponde à fidelidade, à natureza, à aparência e essência do pintor artífice, que no fundo trabalha de uma forma puramente matemática. O retrato autêntico, à maneira de Rembrandt, é, porém, fisionômico, isto é, a história captada num dado momento. A sua série de autorretratos não é mais do que uma autobiografia, à maneira autenticamente goethiana. Assim deveria ser escrita a biografia das grandes culturas.

Uma vez determinada a fisionomia — o retrato em largas pinceladas —, o historiador (o *morfologista*) deve firmar seu corte transversal, as relações que se espraiam num campo de coisas plurais, jamais desfibradas, profundamente compactadas, entretecidas com as mesmas linhas de um só novelo, que reunisse os mitos de uma cultura. Para Spengler, a mônada histórica — desprovida de portas e janelas — apresenta, em si mesma, uma férrea unidade, uma densa, e quase sempre ignorada, relação entre o plano das ideias e das coisas, da ciência, da economia e da arte. O retrato é a "essência", que se revela na duração:

> Compreendi que nenhum fragmento da história pode ser iluminado por completo, se antes não se descobriu o segredo da história universal. Compreendi a profunda afinidade que existe entre as formações políticas e matemáticas de uma mesma cultura, entre as intuições religiosas e técnicas, entre a matemática, a música e a plástica, entre as formas econômicas e as do conhecimento; a íntima dependência que une as mais modernas teorias da física e a química às representações mitológicas de nossos antepassados germânicos; a perfeita congruência que se manifesta no estilo da tragédia, da técnica dinâmica e da atual circulação do dinheiro.

Mesmo não sendo original, pois a correspondência dos epistemas remonta a Vico, Herder e Hegel, para citar apenas estes, Spengler acentuava uma perspectiva relativista, da qual tomaram distância um Weber e um Mauss. No entanto, usando um comparatismo de superfície, Spengler fabricava uma retórica vertiginosa, novidadeira, voltada para a decadência. O combate agonizante entre matéria e forma, destino e liberdade, num mundo semi-spenceriano:

> Uma cultura nasce quando uma alma grande desperta de seu estado primário e se desprende do eterno infantilismo humano, quando uma forma surge do informe, quando algo limitado e efêmero emerge do ilimitado e perdurável, floresce, então, sobre o solo de uma comarca à qual adere como planta. Uma cultura morre quando essa alma realizou a suma de suas possibilidades em forma de povos, línguas, dogmas, artes, estados, ciências e torna a submergir na espiritualidade primitiva. Porém, sua existência vivaz, essa série de grandes épocas, cujo rigoroso desenho assinala o progressivo cumprimento de seu destino, é uma luta íntima, profunda, apaixonada para firmar a ideia contra as potências do caos no exterior e contra a inconsciência interior, onde foram refugiar-se, coléricas.

Uma estrela emerge do nada. Uma semente desabrocha. Uma cultura se inicia. Desenha-se um rosto. Uma forma. Línguas. Povos. Religiões. Mas — realizadas as suas múltiplas possibilidades — presenciamos-lhe o fim, a disnomia, o desfibrar-se irreversível. A sombra da morte — a parte mais dramática de *Der Untergang* — abre suas asas atemporais e compresentes, acima do destino das culturas. Não tanto a melancolia de Lucrécio (o corpo do mundo, que envelhece), mas um estranho júbilo, diante do legado de ruínas, corpos, cemitérios. Bosques desfolhados, onde sopra o vento da história. Tudo cessa. E passa:

> Não só o artista luta contra a resistência da matéria e do aniquilamento da ideia. Toda a cultura se acha numa profunda relação sim-

bólica e quase mística com a extensão, como espaço no qual e pelo qual quer realizar-se. Quando o termo foi alcançado, quando a ideia, a multidão das possibilidades internas se cumpriram e se realizaram exteriormente, então, de pronto, a cultura apodrece e morre. Seu sangue coagula, suas forças se esgotam, transforma-se em civilização. Isto é o que sentimos e compreendemos nas palavras egipcismo, bizantinismo, mandarinismo. E o cadáver gigantesco, tronco ressecado e sem seiva, pode permanecer ereto no bosque séculos e séculos, levantando seus ramos mortos para o céu.

A passagem da *Kultur* para a *Zivilisation*, da vida para a morte, da plenitude para o caos resume a história. O corpo das plantas e das sociedades. E a *moîra* cumprindo, inelutável, sua missão. Move-se o teatro do tempo com suas máscaras e analogias, onde as culturas não passam de *dramatis personae* de uma cena irreversível. Paira a decadência. A sombra de Fausto. Nossos valores. Nossa linguagem. Vivemos a iminência do fim. A última cena do último ato. Tal como o brilho do nada — e sua luz pálida e fria — a dar os limites do que outrora foi um organismo vivo. *Sic transit*. Leis impertérritas. A vida. A órbita dos planetas. A Terra e seus animais. Como em Lucrécio, um dia hão de chegar ao fim. Um retrato de Rembrandt, um compasso de Mozart, serão pouco mais que nada:

> Todo o produto é transitório, transitórios são os povos, as línguas, as raças, as culturas. Dentro de poucos séculos não haverá a cultura ocidental, não haverá alemães, nem ingleses, nem franceses, como no tempo de Justiniano não havia romanos, e não porque a série das gerações humanas tivesse acabado, mas porque não existia já a forma interior de um povo, que havia reunido em grande número de gerações um gesto comum. O *civis romanus*, um dos mais vigorosos símbolos da existência antiga, não durou como forma mais do que alguns séculos. O mesmo protofenômeno das grandes culturas terá desaparecido algum dia, e com ele o espetáculo da história universal e o próprio homem, e a vida animal e vegetal na

superfície da terra, e a Terra, e o sol, e o Universo e os sistemas solares. Toda a arte é mortal. Imortais são não somente as obras, mas também as artes mesmas. Chegará o dia em que terão deixado de existir o último retrato de Rembrandt e o último compasso de Mozart, ainda que continue havendo, todavia, telas pintadas e partituras gravadas. Será justamente o dia em que terão desaparecido os últimos olhos e os últimos ouvidos capazes de entender a linguagem dessas formas.

Frases que apontam, que insistem, que se encaminham para o nada. O canto de cisne de *Der Untergang* flutua em águas turvas e dissolve-se no silêncio dos mundos. Toda uma prática de analogias e correspondências, a demonstrar a consumação das artes. Morrem os olhos para Rembrandt. Os ouvidos para Mozart. Os sentidos morrem com as culturas. E as ideias são água; a história, um rio. Que corre pelos bosques, diante dos quais Spengler não passa de um caçador de analogias, que revelam templos, sombras e ruínas. E, para surpreender o golpe dramático, a trama inconsútil entre a vida e a morte das sociedades, cumpre analisar dois princípios, Apolo e Fausto.

Apolo é a alma da cultura antiga, a linha clara e sutil, a expressão do equilíbrio. Tipo ideal da extensão, corpo singular, sensível. Fausto é o espaço puro, sem limites:

> Cujo corpo é a cultura ocidental que começa a florescer nas planícies nórdicas, entre o Elba e o Tejo, a despontar o estilo românico no século X. Apolínea é a estatura do homem desnudo; fáustica é a arte da fuga. Apolíneos são a concepção estática da mecânica, os cultos sensualistas dos deuses olímpicos, os estados gregos com seu isolamento político, a fatalidade de Édipo e o símbolo do falo. Fáusticos são a dinâmica de Galileu, a dogmática católico-protestante, as grandes dinastias da época barroca com sua política de gabinete, o destino do rei Lear e o ideal da Madona, desde a Beatriz de Dante até o fim do segundo Fausto.

Estamos no centro da concepção spengleriana. Fausto é a cultura ocidental, sombria, decadente, cuja floração remonta ao período românico. Apolo é luminoso. É vida, enquanto Fausto é morte. Impossível deter a decadência. A sombra de Fausto apressa o fim de tudo. E o mais se precipita hölderlinianamente no abismo. Eis o que distingue Spengler de outras considerações decadentistas: uma atitude semi-heroica, a solapar a vontade e o pensamento. Para ele, vivemos uma fase dramática. A da *Zivilisation*, que é Fausto. E caminhamos, perdidos. Desconsolados, sem plano ou meta. Não sabemos como nem quando, mas sentimos um certo mal-estar:

> A decadência do Ocidente significa nada menos que o problema da civilização. Nós nos encontramos diante das questões fundamentais de toda a história, que é civilização, concebida como sequência lógica, como plenitude e fim de uma cultura, porque cada cultura tem sua civilização própria. Pela primeira vez toma-se aqui essas duas palavras que até agora designavam uma vaga distinção ética de índole pessoal, num sentido periódico, com expressões de uma orgânica sucessão estrita e necessária. A civilização é o destino inevitável de toda cultura. Subimos até o cume onde se encontram soluções, os últimos e mais difíceis problemas da morfologia histórica. Civilização é o extremo, o mais artificial estado a que pode chegar uma espécie superior de homens. Numa palavra, é subsequente à ação criadora, como o já criado, o já feito, à vida como à morte. A evolução como anquilosamento; o campo, a infância das almas, que se manifesta, por exemplo, no dórico e no gótico; como a decrepitude espiritual e a urbe mundial petrificada e petrificante. É um fim irrevogável a que se chega sempre de novo com íntima necessidade.

Decrepitude espiritual. Anquilosamento. Destino inevitável. Todo o determinismo relativista de Spengler encontra-se excelentemente resumido acima. Apolo segue para Fausto. A *Kultur*, para a

Zivilisation. O fastígio, para a decadência. Pares de oposição, que prefaciam o curso inevitável do Ocidente...

Mas como é movediço o terreno de Spengler. E com que facilidade monta o *método comparativo*. E se desloca vertiginosamente de uma época para outra. Cria infundados paralelos. Impossíveis morfologias. Como se desejasse, em seu frágil apriorismo, unificar as formas irredutíveis do heteróclito e do contingente para servir — à revelia dos próprios fatos — à máquina do tempo. E não esconde o desprezo pelo indivíduo, pálida estrela em noite funda. O sistema é arrogante. Autossuficiente. Sobredeterminado. Brilham seus motores, mas não seus olhos. Um poder superior faz do indivíduo um apêndice obscuro, como os operários de Metrópolis, de Fritz Lang. Todos cumprem — de modo consciente ou inconsciente, desejem ou não — um papel predeterminado. Isso levou Thomas Mann a criticar o descaso de Spengler com a humana liberdade. E Karl Popper e Isaiah Berlin. Para Spengler, apenas as culturas são indivíduas, e boa parte do fascínio de *Der Untergang* parece ter nascido dessa condição inelutável.

Além do indivíduo, o desprezo pela história, serva de seus pressupostos, torna-se claro quando a base documental perde sua intrínseca demanda. Demasiados pressupostos ocupam seu espírito, e impedem uma verificação empírica. Tudo não passa de uma profunda intuição. E, como tal, despede-se do consenso metodológico de um Ranke, de um Seignobos, consenso que seria mais tarde ampliado pela Escola dos Anais. Seu apriorismo obstrui um possível cuidado com as fontes. E salta, desprezando o tempo estrutural. Uma pseudo-história servindo como anteparo de uma pseudofilosofia. A história como pretexto. A duração como decadência. E a cultura como organismo. Assim, pois, a anatomia da história prende-se ao fixo, ao solo atemporal. Como o anatomista que disserta sobre os órgãos, sem qualquer relação com o indivíduo. Basta reconhecer morfologicamente uma determinada realidade para retirar-lhe o *principium individuationis*. Assim, não existe para

Spengler uma equação temporal bem definida: *volta* ao passado e ao futuro, munido de intuições e analogias, a legislar sobre o presente. Diante disso, a obra de Spengler talvez se relacione melhor com uma forma poética imperfeita, farta de possibilidades, longe do bem demarcado campo da história. Subtítulo, talvez, de um livro, que devia integrar o capítulo da morte da utopia. Ou da história. E de seus abutres.

Gibbon e a decadência

Para Gibbon, a história vive num amplo horizonte causal. Nele se distinguem linhas e tendências, pouco acima do repertório dos fatos. Mas nada que se restrinja ao tempo *événémentiel* — heróis e peripécias, como os de Carlyle, determinando o processo. Longe disso, Gibbon tece uma rede socioeconômica, em que a religião, a política e as artes são as malhas inteligíveis que promovem a compreensão do mais dramático fenômeno da humanidade: a queda do Império Romano.

Ao preparar o acervo das fontes, Gibbon elabora uma demanda causal, e cria uma ordem. E já não se inclina a modificar o resultado de uma batalha — à revelia do teatro de guerra — para atingir resultados poéticos *superiores à verdade*. O *The Decline and Fall of the Roman Empire* segue uma imponente tradição documental, na linha de um Mabillon. A História se legitima a partir da clareza das fontes. Desde então, o estilo e a guerra deixam de ser inimigos. Sua matéria hesita entre uma dialética da distância e da proximidade, entre uma análise fria e participativa, diante de cuja tensão se descortina uma linguagem clássica. Sentimento poético, que emerge de um discurso denso. Não de uma densidade opaca, mas radiosa: poesia subterrânea, tal como as ruínas do Capitólio, invadidas subrepticiamente pela grama. O *The Decline* forma um *continuum* sem fissuras, compacto e harmonioso, como se fora um templo antigo. Medra uma clara homologia entre discurso e objeto, que é todo monumental, e busca as grandes construções, com fundamentos que sonham a eternidade. Assim, o que não passava de *melancolia das ruínas*, que afetaram, a seu modo, Volney e Chateaubriand, Freud e Benjamin, compareçam em Gibbon livres da sombra de outros desejos. O *The Decline* não acolhe a fruição da ruína, cara ao romantismo e ao decadentismo. Para Gibbon não passam de relíquias venerandas de um conjunto tragicamente perdido. Seu universo tende ao equilíbrio — da escrita, dos monumentos — e sobrenada nas *trevas da barbárie*. Seu destino, o Império Romano: a casa do historiador. Não que daí tire corolários fortes, providenciais, nada que o aproxime de outras abordagens, como as de um Bossuet. O sentimento monumental da história decorre da monumentalidade de suas pesquisas. Para tratar do monumento, o monumento — desde as vias de circulação às forças da ordem, o comércio e a religião, a política e as artes, num todo dinâmico e soberbo.

A ideia de escrever o *The Decline and Fall* — declínio e queda que não se atermam no Ocidente, como Mommsen, mas chegam a Constantinopla, e terminam com os otomanos — prende-se à concepção de uma idade de ouro ao ferro, do tempo de Trajano à agonia de Bizâncio. Para Gibbon, a decadência é um mal de que se deve fugir, como que um ruído na geometria da razão. Uma boa imagem pode ser apontada na *Autobiografia*: sentado entre as ruínas do Capitólio — enquanto os carmelitas cantavam no templo de Júpiter —, Gibbon meditava a decadência de Roma. Mas é o *mal das ruínas* que o leva ao *The Decline*. Tal como Toynbee, em Creta, abatido pela caducidade das coisas (o antigo resplendor eclipsado pelo cristianismo). A história de Roma — neste sentimento-ideia — sobressai dos escombros. E duas forças combatem: o mundo antigo e medieval. E um novo estrato — o barroco dos carmelitas — completa as sobreposições, como que a tiranizá-las. Gibbon tem diante de si um domínio seiscentista, da Cidade Barroca, por excelência, que reina com suas fontes e praças, igrejas e obeliscos, mas nem por isso esconde a grandeza de outrora, acima da qual foi construída a Roma recente. E no entanto, é-lhe impossível não censurar a barbárie milenarmente praticada contra os edifícios do império.

As ruínas são como que células mortas de uma história viva. E Gibbon não se depara com uma visão cumulativa dos fatos, mas com uma composição orquestral. Impressiona a maneira pela qual imprime grandes linhas melódicas. Não faz previsões — como Spengler —, embora não lhe seja estranha uma difusa teleologia. A história caminha para a sua intrínseca realização, e como tal, *magistra vitae*, pode servir como repertório de analogias. Mas tudo isso, além das ruínas. Ou por causa delas.

Gibbon *desce* à Itália, como Goethe e Nietzsche *desceram*, como Burckhardt e Mommsen, e de modo especial, como John Ruskin, autor de *As pedras de Veneza, desceu* para o sul luminoso, apaixonado pelas igrejas e palácios da Sereníssima. E sua minúcia em *As pedras* é infinitesimal, como se desejara transformar o livro numa cidade, com todas as suas colunas, e torres, e afrescos, num estilo voraz, denso e profundo, cujas pedras e palavras, amalgamadas, chamaram a atenção de Marcel Proust. Gibbon e Ruskin abominam a destruição. Templos esquecidos, ermidas abandonadas — caras a um Kaspar David Friedrich — não passam de uma triste elegia. Gibbon e Ruskin querem o todo: o sistema. E o *iter* de Gibbon para Roma guarda essa emoção:

> Após deixar Florença, comparei a solidão de Pisa com a atividade de Luca e Livorno, e continuei minha viagem de Siena para Roma, onde cheguei no começo de outubro. Meu temperamento não é suscetível ao entusiasmo, que não tenho e que sempre desprezei demonstrar, e que decerto distava do de Renan, diante da Acrópole,

ou do de Chateaubriand, junto ao Sepulcro. O entusiasmo — como o estilo elevado e a grama entre as ruínas — é sutil. E contudo, passados vinte e cinco anos, não posso esquecer ou deixar de expressar a forte emoção que agitou minha mente, quando entrei pela primeira vez na *cidade eterna*. Após uma noite em claro, caminhei com passos leves pelas ruínas do fórum; cada ponto onde Rômulo se deteve, onde Túlio discursou, onde César caiu, estavam presentes diante de meus olhos; e se passaram muitos dias de desintoxicação, nos quais, perdido ou maravilhado, eu pudesse descer a uma fria e minuciosa investigação.

A diferença entre a cidade e o tempo acabou por trair seu intensíssimo, e aparentemente frio, entusiasmo: absorvera com tamanha energia a história de Roma, que sua meta não podia ser outra senão aquela. Aonde quer que fosse, o demônio do entusiasmo precisava ser derrotado para lograr a verdade. E o *The Decline*, último palácio de Roma, não celebra a decadência de povos e civilizações. Desfere antes uma crítica terrível à depredação da cidade. Não tanto pelo saque dos bárbaros, mas pelo ódio e indiferença dos cristãos. Já Ruskin, nas *Pedras*, é quase um pastor anglicano, imerso numa vaga romântica, imbuído de parenética, ao partir da reflexão de um mundo que ama e censura (o mundo cristão: oriental e barroco da república dos doges), sobre o qual tece infindáveis considerações a respeito do declínio moral que o catolicismo infligira àquela cidade — a começar pela Praça de São Marcos. Gibbon não é nada parenético. Seus anos de estudo, como vemos na *Autobiografia*, levaram-no a um enriquecimento, a uma pluralidade de opiniões que o tornam pouco dogmático — converterase ao catolicismo, embora voltasse, mais tarde, ao anglicanismo: mas o saldo foi uma visão continental, menos insular. Outras diferenças podem ser aditadas no tipo de relação que ambos guardam pelos monumentos. Ruskin volta-se para uma descrição minuciosa e redige uma épica em miniatura, como as colunas de Trajano. Uma atração pela densidade. Mais denso e opaco do que Gibbon, pois que o *The Decline* tendia a superar esse horizonte com maquinismos históricos abrangentes, alojados em modelos complexos. Gibbon usa uma grande angular. Ruskin fecha o *zoom*. Este não deixa a Laguna. Aquele segue para a Europa, a África e a Ásia. Para Gibbon, a história-monumento. Para Ruskin, a história-estética. Corpos e mônadas.

Importante para ambos, e mais francamente para Gibbon, é a determinação de uma época áurea. E *The Decline* começa no auge do império, no tempo dos antoninos: "O objetivo deste e dos dois capítulos seguintes é descrever as prósperas condições do império... para deduzir as circunstâncias mais importantes de seu declínio e queda; uma revolução, que será sempre lembrada, e que ainda é sentida pelas nações da Terra..." Gibbon fixa a idade de ouro da história humana, para estabelecer o contraponto da decadência. Assim, para tornar factível o drama do declínio, é mister ressaltar um modelo, que tangencie a perfeição: "Se um homem fosse obrigado a fixar um período da história do mundo, durante o qual a condição humana foi mais feliz e próspera, ele não hesitaria em assinalar o tempo que vai da morte de Domiciano até a ascensão de Cômodo."

A Roma dos antoninos dispõe de um governo harmonioso, de um poder absoluto, *regido pela virtude e pela sabedoria*. A história humana, antes do Século das Luzes, não passa de uma coleção de coisas bárbaras, como dissera Voltaire no *Dicionário*. Mas para Gibbon — que o admirava —, houve entretanto um lampejo de razão antes da *Aufklärung*, e isso ocorreu na Idade de Ouro:

> Os exércitos estavam controlados pelas mãos firmes e leves de quatro sucessivos imperadores, cujo caráter e autoridade impunham naturalmente o respeito. As formas da administração civil estavam cuidadosamente preservadas por Nerva, Trajano, Adriano, e os antoninos, que se orgulhavam da imagem de liberdade que se difundia por todo o império.

E prossegue: "Esses príncipes mereceram a honra de restaurar a república se os romanos daqueles dias tivessem sido capazes de desfrutar de uma liberdade racional."

Mas, com o passar do tempo, presenciamos uma perda — como em *Os trabalhos e os dias*, de Hesíodo —, um enfraquecimento do estado memorável do império, a começar pelos vícios do imperador, a opressão das armas, a licenciosidade dos jovens, a corrupção dos costumes. Como se houvesse uma força obscura que liquidasse os tempos áureos e conduzisse da honestidade à corrupção, do estado de direito à anarquia. Do equilíbrio entre *imperium* e *senatus* dependia a liberdade civil, a eunomia institucional, a felicidade dos povos. Mas tudo se perdeu com o fim dos antoninos. E, para além dos fatores endógenos, que contribuíram para a idade do ferro, Gibbon não deixa de acompanhar a *Völkerwanderung*, e mais especialmente o cristianismo, que apressou o fim de Roma, e que herdou, em outro plano, uma parte desses mesmos valores. O *The Decline* insiste no fato de que o cristianismo nasceu e sobreviveu à sombra das ruínas do império. De uma Roma que continua *eterna*, e não só pelo fato de guardar os monumentos romanos, mas por ser a capital do cristianismo:

> "Enquanto este grande corpo" — como são fortes as metáforas do império — "foi invadido por violência aberta ou minado por uma vagarosa decadência, uma religião pura e humilde insinuou-se de modo sutil na mente dos homens, cresceu silenciosa e obscura, e finalmente erigiu a bandeira triunfante da cruz nas ruínas do Capitólio."

Estamos de volta às ruínas. Não aquelas do sentimento-ideia inicial, mas da poderosa vitória dos cristãos, como que prefaciando — séculos mais tarde — o fim de Roma. Inicialmente tímido e inofensivo, o cristianismo age, silencioso, e se apodera da mente, e dos braços desse vastíssimo corpo, levando-o à morte. Paralelamente, a doutrina do perdão, o desprezo das honras e a promessa do paraíso minaram um sistema ético, que se originava da religião da *urbs*, como demonstrou, dentre outros, Fustel de Coulanges, em *A cidade antiga*. Um impacto sem precedentes, cuja noção de povo eleito acabava por tirar Roma do centro da história, fundada como fora pelo concurso de Vênus. Para os cristãos, tudo era ímpio. E as causas secundárias e eficazes da queda do império ocorreram por força e obra da nova mentalidade:

> Abraçando a fé do Evangelho, os cristãos incorreram na culpa suposta da inatural e imperdoável ofensa. Dissolveram os laços sagrados da tradição e da educação, violaram as instituições religiosas de seu país, e presunçosamente desprezaram tudo em que seus pais acreditaram como verdade ou reverenciaram como sagrado.

Algo mais brando do que a crítica de Maquiavel ecoa nessa passagem: o cristianismo como o ácido que dissolveu o tecido moral, a visão de mundo que amalgamava a paideia romana. A cidade antiga morre sufocada nas mãos do Evangelho. Disse Maquiavel em seus *Comentários sobre a primeira década de Tito Lívio*:

> Parece que a moral nova tornou os homens mais fracos, entregando o mundo à audácia dos celerados. Estes sabem que podem exercer sem medo a tirania, vendo os homens prontos a sofrer sem vingança todos os ultrajes, na esperança de conquistar o paraíso.

E o ocaso veio com seus raios avermelhados, anunciando a noite. Tanto de Roma, como de Bizâncio, a narrativa do fim, em Gibbon, é soberba. Toda uma anatomia do monumento, com suas feridas e traumas. Uma poética de silêncio e de impacto: "Os edifícios públicos e privados, que foram fundados para a eternidade, jazem prostrados, nus, e quebrados, como os braços de um gigante poderoso." E o glossário da indignação pode ser evocado assim: *clouds of barbarism*, *scandalous act, supine indifference, ignorance and credulity, contempt and indignation, injury sacrilege and absurdity.* Tal a semântica da destruição, *a mais deplorável e monstruosa*, como jamais se viu na *história da humanidade*.

Uma estética do fim, repetida *ad nauseam* no seiscentos, como no célebre poema de Quevedo. O contexto de Gibbon não é decerto barroco, a dar mostras de uma senda metafísica, consumada em angústia e desespero. Mas o fantasma das ruínas não deixa de causar funda impressão, desse gigante de membros partidos. Isso porque a derrocada de Roma e a avalanche dos bárbaros não possuem uma ligação sobredeterminante. Os bárbaros haviam assimilado secularmente os valores imperiais, antes mesmo de chegar a Roma. O respeito aos monumentos, ao esplendor e à glória não lhes faltara de todo. Por isso, não se lhes pode imputar uma culpa exclusiva:

> Nos volumes precedentes descrevi o triunfo da barbárie e da religião... Desses inocentes bárbaros a censura deve ser transferida aos católicos de Roma... As estátuas, altares e casas dos demônios eram abomináveis aos seus olhos; e no absoluto comando geral da cidade, tiveram de trabalhar com zelo e perseverança para apagar a idolatria de seus ancestrais. A demolição dos templos no leste propiciou-lhes um exemplo de conduta... e é provável que uma porção da culpa ou do mérito seja imputado com justiça aos prosélitos romanos.

Mesmo depois de 476, Roma seguiu sendo vilipendiada:

> Os rendimentos eclesiásticos eram mais decentemente empregados pelos próprios papas na pompa da celebração católica; mas é supérfluo enumerar suas piedosas fundações de altares, capelas e igrejas até quando estas estrelas menores são eclipsadas pelo sol do Vaticano, pelo domo de São Pedro, a mais gloriosa estrutura aplicada ao uso da religião. A fama de Júlio II, Leão X e Sisto V é acompanhada pelo mérito superior de Bramante e Fontana, Rafael e

Miguel Ângelo; e a mesma munificência com a qual *it had been displayed* em templos e palácios foi dirigida com igual zelo para reviver e emular os labores da Antiguidade.

Gibbon cria toda uma tensão literária, a repingar imagens breves, para dizer essencialmente o modo pelo qual foi abatido o romano esplendor. Ponto e vírgulas; frases rápidas, nervosas, que formam um crescendo. E nesse processo, Gibbon enfatizava o doloroso fim da Idade de Ouro. Todos os labores da Antiguidade. E os sinais de uma harmonia, intensa e arraigada. Mas a *arché* da história corre nas lágrimas de Heráclito, e não deixa senão ruínas e sinais do que um dia representou a sorte de homens e deuses.

ESPARSA GEOMETRIA

Schopenhauer e o nada

Chega finalmente ao Brasil uma das obras-chave da filosofia crítica, que é *O mundo como vontade e representação*. Schopenhauer escreveu uma obra-prima, de estilo ao mesmo tempo claro e elevado, áspero e suave, frio e apaixonado. Temos uma sinfonia sobre o nada e seus terríveis simulacros. Uma grande sinfonia sobre a condição humana, ferida pela Vontade. E as pedras. E os mares. E os planetas. Schopenhauer trouxe de volta o nada para a cena contemporânea e demonstrou que o Cosmos não é senão o véu de Maia. E dele surgiram — por vias transversas — Nietzsche e Freud, Sartre e Cioran, para a consolidação de outros domínios.

Schopenhauer associa a visão platônica — das ideias claras e do mundo incerto — com a dialética de Kant — do *nômeno* e do *fenômeno* — para definir suas constantes filosóficas. E da esfera da representação (do que existe apenas para o sujeito), alcança a vontade, como a essência íntima do mundo e — por extensão — dos corpos. Mas o que importa é a dissonância radical entre vontade e representação, prelúdio da filosofia trágica.

Para atenuar o corte kantiano, Schopenhauer define primeiramente a vontade como coisa em si, reconsiderando-a, pouco mais tarde, como raiz de todos os fenômenos — e, por isso mesmo, abordável. Volta-se, de modo especial, para a vontade de viver, entendida como força obscura e cega, como impulso terrível e dramático, que move os indivíduos de forma dolorosa e brutal. Não a vontade temperada pela razão (a *boúlesis*), mas o desejo rude e irrefletido (a *thélêma*), condicionado pelo instinto de conservação.

Assim, as forças múltiplas da natureza são os tentáculos da vontade universal. E a cada estágio de satisfação alcançada, a demanda não diminui. O desejo é onívoro e incessante. Para Schopenhauer, a vida é um perene combate, em que cada indivíduo é um instrumento da vontade. E cada qual luta para impor o que lhe parece próprio e necessário. Os animais destroem as plantas, que, por sua vez, consomem água e ar. Todos são inimigos mais ou menos declarados, até a consumação provisória de suas vontades, pois, a cada desejo satisfeito, dez são contrariados. E o mundo não conhece trégua. O escravo da *voluntas* tira a água do tonel das Danaides e rola a pedra de Sísifo, num jogo infame e cruel. Pagamos a vontade de viver, esse estranho *sonho de uma sombra*. Notamos a dor, mas não a sua falta; a angústia, mas não a serenidade: o bem-estar, portanto, é absolutamente negativo, e compõe uma das parcelas do nada (se o nada fosse divisível!). Por isso mesmo, o otimismo é ímpio, uma zombaria odiosa, em face das inexprimíveis dores da humanidade.

Mas, mesmo assim, Schopenhauer vislumbra uma saída, um atalho do nada para o nada, da vontade à desvontade, da *voluntas* para a *noluntas*. Não causa espécie que Schopenhauer mostre grande interesse pelo budismo e pelo cristianismo primitivo, onde predomina o conceito da libertação sobre o de criação. Destruir a vontade. Trabalhar para o nirvana. Superar o puro instinto, para atingir uma piedade cósmica — eis a saída possível. E, assim, numa realidade de escombros, surge um mundo em que brilham os raios do nada, com suas estrelas e galáxias, sobre a vida do pensamento — as maravilhosas páginas de O *mundo como vontade e representação*.

O inferno de Dante

Jorge Wanderley foi um dos ícones da tradução brasileira. E para dar margem e vazão ao que considerava ser o destino da república das letras — o diálogo — esboçou uma admirável ética da tradução. Apostou numa prática aberta, dialetizante — negociando perspectivas entre línguas e culturas diversas. Mais do que uma práxis, o processo recriador de Jorge, a *negociação*, representa uma fenomenologia, voltada para o silêncio e a palavra.

E atingiu grandes resultados, no cemitério de Valéry, nos poemas de Shakespeare, nos ensaios de Eliot. Todo um legado que repousa na claridade. Jorge foi um leitor iluminado, e que buscava, tanto quanto possível, a fidelidade canina, no sentido de Benjamin (na *Tarefa*), longe do refrão *traduttore, traditore*. Seu verbo habitava a transparência. Algo do céu de Goethe. Do cristalino de Dante.

Outra virtude de Jorge: reconhecer valores, tanto no processo quanto no resultado. Sabia que o processo girava em torno de uma fina camada (fina e intransponível), que separa o original da tradução — o nômeno do fenômeno. Consciência inabalável de que o transporte de um soneto de Villon ou de Quevedo para outra língua exige um compromisso poético solitário, obstinado, mas que

Jorge tornava plural e flexível. Não se abandonava diante da "impossibilidade tradutória" do texto-base — como pensam os neopositivistas — no exílio do texto-fim. Para Jorge, o esforço da tradução não podia não ser histórico e relativo. Mas nem por isso deixou de sonhar com a permanência. Não ignorava, tampouco, as agruras do ofício, do artesanato, como também as dificuldades da teoria e dos sistemas. Abraçava os dois lados. Brilhantemente. Não havia abismo entre poeta, ensaísta e tradutor. Este somatório de qualidades incomuns conviviam pacificamente em seu laboratório.

Desta síntese, surgiram novos planos. Ousados. Corajosos. E começaram com Dante, com a festejada edição dos poemas da *Vita Nuova*. Anos mais tarde, com a *Lírica de Dante*, Jorge começou a trabalhar numa região mais vasta, mais difusa e mais complexa, trabalhando com rimas ásperas, para celebrar a Dama Pétrea. Toda a poesia de Dante, menos o Poema Sacro, acabava de nascer em língua portuguesa. E houve como que uma expectativa, um apelo para outros desafios. Como em Dante, que, depois da *Vita Nuova*, decidiu celebrar Beatriz somente quando atingisse dimensões maiores.

Depois disso, um fantasma começou a rondar a biblioteca de Jorge: a tradução da *Comédia*. E o princípio-Beatriz tornava-se tão avassalador quanto um imperativo categórico. Descer aos infernos e descobrir — peregrino pós-moderno — a fonte dos tempos e das influências. Para Jorge (antes de Bloom), o cânone ocidental tem o seu baricentro em Dante e Shakespeare. O que não importa numa conversão metafísica, mas essencialmente literária. Sonhava e desistia. Desenhava. Esboçava. Começou tímido. E os versos foram acontecendo naturalmente. O convívio histórico com a poesia dantesca levou a certas regiões de complexidade.

Um gesto ousado, arquetípico, perigoso. Jorge decidiu trabalhar, segundo um princípio de árdua leveza — *levia gravia*. A diversidade dantesca — para Jorge, sob a ótica de Italo Calvino — era a forma ideal para dar um rosto maior ao poeta e ao tradutor. Por isso, procurou livros sem conta. Vasculhou genealogias. Cosmologias. Consultou bibliotecas — físicas e virtuais. Tentava desfazer miragens. Escólios. Controvérsias. Trabalhava, disciplinadamente. Falava com entusiasmo desse feliz desassossego. Era a melhor fase de sua vida. As memórias da infância visitavam-no. A paisagem do Recife era o Capibaribe. Sua história. Seu desejo e sua demanda. As velhas igrejas. As praias perdidas da infância. Tudo em tudo.

E levou a cabo uma das melhores traduções do Inferno de que tenho notícia. Jamais descurou arcaísmos, latinismos, neologismos. Esteve próximo de Camões e Sá de Miranda. Não escolheu o caminho fácil, quando o original era duro e opaco. Não facilitou o que em Dante não passava de enigma. Manteve a tessitura clássica. Acolheu os desafios dos decassílabos do Inferno. Consultou os melhores comentaristas, como Nardi, Petrocchi, Singleton, Freccero, Toynbee. Dos mais antigos aos mais recentes. Não recusou ninguém. Leu diversas traduções integrais, as estrangeiras, as de língua portuguesa, como as do Barão da Vila da Barra a Xavier Pinheiro, de Cristiano Martins a Vasco Graça Moura. E todas as parcelas magistrais, como as de Machado de Assis, Dante Milano, Henriqueta Lisboa.

Essa cultura emerge a cada verso traduzido, rima e decisão métrica. Observamos certa angústia da influência, que se desdobra de maneira livre, harmoniosa e negociada. Como se não bastasse tamanha fadiga, Jorge Wanderley redigiu notas primorosas, detalhadas, sobre suas escolhas e as de seus predecessores. Trata-se realmente de trabalho único no âmbito luso-brasileiro. Uma genealogia das possibilidades. Processo e resultado. A grande escola de tradutores — como a entendia Paulo Rónai.

Mas o melhor momento de sua vida foi o último. Não passou do Inferno. Dois anos mais e teria concluído as duas Cantigas!

Percebo, contudo, em sua tradução o caminho perdido que seria trilhado. Vejo na primeira cantiga o rastro da totalidade. As chamas de um incêndio. O diálogo com Dante foi lançado. No fragmento, a promessa do todo.

Uma analogia — embora precária, e para não lamentar a não finalização de seu projeto — poderia ser estabelecida com a estrutura do divino poema. Dante esboçou na primeira cantiga toda a teleologia da *Comédia*. O Inferno guarda como que a síntese do Aleph, de Borges, e a multiplicidade dos Fractais. Uma das provas do que vamos dizendo reside no canto XXVI. Nele a figura de Ulisses encarna o negativo de Dante-personagem. Uma *Divina comédia* em miniatura.

Não que o Inferno seja mais definitivo que as outras duas partes, como pensavam os críticos do século XIX. Para Eliot e Borges — de quem Jorge foi tradutor —, o paraíso é a plenitude, o fim, o ponto ômega do *opus* dantesco. E os reinos de além-túmulo devem ser lidos inseparavelmente! Mas a tradução de Jorge, por essas e outras razões biográficas e estruturais, apresenta-se também como uma espécie de guia de tradução da *Comédia*. Estamos diante de uma falta que aponta horizontes. De um silêncio que murmura.

Como síntese da obra dantesca, vale a pena que nos detenhamos no canto XXVI do Inferno, em sua perspectiva alephiana e fractal.

PRIMEIRA NAVEGAÇÃO

O mar.
Ulisses.
Longos anos de lutas e provações. Terminara a Guerra de Troia. Penélope tecia o tempo da espera. Era chegada a hora de voltar. Consolar-se com os seus. Oferecer aos deuses libações. Saudar em Ítaca, na terra firme de sua utopia, a dedirrósea aurora. Mas Ulisses não é o mesmo. Viu reinos, povos, cidades. Provou-se como herói e estratego. Desafiou até os deuses. Ítaca, distante no tempo, diz-lhe bem pouco. Não vê com bons olhos o termo de suas aventuras. Ele quer mais. Sua morada é o mar. Acompanham-no alguns compa-

nheiros. Destemidos e apaixonados como seu capitão. Todos navegam num mesmo batel. Velas enfunadas. Remos velozes. Ânimo de heróis. Nem mesmo Circe pode retê-los por mais de um ano. Ulisses buscava a amplidão.

Avistam as Colunas de Hércules. Ultrapassá-las? Vacilam. Tentar o mar Oceano? Entreolham-se. Não lhes bastavam todos os trabalhos e todas as glórias? Ulisses conclama-os ao mar. Pois devem tentar altas empresas. Percorrer o mundo desabitado. Ousar mais que Hércules. Se mais mundos houvera, lá chegara. Haviam passado por cem mil perigos. E lá estavam para enfrentar outros cem. Aqueles mares desconhecidos! Aquele azul imprevisível! Ulisses entusiasma-os. Passam pelo Estreito. Voltam a proa ao solitário hemisfério das águas. De Poseidon, nenhum sinal.

Mas o tempo corre. Cinco luas. Nada de terra. Porto nenhum. O ar é um solo marinho. Tecido sem falhas. A terra, impossível. Membros alquebrados. Pesava-lhes a idade. Animados pela amplidão eram já cinco meses sem descanso. Que mais esperavam?

É noite. Brilham estrelas. De repente, brada o marinheiro: Terra! Terra! A gente salta no bordo alvoroçada. Os olhos no horizonte. Mas um deus tramava-lhes o fim. Por que ousavam em seus mares?

Da terra desejada, um vórtice a todos surpreende. O lenho é tragado nas ondas. Jamais a tivessem avistado. O batel vai a pique. Como deliberou um deus. A todos superior e misterioso.

Ulisses.

O mar.

SEGUNDA NAVEGAÇÃO

Dentre os modelos básicos de interpretação desse canto, Bruno Nardi ocupa um lugar destacado. Ele via em Ulisses uma figura titânica. Com um *pathos* semelhante ao das tragédias de Ésquilo. Prometeu em plena *hýbris,* Ulisses não repousa enquanto houver mistérios e limites a desafiar a força humana. Para Nardi, as proporções do herói assemelham-se às de Farinata, do altivo e indomável Farinata, e culminam no projeto, baldado afinal, de ultrapassar as Colunas de Hércules da razão. A montanha, em meio ao oceano, é a do paraíso, protegida por um querubim, em cujas mãos repousa uma espada de fogo, para impedir a entrada em seus domínios. Nardi atribui ao episódio a continuação do pecado dos anjos rebeldes. Sublinha o fato de ter partido da montanha o remoinho que pôs fim ao herói, como aprouve a Deus.

Mário Fubini, no entanto, não aceita em Ulisses o titã que se rebela, nem tampouco o nauta que não observa as leis divinas, insubmisso como Capaneu. Fubini interpreta a tragédia do herói como a representação dos limites da racionalidade clássica. Ulisses poderia, se tanto não ousasse, dividir com as ilustres figuras da Antigüidade o Nobre Castelo, no limbo, o que, aliás, seria lastimável: teríamos apenas um nome em lugar de uma aventura. O erro de Ulisses evidencia a finitude da razão. O naufrágio demonstra a força do herói e a soberania de Deus, impedindo-o do sagrado. Nem titã nem Colombo a desvendar novos mundos. Ausência do paradigma. Erro fatal.

De todo modo, e por vários caminhos, a crítica, desde De Sanctis, é unânime numa questão: Ulisses é um pouco Dante, exilado, provando, em diversas cidades, o pão salgado de seus protetores, expulso de sua Ítaca, errando, na metáfora marítima do *Convívio*, de porto em porto, saudoso de Florença, de seu "bel San Giovanni", batendo-se pela Dama Gentil. Um Ulisses cristão, que em vez de aventurar-se em outro mundo, sem o consentimento de Deus, vai numa ascensão meditada, auspiciosa, desde a terrível passagem pelo inferno (verdadeira odisséia da conversão) ao reino deiforme, onde o aguardam Beatriz e Bernardo, rumo à visão final, nas águas de Deus. Jorge Luiz Borges sintetiza o contraste entre Dante e Ulisses, partindo justamente das leis da noite, da divindade, infringidas na imanência.

A nostalgia do mais, que arde no peito do herói, é a raiz da aventura. Ulisses abandona o reino, a família. Dissolve o complexo de Ítaca para respirar o vento de outros mares. Arrasta com ele seus poucos companheiros, acenando-lhes novos desafios. Tudo isso como fundo. Mas é uma vontade de saber num horizonte sem Deus. Falta-lhe o sobrenatural A aventura marítima comparece como um ensaio de leitura do mundo, no entendimento de símbolos esparsos no Cosmos. Ulisses sofre uma vontade de interpretação. Seu discurso envolve uma ordem de epistemas centrais. Mas ele está fora da sintaxe cristã. Falta-lhe um novo paradigma. Não sabe que o texto do mundo repousa na equivocidade. Que é feito de abismos, saltos, elisões. Que demanda, segundo Auerbach, uma chave interpretativa para desvendar a paisagem. Ulisses é o herói clássico que navega num texto cristão, num vasto "oceano de símbolos latentes". Há um abismo a transpor, uma verdadeira guinada. Ulisses deve renunciar à univocidade do texto, perseguindo nas ondas uma nova hermenêutica. Não bastam apenas os sentidos.

A tradição neoplatônica ensina a pluralidade do texto, a leitura do intervalo, a sobreposição, implicando uma abordagem multívoca das formas. Plotino aconselha o abandono dos olhos corporais. É preciso interpretar toda a *Odisseia* sob essa ótica. Ultrapassar o sentido literal. A pátria de Ulisses é aquela "da qual baixamos a este mundo, e onde está o nosso Pai". Os errores do herói de Homero representariam justamente o retorno ao Uno.

Mas o Ulisses dantesco encontra-se desprovido de chaves. Sua aventura percorre um horizonte negativo. Promove o relato de um antirrelato, a viagem de uma não viagem, de cujo contraste resulta o isolamento do próprio lenho, que sulca as ondas do nada, emprestando-lhe um alto coeficiente de solidão. O canto de Ulisses é o negativo da *Divina comédia*. Sua privilegiada dimensão metalingüística. A contraprova do sistema. Se Dante não é Paulo nem Enéias, que ultimaram suas viagens por uma altíssima decisão, muito menos é Ulisses, a quem não foi ministrada a exegese dos símbolos, a adequação entre a palavra e o mundo, a moral e a hipermoral, evitando-lhe o fim no mistério das ondas, em que naufragou sua própria voz. A fábula constrói-se na falta, na poesia do não, na ausência absoluta do reino das trevas. Se Dante busca a transcendência, Ulisses nela esbarra. Há uma notável dialética entre a viagem cheia do poeta e o vazio da de Ulisses, noções claras no paraíso, onde cessa a nostalgia e se configura a plenitude. A distância e o tempo — fatídicos para Ulisses — anulam-se no seio do sagrado.

Dante e Virgílio encontram-se na cidade de Dis. Em pleno Baixo Inferno. Presença do monstro Gerião. Oitavo círculo. Armadilhas sêmicas. Signos incertos. Atmosfera caliginosa. Miríade de fogos e de sombras. Uma voz entre as chamas: Ulisses.

Os semas clássicos sofrem um contínuo deslocamento, em favor do novo paideuma dantesco. Ulisses é o símbolo tradicional da prudência e da astúcia. Habilidoso *tessitor di frode,* dotado de uma coragem sem par e de uma eloqüência excepcional, sabe desvencilhar-se das mais adversas circunstâncias. E homem de mil ardis e artimanhas (*polýmetis, polyméchanos*), sendo por vezes comparado a Zeus, em virtude dos alvitres nas assembleias, e a Proteu, tal a gama de papéis desempenhada, causando a admiração de Pallas. Tais características, todavia, acentuam-se de forma unilateral no discurso de Eneias, numa ótica em que o *domitor Troiae* consuma o aviso em fraude, a prudência em astúcia, tudo isso adequando-se ao epíteto virgiliano do *scelerum inventor*. É bem o Ulisses do cavalo e do Paládio, que Dido aprende de Enéias, o herói grego de quem sagazmente desconfia Laocoonte (*sic notus Ulixes*). Mas ainda aqui transparece a *areté* do verbo, a excelência da palavra, a mobilidade da sintaxe que, de modo eficaz, volta-se para a retórica e a fama, com as quais, em parte, se entrelaça a "virtude" de Ulisses.

Virgílio, que o cantara em versos latinos, convida-o a falar (*si bene quid te merui*), pois compreende o desejo de Dante. Trata-se de um fato capital, que estrutura o Inferno e toda a *Divina comé-*

dia. Ele se interpõe entre Dante e Ulisses e cria a hermenêutica do canto e um referencial clássico indireto, enfocando a matriz deslocada da *Eneida*. O *nobile castelo*, no limbo, também habitado por Homero e Virgílio, é uma chave interpretativa. Se Homero é o poeta soberano, fragmentária e indiretamente alcançado por Dante (*graecum est, non legitur*), mais como emblema e menos como leitura, Virgílio é seu autor predileto, sempre revisitado. Trata-se de uma mediação funcional de um texto por outro texto, da construção de uma rede que singulariza o Ulisses dantesco.

Dante aguarda ansioso a resposta da chama. No entanto, a passagem do "Isso" ao "Tu", do plano geral ao drama histórico, a passagem do silêncio ao verbo, por entre o crepitar das labaredas, é sabiamente retardada na sequência de duas tercinas indicando o enorme esforço de Ulisses, envolvido por uma eterna chama, para atender a Virgílio.

> O corno mais alçado à chama antiga
> começou a agitar-se murmurando
> como flama que ao vento se afadiga;
> depois em cima, aqui e ali bailando,
> como fosse uma língua que falasse,
> abriu-se a voz e foi dizendo...
>
> (*Lo maggior corno de la fiamma antica*
> *cominciò a crollarsi mormorando,*
> *pur come quella cui vento affatica;*
> *indi la cima qua e là menando,*
> *come fosse la lingua che parlasse,*
> *gittò voce di fuori e disse...*)

O *eîdolon* de Ulisses permanece imperscrutável, como se estivesse pronto, na imagem suspensa e indefinida, a assumir outros tantos papéis em seu habitual mimetismo, potencialmente disposto ao mais, preso ao mundo da negação. Falta-nos o rosto de Ulisses. Apenas uma sombra, e o *lógos* suspenso, condenado a uma eterna afasia, interrompida por Virgílio, que resgata do silêncio o herói-narrador, organizando a ação no discurso, a história nas malhas do signo, sobre quem se observa o terrível *contrappasso* Ulisses desvela seu passado partindo de Circe, de sua memória essencial, atávica. E o olhar severo da consumação sobre a figura, no auge do seu drama, de sua *hamartía* (estruturada no espaço entre os signos, no corte transversal das múltiplas camadas do palimpsesto). A narração procede do mais conhecido ao menos conhecido, retomando a tradição clássico-medieval, onde ecoam as leituras de Dante, ao misterioso desfecho de sua viagem, no afrouxamento dessa mesma tradição.

Na *Odisseia,* despedindo-se de Circe, e por ela instruído, Ulisses "vai" ao Hades para saber de Tirésias o ansiado retorno. Isso porque Ulisses é um ser nostálgico da casa, de sua fiel Penélope, de sua rochosa Ítaca. Também em Gabriel Castro vemos um Ulisses *saudoso*, que aborda Anticleia, na esquálida mansão dos mortos, sendo por ela instado a retornar (torna a alegrar aquela companhia). O *nóstos* não se inclui apenas no proêmio da *Odisseia*: é o tema fundador. Tanto assim que, embora Calipso lhe prometa a imortalidade (*isotheós*), a Ulisses importa o regresso à casa, ainda que venha a naufragar nas ondas pela vontade de um deus. Ao desejar a Nausícaa bom marido, casa e concórdia, Ulisses fala com certa melancolia, exatamente ele, que amarga um longo e doloroso exílio. É bem o rei que pretende impor sua autoridade à ilha e ao *oîkos,* do qual Penélope é senhora. E, superior a tudo, o término de seus errores, o apelo da casa, grato ao herói clássico e ao camponês.

HORIZONTES E DESAFIOS

Numa atitude diversa, ansioso de ver e saber mais, conforme a expressão de Tasso (*di veder vago e di saper*), o Ulisses dantesco despreza os laços sagrados, que o prendiam a Ítaca. Não pensou no amor de Penélope, na *pièta* ao velho pai, nem sequer em Telêmaco. Sentia-se arrebatado. Por uma *libido interpretandi*. Um outro apelo falou mais forte. A essência de Ulisses — é Ernst Bloch a lembrá-lo — confunde-se com a ação, com a forma de um saber actante. O retorno é, portanto, uma precisa categoria, entremeada de riscos e estranhas promessas de paz, e Ítaca, um símbolo a vencer ou recusar nos trâmites da história. Ulisses nega todo seu passado. Nessa viagem, ele dispensou lotos e corsários. O herói, no código de seu ideal, desfaz-se do álibi da distância. A recusa da Casa é a marca da desterritorialização. O corte do texto clássico. E as coordenadas da ilha de Ulisses celebram um espaço flutuante, aberto. O rizoma de Ítaca habita a excedência. Dessa tensão emerge a figura de Ulisses para a odisseia do lógos.

> Nem doçura que em filho se prometa,
> pena do pai, nem o devido amor
> que a Penélope alegra e eu me cometa,
> vencer podia dentro em mim o ardor
> que tive de ficar no mundo experto,
> saber de humanos vícios e valor...
>
> (*né dolcezza di figlio, né la pièta*
> *del vecchio padre, né'l debito amore*
> *lo qual dovea Penelopè far lieta,*
> *vincer potero dentro me l'ardore*
> *ch'i' ebbi a divenir del mondo esperto*
> *e de li vizi umani e del valore...*)

O ardor de ver o mundo, de percorrê-lo, explorando-o, provando-se nas ínsulas estranhas e nos mares nunca navegados, d'antes e d'outrem, do "*mondo sanza gente*", eis o sentimento dominante de Ulisses, que não sofre mais a errância, determinada por um imortal que o impede de Ítaca. Ulisses emblematiza a errância. Retoma parcialmente um traço da epopeia, em que menos importa o fim e

A MEMÓRIA DE ULISSES

mais o percurso, como no poema de Kavafis (a distância desejada e o retorno suspenso, sem temer ciclopes ou lestrigões). Ernst Bloch, em seu *Princípio-Esperança*, compara-o a um Fausto dos Mares (*Meeres Faust*). Ulisses sente-se atraído pelos vastos horizontes desabitados, pelo amor inato do conhecimento, além de si e de Ítaca, sob uma ótica mais ampla e distanciada. Ulisses é o *Ersatz* da errância, sem libações a cumprir para aplacar a ira dos deuses. Esse ardor da totalidade, de abarcar — nas tramas do desejo — todo o espectro do conhecimento, esse apetite de *divenir del mondo esperto* é quase uma ambição fáustica. Mas a Ulisses não ocorre uma insubmissão diante dos limites. Trata-se de um herói sem deus. Que não assina nenhum pacto com as forças da noite. O ardor de Ulisses encarna, todavia, a faceta do *filósofo* medieval, que, com o manejo dos universais e dos transcendentais, percorre vastas regiões inteligíveis, lançando-se numa espécie de logonáutica, onde o discurso é o domínio da totalidade, sem que se crie um confronto com Deus. Trata-se de um Fausto sem Mefistófeles. A falha de Ulisses reside na exclusão do sagrado.

> Meti-me a mim pelo mar aberto,
> tendo só lenho e grupo, fiel companha,
> que não me desertou e contei certo.
> As duas costas vi e enfim a Espanha,
> até Marrocos e a ilha dos Sardos,
> e as outras mais que o mar em torno banha.
> Eu e meus companheiros, velhos, tardos,
> chegávamos naquela foz estreita
> onde Hércules marcou fins e resguardos...

> ("*ma misi me per l'alto mare aperto*
> *sol con un legno e con quella compagna*
> *picciola da la qual non fui diserto.*
> *L'un lito e l'altro vidi infin la Spagna,*
> *fin Nel Morrocco, e l'isola d'i Sardi,*

e l'altre che quel mare intorno bagna.
Io e'compagni eravam vecchi e tardi
quando venimmo a quella foce stretta
dov'Ercule segnò li suoi riguardi"...)

    O discurso do herói salienta a exposição da aventura, corpo e alma, sem mediações, em pleno mar aberto, cujo atributo tanto serve para o mar quanto para Ulisses (*misi me per l'alto mare aperto*), na pura gratuidade da amplidão, percorrida com o batel e a reduzida maruja, de olhos abertos ao novo, companheira em Troia, provada em notáveis aristeias. Mas o tempo é um componente fulcral desse mundo. Alteram-se substancialmente os princípios de identidade e adição épica, cujo inarredável sempre é questionado. O *in media res* rememorativo cede espaço à linearidade do tempo cristão. Ulisses, portanto, decorridos longos anos, é idoso e lento, bem como seus companheiros, destoando do *continuum* temporal da epopeia. A posse da interminável vida boeciana migra da estética para a metafísica. O tempo e a morte sobrevoam o batel de Ulisses. Mesmo assim, seus olhos graves contemplam o mar.

    "Ó irmãos", disse eu, "que ameaças raras,
mais de mil, venceis juntos no ocidente,
à escassa vida que a nós se depara,
e ao que em nosso sentido é remanente,
não recuseis provar da experiência
do além do sol, para o mundo sem gente.
Vede vossa semente e procedência:
não fostes feitos, vós, para ser brutos,
mas seguir em coragem, consciência."

(*"O frati", dissi, "che per cento milia*
perigli siete giunti a l'occidente,
a questa tanto picciola vigilia
d'i nostri sensi ch'è del rimanente

*non vogliate negar l'esperïenza,
di retro al sol, del mondo sanza gente
Considerate la vostra semenza:
fatti non foste a viver come bruti,
ma per seguir virtute e canoscenza.")*

Deixando para trás a Sicília, a Córsega e a Sardenha, a Espanha e o Marrocos, Ulisses e seus companheiros alcançam as Colunas de Hércules, Ábila e Calpe, que assinalam os limites do mundo conhecido, vedados ao homem, que não os deve quebrantar. Temível advertência escrita por um semideus. Ulisses não se dobra diante da medida (*quei segni sprezzò*). Ele avança. Não vê Alcides ou Adamastores. Convence os companheiros. Recorda-lhes o passado de lutas, batalhas, provações. Dos cem mil perigos que juntos lograram vencer. Restavam-lhes poucos anos. Que o seguissem. Que aceitassem os riscos. Que imitassem o caminho do sol. Ulisses exorta-os a adquirir conhecimento. A fala é brilhante. Difícil seria retê-los, agora, tal o entusiasmo que deles se apodera. O "capitão da *hýbris*" não lhes promete velocinos, troias, helenas, tesouros. Oferece-lhes a excedência. Apenas a excedência. E todos o seguem, pois como ele tudo querem ver, ouvir e provar. Fome e sede de absoluto. A figura de Ulisses torna-se aqui inigualável. Embora jorgianamente desprovido de chaves, o novo herói celebra junto a Orfeu a mesma invenção de horizontes. Abre-se-lhes um mar sem história.

Na curta fala tornei absoluto
no grupo o anseio de seguir caminho:
só depois os retive, resoluto.
Popa para o Levante, em burburinho
demos asas aos remos: já me evolo,
ganhando, louco, a esquerda por vizinho.

(*Li miei compagni fec'io sì aguti
con questa orazion picciola, al cammino,
che a pena poscia li avrei ritenuti;*

*e volta nostra poppa nel mattino,
de'remi facemmo ali al folle volo,
sempre acquistando dal lato mancino.*)

    Podemos entrever, desde já, o destino de uma expedição, tão atirada em suas metas e tão minguada em seus meios. Diante de si o oceano, aberto e desconhecido, que o encanta, as dimensões desprezíveis do batel, a maruja idosa e lenta, tentando o mar com remo e velas, diante das imponderáveis dimensões do universo. Voltam a popa a levante e seguem para sudoeste, com uma determinação irrevogável, marcada no ritmo e na velocidade que imprimem aos remos, tornando alada a embarcação. Cinco meses no mar oceano. É o voo audaz na monotonia do azul. Um ânimo de heróis infunde-lhes a paixão da distância e o vigor na remadura. Invade-os uma nostalgia da totalidade, enquanto navegam naquele mundo mais estranho e desolado do que a Cólquida, no Romance de Troia. E contudo, em busca de insólitas teologias, Ulisses deu as costas ao sol, ao epistema central da *Divina comédia*, que é o *ben dello intelletto*, que *mena dritto altrui per ogni calle*, a entendida via reta. As estrelas do hemisfério austral, que também resplandecem sobre Ítaca, confundem-se com a linha do horizonte. Parecem brotar do *solo marinho*, consoante a bela imagem dantesca, que insinua sutilmente, entre os exaustos logonautas, o desejo da terra. Da claridade do mundo homérico, passamos ao mundo das sombras.

    Estrelas todas, já, do oposto polo,
    mirava a noite — e o nosso, rebaixado,
    não se elevava do marinho solo.

    (*Tutte le stelle già de l'altro polo
    vedea la notte, e'l nostro tanto basso,
    che non surgëa fuor del marin suolo.*)

A MEMÓRIA DE ULISSES

Mas ocorre o inusitado. Longe da embarcação, uma alta montanha. Ulisses, que em seus errores, tudo viu e provou, não se recorda de altura semelhante. É o primeiro mortal a avistá-la. A Nova Terra é o fim do mundo épico, inóspita aos sentidos de Ulisses, que não se aprimoram, na ascensão agostiniana, em seu vetor natureza-divindade, no contemplado. Atualizando-se radicalmente os limites da Terra (com chaves imortais antes fechadas).

> Uma montanha ante nós se insinua
> indistinta, à distância, e altiva, tanto
> quanto nenhuma igual o orbe possua.
> Exultamos, mas sobreveio o pranto:
> a terra nova um turbilhão nos traz
> que incide sobre a nau, na proa a um canto.
> Três vezes ela gira nágua e faz
> da quarta a volta que a popa elevou,
> sorveu a proa, como a Alguém apraz,
> até que o mar sobre nós se fechou.

> *(quando n'apparve una montagna, bruna*
> *per la distanza, e parvemi alta tanto*
> *quanto veduta non avëa alcuna.*
> *Noi ci allegrammo, e tosto tornò in pianto,*
> *ché de la nova terra un turbo nacque*
> *e percosse del legno il primo canto.*
> *Tre volte il fé girar con tutte l'acque;*
> *a la quarta levar la poppa in suso*
> *e la prora ire in giù, com'altrui piacque,*
> *infin che'l mar fu sovra noi richiuso)*

Tentando elidir o hiato entre a ordem natural e a sobrenatural, Ulisses sofre um colapso semiótico. O problema da distância, enquanto fundo metafísico, como observa Lévinas, entra na forma de existir do ser exterior, impedindo-lhe a totalização do mesmo com o outro. "O metafísico está absolutamente separado." A quantidade antecede o sistema. O fim do herói ocorre, pois, nessa separação estrutural. Ele naufraga nos mares do ser (*liti sì lontani*). Estanque é a ilha. O trágico desenlace ocorre numa paisagem desolada, em noite abissal e solitária. Extinguiu-se a dedirrósea aurora. A aventura de Ulisses é eminentemente uma aventura noturna (*en mer par nuit oscure*), em direção ao escuro Hades, sem se dar conta das águas em que flutua o seu barco. A montanha, enegrecida pela distância, as estrelas do polo antártico, o tempo contado pelas fases da lua (*racceso, casso*). Silêncio universal. Eis a dimensão da aventura. Mundo em que Poseidon e Pallas não mais governam. Ítaca assume a leitura do desvio, metáfora para sempre perdida. Ao atravessar as Colunas de Hércules, Ulisses navega em outro tempo, em outro espaço, lá onde o tempo e o espaço cessam, porque a geografia e a transcendência se assimilam. Ulisses naufraga no vazio, no *mé ón*, fechado pelo mar (sepulcro eterno de cristal undoso). Num mar sem Deus.

TRAVESSIA E FUTURIDADES

Vemos nesse terrível episódio, dos mais fascinantes da *Divina comédia*, que a viagem dantesca, em sua tarefa sublime e perigosa, ganha sentido na meta-aventura de Ulisses. Como se a obra de Dante aqui se demonstrasse em negativo. Toda uma síntese. Dessa concentrada e maravilhosa odisseia, emerge a diferença entre Dante-personagem e Ulisses. Um Deus guiou a celeste empresa do Florentino.

Assim também, a tradução de Jorge Wanderley (cujo Inferno é sem dúvida obra ousada e feliz, síntese de sua vida de poeta-tradutor) contou com uma secreta musa. Ou talvez com o anjo, de Benjamin, ao recriar cada partícula em prosa ou verso do Reino das Sombras. Jorge celebrou sua paixão absoluta pelo texto literário, que o tempo não deixará de lembrar, do Castelo do Limbo, com sua nobre companhia, ao Céu Empíreo da Poesia, onde resplandece a *luce intellettual, piena d'amore, amor di vero bem, pien di letizia, letizia che trascende ogni dolzore*, em forma de outros mares e horizontes.

Montaigne e o livro total

Para Marcelo Jacques

Desde *Minha formação*, de Joaquim Nabuco, a literatura brasileira tem produzido uma importante coleção de obras memorialísticas, ora mais próximas de Montaigne, Chateaubriand ou Amiel. Uma ilustre genealogia começa com Nabuco e Machado de Assis, com o *Memorial de Aires*, no campo ficcional, e suas viagens à roda do quarto, temores pascalianos e ruínas de Gibbon. Dessa grande linhagem, surgiram, no século XX, grandes sínteses, como as de Graciliano, Pedro Nava, Antônio Carlos Villaça e Gilberto Amado (injustamente esquecido e inencontrável), para ficar apenas com estes. De todos, no entanto, o mais próximo de Montaigne foi Sérgio Milliet, que tinha a França como pátria espiritual, e em cuja língua escreveu seus primeiros versos, além de traduzir com elegância *Os ensaios*, de Montaigne, que acabaram, afinal, por influenciar-lhe boa parte do *Diário crítico*.

Dessa pequena excursão, percebe-se que o fantasma de Montaigne, em nosso país, teve presença fina e marcante. E que o público estava a exigir uma nova, e bem anotada, edição de *Os ensaios*, acompanhada de boa crítica textual e fixação de texto, para reunir uma fileira de silenciosos e apaixonados leitores. E isso aconteceu, finalmente. A Martins Fontes acaba de lançar o primeiro livro de *Os ensaios*, numa edição digna, vertida em estilo clássico e leve sabor quinhentista. Não tenho dúvidas de que se trata de um marco histórico, não apenas no tocante à qualidade intrínseca da edição, mas pelo fato de o Brasil ter alcançado tamanha experiência no campo da tradução e da memorialística, a ponto de favorecer as condições históricas desse novo Montaigne.

    Nascido em 1533, no castelo de Montaigne, na Gasconha, falava, até os seis anos de idade, uma só língua, o latim. Veio, mais tarde, o francês, com a pronúncia da bela região da Gasconha. Sua formação voltava-se toda para os clássicos, como recomendava Rabelais, na famosa carta do *Pantagruel*. E Ovídio, Sêneca e Virgílio. Depois o grego, com o qual descortinava o sentimento que o unia aos clássicos no modo de ver e interpretar o mundo. O encontro com o jovem La Boétie será fundamental para a sua vida, permitindo a Montaigne tornar-se Montaigne, ao compartilhar com o amigo o conhecimento dos céticos e pirronistas, que haviam de moldar-lhe parte essencial de suas descobertas. La Boétie, esse antimaquiavel francês, autor do livro contra a servidão dos povos (um dos textos mais belos das letras francesas) significou para Montaigne a plenitude de dois aspectos: a literatura e a amizade — como vemos em Cícero, Lélio ou Catão. Montaigne empreende inúmeras viagens a Paris, e inicia uma série de embaixadas políticas e literárias: à Itália, à Polônia, à França, mas sempre regressando ao castelo da Gasconha, do qual não desejava senão a companhia dos livros e da vida solitária, como a entendia Petrarca, em estado de natureza e meditação.

    Para materializar sua condição de buscador, desenha a famosa balança, com seus dois pratos, e o moto *que sais-je?* (o que sei, afinal?), como a declarar seu estado de perplexidade, não o de um relativismo vulgar, mas o de um instrumento de saber, em plena rarefação das liberdades, após o Concílio de Trento. E passa de Alexandre a Sócrates. E acaba sendo, tal como Sócrates para a Grécia, a síntese de uma época, do fim do Renascimento, razão pela qual encontramos em *Os ensaios* uma série de aproximações e afastamentos com Descartes e Pascal, Proust e Montesquieu, compondo, em tantas diferenças e identidades, uma rede complexa de leituras e leitores. E não foi o solitário, o alienado do tempo, porque todo o seu tempo está naquelas páginas memoráveis; de modo tal que a sua biografia não passa de um brilhante autorretrato da França de então. Diz Montaigne, com absoluta sagacidade retórica, ao abrir o primeiro livro:

> Está aqui um livro de boa-fé, leitor. Desde o início ele te adverte que não me propus nenhum fim que não doméstico e privado. Nele não levei em consideração teu serviço, nem minha glória. Minhas forças não são capazes de um tal intento. Votei-o ao benefício particular de meus parentes e amigos; para que, ao me perderem (do que correm o risco dentro em breve), possam reencontrar nele alguns vestígios de minhas tendências e humores, e que por esse meio mantenham mais íntegro e mais vivo o conhecimento que tiveram de mim. Se fosse para buscar o favor do mundo, eu me paramentaria melhor e me apresentaria em uma postura estudada. Quero que me vejam aqui em minha maneira simples, natural e habitual, sem apuro e artifício: pois é a mim que pinto. Nele meus defeitos serão lidos ao vivo, e minha maneira natural, tanto quanto o respeito público mo permitiu. Pois, se eu tivesse estado entre aqueles povos que se diz viverem ainda sob a doce liberdade das primeiras leis da natureza, asseguro-te que de muito bom grado me teria pintado inteiro e nu. Assim, leitor, sou eu mesmo a matéria de meu livro: não é sensato que empregues teu lazer em um assunto tão frívolo e tão vão. A Deus, pois, de Montaigne, neste primeiro de março de mil quinhentos e oitenta.

Isola-se, portanto, para compartilhar, esconde-se para revelar-se, concentra-se para descentrar-se, e na sua torre solitária (por onde haviam de passar mundos e séculos), Montaigne aprofunda o seu diário, enriquecendo-o aos poucos com uma série de sobrepostas reflexões, espantosa erudição, fina psicologia, na qual se mostra onipresente o aguarrás da *docta ignorantia* e um certo sorriso de ironia (como o de Mona Lisa), diante de dogmas e axiomas. Montaigne redige uma floresta de exemplos (como a de Manuel Bernardes), submetida a um modelo de alta pressão intelectual. Mas é com a redação do "Terceiro Livro" que Montaigne deixou seu maior legado ao pensamento ocidental. Nesse livro, emerge um escritor maduro e um filósofo, a dominar não somente a matéria, mas o gênero que acabara de fundar, com a flecha da inquietação a ferir-lhe o corpo. Pela primeira vez na história, torna-se o corpo um princípio inteligível, fora do desprezo neoplatônico, diante de humores, cálculos renais e outras pequenas misérias. Montaigne propõe uma volta às *Confissões* agostinianas, não exatamente quanto às perspectivas de fundo, que divergem, inquestionavelmente, mas quanto a uma épica do eu, de um mundo que se organiza através da percepção e da análise minuciosa e implacável do eu.

A primeira pessoa é o bem maior do Humanismo, dentro do qual habita a dignidade humana (como queriam Pico e Ficino), e sua gloriosa face, de heroísmo e melancolia, vida e morte. Agostinho, nas *Confissões*, determinara a necessidade de se falar na primeira pessoa para atingir uma compreensão necessária do indivíduo, numa viagem de si para si, análise ferrenha de infortúnios e desacertos, até lograr um feixe de certezas, capaz de mover seu coração e abrir as portas da Cidade de Deus. Também agostiniano, à sua maneira, Descartes, que depende não pouco de Montaigne, ao passar em revista os conhecimentos da literatura e da história, da mitologia e da gramática, da física e da matemática, elaborando, desde a ilha do eu-pensante as múltiplas e mais cuidadas pontes, que se voltam para a Cidade dos Homens. Assim, a biografia de uma alma, de um intelecto, ou de um DNA (como se queira), torna-se capítulo necessário para a trajetória de um corpo. Montaigne, entre Agostinho e Descartes, antes de Proust e Pascal, decide-se por um pensamento em trânsito, nervoso e flegmático, coerente e contraditório, como a vida, vísceras e coração.

É exatamente isso o que Montaigne, o grande recriador da categoria indivíduo, oferece para si e para nós, como palco da consciência. O mundo não se dobra sob o peso mórbido do eu, como fazem alguns memorialistas de gosto duvidoso. O mundo é filtrado pelo eu, que, como um cristal, produz um combate de luz e sombra, certeza e inquietação. E Montaigne é quase um cientista prático, fervoroso defensor da tolerância — que havia de ser uma palavra cara a Voltaire e rara em Maquiavel — do pensamento não dogmático (a Inquisição houve por bem condená-lo ao Índice). Vejam o que escreve, a certa altura:

> Não faço o erro comum de julgar um outro de acordo com o que sou. Dele aceito facilmente coisas que diferem de mim. Por me sentir comprometido com um modo de ser não obrigo o mundo a isso, como fazem todos; e aceito e concebo mil formas de vida opostas; e, ao contrário do comum, admito mais facilmente em nós a diferença do que a semelhança. Tanto quanto possível libero um outro ser de minhas características e princípios, e considero-o simplesmente em si mesmo, sem relação, dando-lhe estofo sobre seu próprio modelo. Por não ser continente não deixo de aprovar sinceramente a continência dos frades bernardos e dos capuchinhos, e de perceber bem o ar de seu proceder: pela imaginação insinuo-me facilmente em seu lugar.

Tanta clareza num mundo em que o pedantismo e a intolerância grassavam com seus ridículos e calúnias, tão bem assinalados por Rabelais, na proteção dos poderosos, e na fraqueza do pensamento, onde não se falava outra língua que não o latim, um mau latim, bem entendido, para dissimular a ausência de um pensamento, camuflado de citações e eruditismos. O saber, em Montaigne, sofre o drama do eu, dos múltiplos extratos, para reunir um rasgo de verdade. E parece antecipar Galileu, para quem a experiência, a observação e a medida representam os passos firmes da ciência, para demolir o comprometido edifício aristotélico. Montaigne, como Galileu, abriu uma nova perspectiva. *Os ensaios* demandam a ironia e a maiêutica: a fome do conhecimento, mas livre do mundo das ideias, de Platão, ou dos números, de Galileu, ou da Praça, de Sócrates, quando à sua volta grassavam crises fatais, com seus luteros e calvinos, trentos e bartolomeus. Montaigne não pode não considerar a *docta ignorantia*, como processo de um saber não sabendo, não como derrota do pensamento. Antes, como áspera vitória, diante da tirânica ingenuidade dos que *sabem*, nutridos de frágeis e insípidos diplomas, a serviço do rei ou do papa, dos que se dobram a um saber morto, de áulicos e pedantes, como os manuais, que os alimentaram, no processo de *desensino*.

Montaigne avulta como grande e incomparável mestre da didática. Não da pequena didática, com seus objetivos mínimos, dando a ilusão de que o saber não é árduo, que o estudo não passa de uma formalidade, formando bacharéis e doutores de grande insensatez, como diz em *Os ensaios*. Montaigne representa essa reação. Esse ácido profundo, a dizer que não sabe. Mas como Sócrates condivide a mesma vantagem: sabe que não sabe. E uma nova literatura surge desse maravilhoso diário, ao celebrar a dúvida e a busca das pálidas — mas insubstituíveis — riquezas do conhecimento humano.

Objetos fractais

Marco na história do pensamento ocidental, o livro de Mandelbrot provocou uma reviravolta de atitudes, que ultrapassa as fronteiras da matemática e se espraia num sem-número de aplicações. Mas, além de aspectos meramente específicos, como os dos fractais biomorfos (semelhantes a objetos da natureza), o que se revela surpreendente é a visão de mundo resultante do processo.

Das forças demoníacas do Caos — desde a noite da *Teogonia* de Hesíodo, com seus espasmos e dismorfias —, passamos para a interpretação contemporânea das flutuações erráticas da natureza, que jamais se comportou da maneira de um Tales ou Euclides, com suas hipotenusas ou esferas perfeitas. Uma nuvem não é um losango. E um rio, tampouco uma reta. Foi preciso enfrentar o caos. Não as baforadas do dragão, mas a sua inesperada regularidade, para libertar o mundo de uma certa ordem.

Passados dois mil anos, começamos hoje a admirar a beleza fractal, partindo dos princípios de autossemelhança e grande complexidade, segundo os quais a forma do todo se multiplica infinitamente em suas partes (de modo que já não sabemos se a parte é maior que o todo ou se o todo, maior que a parte). Eis a vitória de uma escala, ou padrão, que acaba recuperando uma ordem, definindo um sistema, justo onde parecia impossível qualquer aspiração à ordem ou sinal de sistema. Tão famosa quanto a Gioconda, a Ilha de Mandelbrot.

O infinito ganhou outra visibilidade e a imaginação topológica da matemática adquiriu fronteiras realmente lábeis, a partir de imagens vivas, intrigantes e inesgotáveis. Um sonho pitagórico, talvez.

Mas ainda resta muito horizonte a se explorar, porque o caos não é uma Gioconda, um rosto ou um triângulo, mas uma região incerta, uma forma inaugural. E sem volta. Uma promessa multidisciplinar que caminha para um futuro em vésperas de um vastíssimo diálogo.

Novalis e a matemática

Numa entrevista que concedi a Letícia de Matos, para a comemoração do bicentenário do grande poeta alemão, aponto para alguns aspectos que me parecem essenciais dentro da poética e da filosofia de nosso tempo.

Letícia: Sua perspectiva na compreensão de Novalis me parece demasiado ampla. Gostaria de saber como se elabora esse percurso.
Marco: Vejo Novalis no seio da *Noésis* ocidental. Alternam-se em suas reflexões, a totalidade e o fragmento, o sistema e as peças, a ordem e o caos — protagonistas no drama do pensamento. Nesses últimos anos, inúmeros livros têm apontado para grandes mudanças dialéticas: *O quark e o jaguar*, de Murray Gell-Mann; *Objetos fractais*, de Benoît Mandelbrot; *A lógica da complexidade*, de Edgar Morin; ou *A ordem implicada*, de David Böhm. Isso para ficar com os mais conhecidos, em que cada qual aumentou as regras dessa dramaturgia. Assim, se Mandelbrot limitou-se a demonstrar a dimensão inesgotável da parte, Edgard Morin não teve pudores ao afirmar que o todo é menor que a parte... A ciência da complexidade foi a que mais contribuiu para a elaboração do novo paradigma,

desde a famosa Ilha de Mandelbrot. Nesse Universo mais amplo, a figura de Novalis me parece a de um patriarca, lugar-tenente da transvaloração da poesia, possibilidade metacientífica ou transliterária. Penso na matemática da poesia e na matemática da música. A perspectiva metafísica apontava para consideráveis reflexões de *álgebra poética*... Ouça que maravilha: *"Unsere Buchstaben sollen Zahlen, unsere Sprache Arithmetik werden."* Este é o mais belo de todos os seus sonhos... *"Wenn nicht mehr Zahlen und Figuren"*... Que maravilha!!!

L: Explique o fato de a parte ser maior que o todo, como também a compreensão novalisiana dessa mesma parte.

M: Quero dar um exemplo tomista — a defesa do assim chamado senso comum (ou seja: de que o todo é maior do que a parte). Um dos argumentos de Tomás de Aquino repousa na simplicidade de Deus. Se Deus fosse composto, e não simples, seria decomponível em duas ou mais parcelas. E, como a soma destas coincide com o todo, um ser divisível significaria que, em algum momento, Ele ainda não era todo, mas parte, o que implicava ser apenas potência, e não ato, frente ao todo. Para Ele, esse argumento representava uma perfeita *reductio ad absurdum*. Como Deus poderia ser potência em algum momento? Em outras palavras: como Deus podia não ser Deus antes de o ser?

L: No entanto...

M: No entanto, esse raciocínio se tornou problemático, quando, por exemplo, examinamos um objeto fractal, onde a parte é infinitamente maior que o todo, ou tão infinita quanto qualquer parte do todo, com suas trombas de elefante, anéis e espirais, voltas e elipses intermináveis. Há pelo menos uma questão de escala...

L: Quanto a Novalis?...

M: Ele afirmou que *"Jede Grösse ist ein Aggregat — ein Teilbares, eine Reihe, Kette..."* O que de certo modo antecipa Wittgenstein e confirma pressupostos do caos... Vejo em Novalis uma notável "Fragmentíada" (uma espécie de *Ilíada* do Fragmento) — com seus combates e longas geografias, seu Olimpo numérico e palavras de fogo, em remissão. Tudo isso legado em forma de parcela, ou de prefácio, ou, como dizia Novalis, em estado de semente (*Samenkorn*), ou, ainda, como o *Fausto II*, em estado de crisálida (*Puppenstand*).

L: Mas não existe em Novalis um projeto de totalidade, mesmo no que você considera como uma "Fragmentíada"?

M: O projeto da totalidade parece realizar-se paradoxalmente na medida exata de um projeto *im Werden*, de pequenas ruínas, de coisas futuras. Veja, por exemplo, a tremenda e colossal ambição de suas pesquisas matemáticas. "*Das Leben der Götter ist Mathematik*": o fio de Ariadne consiste na manutenção da escala numa paisagem descontínua, não iluminada pela imagem de Apolo ou de Euclides. Explico desse modo a totalidade: o fragmento de Novalis — que vou denominar de filosofia quebrada — guarda também o silêncio subjacente, silêncio das parcelas: isso não representa, de modo algum, uma falência diante do sistema, mas uma espécie de horizonte de sistemas conjugados, quase *ad infinitum*.

L: Essa poderia ser a diferença entre aforismo e fragmento...

M: Quando Novalis constrói sua logologia — como filosofia da filosofia —, ele não endossa qualquer intenção aforística ou proverbial, como faria mais tarde Karl Krause. Isso significaria pôr em risco o concerto das partes — o vir a ser da combinatória adequada à superfície da página e do pensamento. A razão é simples "a superfície é bela, mas o interior é monstruoso". Para Novalis, o aforismo não se eleva à condição de fragmento. Mesmo em alemão — recordam os críticos (não falo de etimologia!) —, *Fragment* se aparenta como *Fragwürdig* (digno de pergunta — problematizante). Torres Filho destaca, como epígrafe à tradução de *Pólen*, a impressão de Novalis, diante de um trecho de Schlegel, que sublinhava: "Um fragmento tem de ser, igual a uma pequena obra de arte, totalmente separado do mundo circundante e perfeito em si mesmo como um porco espinho." Depois disso, o fulminante comentário de Novalis: "O porco-espinho — um ideal."

L: Isso me parece interessante. Dizer tudo com nada ou quase nada...

M: Justamente. Foi assim que compreendi, na leitura vertical de Novalis, o drama de seus "Hinos à Noite" — e de sua vasta polissemia — e mais especialmente via fragmentos, dessas porções que sonham — em sua latência prodigiosa — com um projeto enciclopédico mais vasto, marcado por verbetes em construção, e para sempre... de que resultou, afinal, uma "Fragmentíada", ou uma enciclopédia em ausência aparente, pois esses arquivos demandam uma sintaxe e uma conjugação, quase assemelhada (mas não ignoro o abismo sobre o qual lanço minha frágil ponte analógica) com a obra de Wittgenstein.

L: Como o de outros projetos da época, talvez...

M: Sim. Considero os fragmentos com a mesma intensidade enciclopédica que marcou as atividades, as tarefas e os *Ziele* estéticos de Goethe, ou de Hegel, ou de Fichte.

L: Mas e a matemática?

M: O desafio da leitura de Novalis é a de se apurar a atitude metodológica de sua magistral variedade — tão complexa e exigente... Da variedade de seu temário, da anotação de suas leituras, de seus múltiplos laboratórios, das relações de micro e macroespaço, de suas pequenas e robustas cosmologias: creio que a indicação de seu interesse pela matemática (onde se encontra uma parte pequena, mas definitiva de sua obra) possa indicar um caminho que explique avenidas e cruzamentos, praças e esquinas da metrópole novalisiana.

L: Como funcionaria mais especificamente a matemática em Novalis? Qual seria o seu papel?

M: A matemática e sua linguagem seriam uma espécie de combinação intrínseca para mover os verbetes da enciclopédia, mais do que uma função exótica ou metafórica, como no filtro de Tristão e Isolda. E nada parecido com uma derrota da razão. Mas como uma espécie de *Verbreitung*, alargamento das fronteiras... O que se repetiu sempre na poesia alemã: o sem-fronteiras, que resplandece em Caspar David Friedrich, ou que acena mistérios, durante as noites de luar em Brentano e Eichendorff. Além disso, concordo com Dyck: "Símbolos matemáticos e palavras da literatura são estratos de um meio simbólico todo-inclusivo." Como o pensamento de Descartes e de Leibniz, o pensamento de Novalis e seu esforço estão diretamente voltados para o meio de representação universal. Isso porque o universo se apresenta para ele como uma vasta equação algébrica. Trata-se, mediante uma redução gradual, de se determinar os termos desconhecidos em função dos termos conhecidos. Assim, pode-se compreender melhor seu glorioso poema *"Wenn nicht mehr Zahlen und Figuren"*.

L: Para finalizar, qual seria hoje a atualidade de Novalis?

M: Toda. Pela chamada ao futuro. Pela obra em construção. Pela sua inquietante demanda de conhecimento e espera.. Pela *mathesis universalis*. Impossível — mas belíssima.

Nietzsche como desafio

Com a leitura de Nietzsche, sentimos uma viragem em nossa geografia. Um concurso de sentidos que ardem como chama. Terremotos que removem regiões abissais. Transformação de perspectivas. Penhascos. E a palavra abismo, tão bela em Nietzsche. Tão verdadeira. Tão essencial. Conhecer no limite. Produzir vertigem. Como em *Patmos*, de Hölderlin, as montanhas de Klopstock, as águias de Schiller. E o salto de Zaratustra. O salto que vence as profundezas.

Tal como ele próprio fazia, ao lembrar de Sófocles e Homero. Não lhe faltava furor, compaixão. Mas soubera passar, desde cedo, da filologia para a filosofia, da erudição para o sistema. Para Nietzsche, *philosophia facta est quae filologia fuit*. Ou seja, a primeira começa onde a segunda termina. E não admira como fora contundente sua crítica aos estudos clássicos. Aos pseudomestres, desprovidos de valor humano, indignos da Antiguidade, insulados em esquálidos bizantinismos, cegos ao drama dos versos de Píndaro ou de Ésquilo. Cegos e faltos de furor. Mestres de nenhum discípulo. Ignorantes do salto e do que nos diz o Filósofo, em *A origem da tragédia*: "A forma do teatro grego é um vale solitário." Passam nuvens luminosas, e seguem as Bacantes pelas montanhas, enquanto esperam — ó forças desiguais! — a epifania de Dionísio. Helenistas. Latinistas. Devorados como Penteu pelas Bacantes. E um amor irreversível pelas coisas. Os mil e um alvos de Zaratustra. Sua coragem absoluta, ao deixar a caverna, ardoroso e forte, como sol amanhecente. Longe dos *ismos*, que impedem conhecimento e vida. Longe dos que criam dois mundos, inversos e paralelos, para destruir o mundo físico, a vontade de poder, e transformá-lo numa estufa de ressentimento. Metafísica sem polpa. Moralina. Platonismo do povo. Deuses *ex-machina*. Saídas de emergência. Escuros desenlaces.

Mas em Nietzsche-Zaratustra não há senão um objetivo. Tornar-se o que se é. O *im-werden*. Sem freios ou amarras. Como quem leva uma espada. Cortante e perigosa. E rompe o consenso. E recusa a moralina. Regressam, com ele, os ideais heróicos, tocados por Schiller e Hölderlin, levados, todavia, às últimas consequências, em Zaratustra. Conhecimento e morte. Conhecimento e vida.

Para Nietzsche, a vida jamais o decepcionara. Ano após ano, ela se mostra mais verdadeira e desejável — desde o dia em que raiou dentro de si o pensamento libertador de que a vida podia ser uma experiência para aquele que busca o conhecimento, e não um dever. E quanto ao conhecimento: fosse o que fosse para outros (leito de ociosidade, frívolo passatempo), era para ele um mundo de combates e vitórias. A vida é um meio para o conhecimento. Outra razão não seria bastante para aceitá-la. Sem remorsos. Como vemos em *As suplicantes*, de Ésquilo: "As vias do pensamento seguem para metas emaranhadas e sombras espessas, que nenhum olhar poderia penetrar..." Resta-nos apenas viver.

Por essas razões, Nietzsche representa não poucas ameaças ao conhecimento desossado, glacial, burocrata de certas instituições de *des-ensino*, que repousam num consenso imobilista, parasitário. A construção de rumos, heroísmo e combate, tudo repousa num segundo plano, tal como desejam não poucas agências de fomento, voltadas para um sem-número de zumbis, corsários do saber funcional, desprovidos do maior de todos os bens: o entusiasmo. Para vencer metáforas batidas, que já não sabem, que já não podem, que já não querem influir no sentido, é preciso lançar aguarrás, recriar horizontes, pactuar com a solidão. Para Nietzsche, a força de um espírito humano devia ser avaliada pela soma de verdade de que fosse capaz de suportar. Mesmo que o limite fosse a morte.

E o futuro. Sempre o futuro, como estética da transmutação. E, todavia, Nietzsche recorda que na Antigüidade o *homem superior* sentia o desejo de glória. "Cada qual julgava começar em si a humanidade e não sabia dar-se espaço e duração bastantes, senão projetando-se no futuro como se fosse o ator de uma cena eterna." Nietzsche orgulhava-se, ao contrário, de possuir uma ascendência, dispensando perfeitamente qualquer desejo de glória. Em tudo que marcou Zoroastro, Maomé, Spinoza ou Mirabeau, o filósofo já estava presente: "Somos os primeiros aristocratas na história do espírito e o sentido histórico acaba de nascer." Uma história do futuro. Uma genealogia bifronte. Uma vontade de formar. De transformar. Uma constelação de possibilidades. E o sujeito, como adesão do aparente.

De todas as lições de Zaratustra, parece-me essencial o movimento derradeiro da solidão para a solidão. O cuidado de pôr-se em guarda contra si próprio. Impedir a outros os riscos de uma aventura tragicamente individual. Para Zaratustra, os melhores discípulos tornam-se adversários. Tal a razão do afastamento: é preciso perder o mestre de vista. Ser o que se é. Nada mais árduo, nada mais perigoso, nada mais arriscado, nada mais vertiginoso senão tentar, com as forças de que se dispõe, encontrar a si mesmo. Esse terrível e glorioso si mesmo.

Encontrar-se. E tornar-se.

A sabedoria dos modernos

A *filosofia* definitivamente está em alta. Publicam-se na França rios de autores, onde viceja uma profusão de filósofos giróvagos, que se encontram nos cafés, para passar em revista *toda a cultura ocidental*, a partir de *Um café para Sócrates*, ou *Descartes em noventa minutos*. Nada contra a publicação desses livros. Aposto na escolha voltada aos mais jovens e aos não especialistas. Mas a insistência de que a filosofia é um *passe-partout* pode causar imensos estragos. Consideremos as observações de Alan Sokal e Jean Bricmont, em *Imposturas intelectuais*. Livro menor, é bem verdade, mas importante, pelo simples fato de reclamar certo rigor: a interdisciplinaridade exige uma ética de apropriação e desapropriação. E o vale-tudo pós-moderno vem insistindo com o desprezo pelo difícil, travestindo-se de uma arrogante irresponsabilidade intelectual. Será preciso voltar ao elogio do áspero, livrar-se do vírus do academicismo ou do bacharelismo, bem como do repertório da mais fria erudição. Será preciso, como em Spinoza, emocionar-se com o complexo, que descortina paisagens fascinantes. A filosofia é espessa, árdua e solitária. Afirmar-lhe essa condição não significa uma barreira, um impedimento para quantos começam a praticá-la. O que não se deve esquecer é a vertigem do conjunto, a emoção do fragmento. Pode-se dizer o mesmo para um Beethoven-techno ou para um Mozart-disco: uma pálida melodia, e a presença de um grosseiro bate-estacas para nocautear o ritmo, e tudo mais se perde em nome de uma falsa *abertura* da música clássica!! Tenho como certo que mil cafés não valem uma frase de Nietzsche ou um compasso de Villa-Lobos. O pensamento e a música desconhecem sucedâneos. O caminho pode ser longo, mas é impagável.

Veja-se *A sabedoria dos modernos*, de André Comte-Sponville e Luc Ferry. Deve-se levar em conta o caráter elegante da exposição, voltada para não especialistas e ocupada com o desafio extremo da ética, que hoje nos divide e atribula. *Depois da religião e além da moral*, perguntam os autores, como fundar a sabedoria contemporânea, que aponte, digamos, para uma *koiné*, um sentimento comum, uma herança de perspectivas, neste mundo sem deus e metafísica, que acaba de assistir ao *fim das utopias*, confuso e atrabiliário, diante da busca de sentido e dos desafios criados pela engenharia genética.

Temos nesse livro, em escala mínima, uma volta ao modo de Platão, com suas vozes plurais, e não raras dissonâncias, que muitos prefeririam reduzir ao cantochão (veja-se Giovanni Reale e a criativa exegese dos Diálogos). Mas o tema aqui é outro. O livro de Comte-Sponville e Ferry abre-se para uma livre conversação: poucas analogias de superfície e concessões.

Tenho para mim que os capítulos iniciais são os melhores, os que tratam do humanismo e do materialismo, da neurobiologia e da bioética, pois que os outros dependem como que dessas questões de fundo. Predomina de modo sutil a filosofia da suspeita, o dentro e o fora da superconsciência, de classe, de ideologia, numa página bem tramada entre Luc e Comte-Sponville. Mas *A sabedoria dos modernos* apresenta um indício, que justifica a sua leitura e que a transcende.

ESPARSA GEOMETRIA

Parece-me essencial a retomada de um diálogo aberto, longe das bitolas academizantes ou midiáticas, que não façam da filosofia um mesquinho subfeudo dessa ou daquela especialidade, uma sucursal de certa opção ideológica, um dado que decorra de um postulado científico, ou de um axioma psicanalítico. É preciso retomar o pensamento-corpo, as vísceras e o coração, seus desafios mais espinhosos, com o martelo de Nietzsche e as flores de Kierkegaard. Um horizonte trágico e sublime. A beleza do árido. A verdade do deserto.

Para além da interpretação

A obra do filósofo Gianni Vattimo vai se tornando presença inadiável nos estudos recentes da hermenêutica, pois vem retomando considerações tangenciais e não despiciendas de um centro que segue de Heidegger para Gadamer, e que se multiplica por inúmeros atalhos e caminhos. *Para além da interpretação* pode servir como primeira abordagem da obra de Vattimo, com seus temas recorrentes, onde se destacam a diferença-Nietzsche, a província-Heidegger, a cidade-Gadamer e outras geografias, como as de Eco, Habermas, Rorty e Ricoeur. Livro e mapa que se voltam para a ética e a ciência, a religião e a arte, e de modo especial justificados pelo brilhante capítulo sobre o niilismo da hermenêutica, que contradistingue o método de Vattimo de outras formas dialógicas na hermenêutica.

Frente à impossibilidade de abordar mais de perto muitos de seus conceitos, decido-me pela questão da verdade da arte, e de sua compreensão do todo, que ultrapassa a historicidade do ser (para Heidegger), ou a imanência da fábula (para Eco), passando ao largo da estética pura kantiana e derivados. Para Vattimo:

A verdade da arte que a filosofia deve tentar entender é o significado ontológico para a história do sentido do ser, que pode ser apreendido no destino da arte e da poesia na época do fim da metafísica; e esta época a poesia nos convida a olhar como a dos deuses banidos da espera (bastante problemática) de um Deus que virá: em resumo como época cujo centro é o problema da secularização.

Tudo isso parte da análise heideggeriana de Hölderlin, que é essencial na discussão relativa ao *não lugar* do poeta na cena moderna, começando pelo mito da origem, cara ao poeta de Laufen.

Quando, na harmonia das essências primordiais, os signos desconheciam toda e qualquer rotação, espelhos que eram da divindade refletida, quando as estrelas e o curso dos rios e as flores formavam um só destino, e quando a equivocidade do ser tornava-se imponderável e demoníaca, a nomeação poética constituía-se numa atitude formadora, radical. O verbo pairava sobre as águas. O verso e o universo, a palavra e o mundo, convertiam-se mutuamente a partir de uma disposição anímica cristalina, na apreensão comovida e perturbada do Cosmos. Predominava então o signo da metafísica poética.

Nesse contexto, a sombra não poderia não alterar, e de modo profundo, a ordem do saber. Para Hölderlin, a sombra vem de Kant. A teia de fenômenos e a face do sujeito implicam uma herança crucial. Herdou-se o plural. Herdou-se a névoa densa. E a coisa em si ultrapassa a visão dos mortais. A dialética entre a matéria e a forma (*Stoff und Form*) remete à cisão entre o mundo e a palavra. A substância é ilusão. Plenifica-se a era dos homens, na medida em que o saber é um ato em construção. Assim, o emaranhado do apriorismo equivale ao drama de Fausto, empenhado numa ascensão interminável.

Hölderlin percorre o abismo pré-nietzschiano da crítica, tornando-se prisioneiro da própria ficção (*fingo simul credoque*). Prova as atitudes da metáfora, o destino de Hipérion e o suplício de

ESPARSA GEOMETRIA

Tântalo, como escreveria a Böhlendorf. Aflige-se pelo Uno e pelo múltiplo. Empenha-se na elisão dos fenômenos e na procura incessante de uma palavra secreta, reveladora, essencialmente teândrica, que emerge com a seiva do ilimitado, como em Zaratustra. É assim que a sua poesia ganha um sopro tão amplo, que o eleva aos céus. Poesia de grandes altitudes. Hölderlin clama por um par de asas. E, ao alcançar *o céu*, interpreta a dinâmica dos signos, lá das montanhas do tempo. O *poeta do poeta* aparece aí inteiro, pois, ao meditar na essência da poesia, descobre a sua mais alta missão, a de nomear o sagrado. E realmente se eleva de maneira vertiginosa, para além do fenômeno, num empenho de nomeação original. O contraste abominado entre a beleza de Netuno e as águas lodosas da fonte: Hölderlin, como tão acertadamente viu a tradição, clamava pelas águas claras do Cefiso. Os luminosos sopros divinos, o silêncio do éter, os gênios celestes, tal a altitude de sua missão. Hölderlin percorre a Atlântida-matriz, a riqueza dos palácios cipriotas e das fontes, da Hélade, que Winckelman ressuscitava, para chegar a "Patmos", à confluência entre o saber da *natureza* e o saber *revelado*. E a Grécia, sob o filtro de Rousseau, era o significante da integração, de um encontro direto com as coisas, antes mesmo do *fenômeno*, da distância, cujo contraponto encontrava-se em Fichte, na exacerbação dos postulados kantianos, que por pouco não solaparam a gênese da poética de Hölderlin, povoando-a com *espíritos aéreos metafísicos*.

De seus poemas, emerge um espaço poderoso, que se traduz na fímbria de muitas imagens, nas visões fulminantes, aterradoras, que se anunciam nos poemas finais. O verso e o universo separam-se irremediavelmente. Reaparece a melancolia de Aquiles no Hades. O abismo do não ser, pondo em risco uma síntese poética, cuja presença determina um novo itinerário — a errância que inaugura a modernidade.

Provam-se os limites do saber poético. Vive-se num abismo lógico inusitado, que anuncia tempos de transformação. Assiste-se em "Patmos" ao drama de uma consciência nova, à insatisfação diante de altares e modelos de significação que absolutamente não mais correspondem aos anseios do poeta. De Ouranos a Zeus. De Zeus a Cristo. De Cristo ao futuro. E o cetro partido. E uma poderosa vontade de nomear. Hölderlin como protagonista de sua extremada ficção. Demiurgo e prisioneiro do Cosmos.

A sombra kantiana ressurge tenebrosa e renascem todos os riscos inerentes. Perde-se a noção do Uno e do todo. Passa-se vertiginosamente de um plano simbólico a outro. Hölderlin perde suas raízes. O poeta naufraga e emerge Scardanelli. Arranca do piano sons extraordinários. A linguagem — numa ânsia pós-babélica — é a reunião de latim, grego e alemão. Mergulha cada vez mais em seu próprio silêncio. E sonha Scardanelli com a idade dos deuses. Hölderlin morre em 1843. Um ano mais tarde nasceria Nietzsche, autor do deicídio, cujas páginas revelam, por uma via oblíqua, que Hölderlin é o cordeiro de um tempo em que "o mundo-verdade terminou", onde tem início Zaratustra.

Deverá ser este, talvez, o papel niilista da hermenêutica de Vattimo, entre o mundo-verdade que se encerra, e a verdade como sistema, que se inaugura, com uma adesão profunda, a celebrar os limites da representação e da não representação. Enquanto isso, persiste o exílio do poeta, banido por homens e deuses.

Descartes revisitado

Declarado morto, tantas e tantas vezes, em vários momentos da História da Filosofia, atacado pelas inúmeras formas de irracionalismo do século XX como grande inimigo, Descartes segue mais vivo do que nunca. Pode-se mesmo dizer que assistimos a uma grande renovação nos estudos cartesianos, com a multiplicação de revistas especializadas e centros de estudos. Seu fantasma é obstinado.

Descartes, nasce em 1596, em La Haye, na Touraine. Entra, aos dez anos, para o famoso colégio jesuíta de La Flèche, onde segue as disciplinas de física, metafísica, matemática, teologia, ética, grego e latim, impressionando os professores. O cristianismo e a tradição clássica moldam-lhe a primeira visão da história e do Universo. Deixa os estudos regulares, a partir de 1612, e decide conhecer o mundo. Já sentia, dentro de si, a paixão do sistema e das ideias. Serve na Holanda, nos exércitos de Maurício de Nassau, e perde-se em não poucas aventuras. Às margens do Danúbio, após o encontro com Isaac Beeckman e a visão de três sonhos misteriosos, tem início o pensamento cartesiano. Publica diversas considerações de ordem física e metafísica, inúmeras cartas, raras paixões, enquanto se move pela Europa, fixando-se, durante boa parte de sua vida, na Holanda, onde corria menos riscos. Mediante a defesa da dedução e da intuição, lança as bases de uma nova epistemologia. Mais tarde, a convite da Rainha Cristina da Suécia, vive seus últimos dias, sob o rigor do inverno setentrional, vindo a falecer no ano de 1650. Condenado pela Inquisição, a presença de Descartes acabou por integrar-se de tal modo à cultura filosófica de nosso tempo, que muitos dos assim chamados anticartesianos criticaram Descartes por não ter sido mais cartesiano do que eles...

Seguindo as páginas de *Descartes, uma biografia*, de Stephen Gaukroger, revemos em detalhe a trajetória de um indivíduo, que coincide com o pensamento ocidental. A pesquisa de Gaukroger resultou numa das melhores biografias recentes. Antes de tudo, pela concepção robusta entre pensamento e vida, e, ao mesmo tempo, por sua abordagem metafísica, da qual não exclui a ótica, a astronomia, a hidrostática e, principalmente, a geometria, com seus planos e retas. Para Descartes, a filosofia é uma árvore, cujas raízes são a metafísica, cujo tronco é a física e cujos ramos principais são a medicina, a mecânica e a moral. O biógrafo, sem tomar distância das raízes, analisa-lhe as folhas, a física e a metafísica, sem reduzir, com isso, o alcance da filosofia primeira.

Outra biografia renomada, embora menos recente, a de Geneviève Rodis-Lewis — autora de *Descartes e o racionalismo*, estudiosa de Leibniz, Spinoza e Malebranche —, permite compreender quanto esses mesmos autores sentem a força da era pós-Descartes, no que se refere ao problema do finalismo e das ideias inatas. E, se a edição preparada por Rodis-Lewis das *Meditações metafísicas* marcou época, ao lado de outros ensaios, voltados para Epicuro e Platão, sua biografia não leva a cabo, com os detalhes de Gaukroger, uma análise que contemple os aspectos matemáticos de Descartes. Dentre os quais estão os da *geometria*, e a resolução das duplas equações algébricas, onde se realizou o encontro da tradição grega e árabe, da geometria e da álgebra.

A obra de Descartes é uma filosofia que contraiu amplas dívidas com o passado, como demonstrou Étienne Gilson, e seus princípios dependem realmente da tradição, de modo especial no que diz respeito às idéias, a Santo Agostinho, e quanto à autopersuasão, a Cícero e Quintiliano. A tábula rasa cartesiana mostrou não ser tão rasa.

Todavia, o *Discurso do método* foi mais do que um balanço contábil. Essa paisagem vasta e generosa, atravessada por remansos e colinas, desertos e florestas, de vasta complexidade, havia de produzir a base da nova *psicologia filosófica*, tão íntima da epistemologia. E se Gaukroger tivesse lido um pouco de Vico, teria mostrado outros vínculos cartesianos com o pensamento clássico. De todo o modo, o biógrafo ressaltou — brilhantemente — a teoria da melancolia e o lugar da ética (como chegou a mencionar Lívio Teixeira, no *Ensaio sobre a moral de Descartes*). Gaukroger soube incluir superfície e profundidade, soube explorar razões maiores e menores, eliminando do termo cartesiano todo o peso negativo. Porque ninguém foi menos cartesiano do que Descartes.

Será preciso ler melhor suas cartas, compreender o elo de alta complexidade que não separa tão drasticamente o corpo do espírito? Será preciso equacionar melhor o papel da vontade diante do intelecto, como algo mais sutil dentro do *método*? Será preciso enfatizar o risco representado por esse itinerário, no qual resplandece o brilho solitário do eu, na elaboração da vida intelectual? Será preciso insistir nessas questões contundentes suscitadas pelo pensamento cartesiano, para averiguar-lhe uma parte essencial?

Algumas respostas vêm do livro de Gaukroger. De modo especial, quando os olhos de Descartes e de Galileu — por caminhos diversos, embora livres do fantasma de Aristóteles e da Escolástica Decadente — coincidem, ao contemplar o céu:

> É natural sentirmos mais admiração pelas coisas que estão acima de nós do que pelas que estão no mesmo nível ou abaixo. E, embora as nuvens mal cheguem a situar-se a uma altitude superior à do

pico de algumas montanhas, e muitas vezes seja possível ver algumas delas até mesmo abaixo do topo de nossos campanários, ainda assim, por termos que voltar os olhos para o céu para fitá-las, imaginamo-las tão altas que os poetas e pintores chegam a fazer delas o trono de Deus, e ali O retratam, usando Suas mãos para abrir e fechar os portões dos ventos, para espargir orvalho sobre as flores e para lançar o relâmpago contra as rochas. Isso me leva a esperar que, se eu explicar aqui a natureza das nuvens, de tal maneira que não mais nos intriguemos ante o que quer que vejamos nelas ou descendo delas, ser-nos-á fácil crer que é similarmente possível descobrir as causas de tudo o que há de mais admirável acima da Terra.

E torres. E nuvens. E campanários. As coincidências com Galileu terminam aqui... Não se devem perder de vista as raízes da árvore da filosofia e esquecer as razões do conhecimento, que se espraiam, além da terra e das nuvens.

Mas é na questão da dúvida hiperbólica — na dúvida sistemática, na provisória suspensão do juízo, na presença da negação — que as leituras sobre Descartes costumam discrepar. A famosa passagem do *penso, logo existo*, tem sido interpretada diversamente, de Spinoza a Husserl, de Kant a Sartre. E não apenas entre filósofos, mas entre historiadores. A dúvida é um dos estágios fortes em Descartes, onde o conhecimento é assumido em seus extremos, que tocam momentaneamente o desespero, até avançar pelo caminho da cogitação:

> Como eu desejasse dedicar-me em caráter exclusivo à busca da verdade, julguei necessário rejeitar como absolutamente falso tudo aquilo em que pudesse imaginar a menor dúvida, a fim de ver se, depois disso, restaria em mim uma crença em algo que fosse inteiramente indubitável. Assim, posto que nossos sentidos às vezes nos enganam, resolvi supor que nada seria tal como eles nos levam a imaginar. E, por haver homens que se equivocam ao raciocinar,

cometendo paralogismos nas mais simples questões de geometria, e por julgar-me tão propenso ao erro quanto qualquer outro, rejeitei como falsos todos os argumentos que até então havia tomado por demonstrações. Por fim, considerando que os mesmos pensamentos que temos quando despertos também podem ocorrer quando dormimos, sem que qualquer deles, nesse caso, seja verdadeiro, resolvi fazer de conta que todas as coisas que um dia houvessem penetrado em meu espírito não eram mais verdadeiras do que as ilusões de meus sonhos. Mas, logo em seguida, notei que enquanto eu assim tentava pensar que tudo era falso, fazia-se necessário que eu, que estava pensando, fosse alguma coisa. E, observando que esta verdade, "eu penso, logo existo", era tão firme e tão certa que todas as mais extravagantes suposições dos céticos seriam incapazes de abalá-la, resolvi que podia aceitá-la, sem escrúpulo, como o primeiro princípio da filosofia que estava procurando.

Eis a ponte da ilha do eu para o continente do mundo. Desse modo, muitos interpretaram a passagem crucial, do *penso, logo existo*, como sendo a base da metafísica de Descartes. Curiosamente, no entanto, a análise de Gaukroger decide-se por outro caminho. Para o biógrafo, Descartes precisava construir uma filosofia natural, o mecanicismo, tendo como base uma física microcorpuscular, que se vinculava diretamente com o sistema de Copérnico. De um lado, a absoluta transcendência de Deus. De outro, a metafísica do mecanicismo. Diante desses extremos, a dúvida sistemática foi como que o prefácio para legitimar uma filosofia natural controvertida, e não "para dar ao conhecimento uma fundamentação mais sólida".

A interpretação de Gaukroger sugere um amplo debate, quanto ao lugar da dúvida e à sua gênese na obra de Descartes. Parece exagero reduzi-la como apoio ao mecanicismo. Essa tendência neopositivista não cabe nas quase seiscentas páginas de uma biografia rigorosa. Mas é evidente que o exercício da dúvida — entre o mecanicismo e a transcendência divina — lança não poucos desafios para o mundo atual, apaixonado pelos sortilégios da ciência, a mapear o território do caos e dos gens, frente à *pseudobancarrota* da metafísica. Como se a dúvida tivesse deixado de existir, para se tornar um objeto bizarro no Museu do Pensamento. Assim, cabe perguntar como será, hoje, em nosso horizonte, a generosa influência da dúvida e do demônio. Descartes, afinal, continua vivo ou não passará de um fantasma?

Calvino: tema e variação

Vejo, de longe, o castelo da ilha de If. Paredes inexpugnáveis. Rochedos batidos pelo mar. Tenho-o na memória desde que a leitura de *O conde de Monte Cristo* me levou a sonhos impossíveis, com seus mares e tesouros, truques e disfarces, de que lançou mão Edmond Dantès (ou Monte Cristo, ou Abade Busoni, ou Lorde Wilmore, ou Sinbad) para lograr a liberdade e cumprir sua justiça. A fuga da prisão. O tesouro de Farias. Paris e Marselha. Duelos. Disfarces. Poções. Todos os seus inimigos impiedosamente abatidos — Dantès apressa ou confunde os destinos. E, afinal, o esperado amor de Mercedès. Um romance menor — é bem verdade —, mas do qual nenhuma literatura pode prescindir, onde se alterna algo daquelas formas apontadas por Calvino, acerca da multiplicidade, e retomadas por Eco em *A ilha do dia anterior*.

Ora, bem, diante da inflação de pós-modernidades — e ruínas e decadências, e inadimplências outras da razão, e fragmentações e desconstruções, e variados clichês, repetidos *ad nauseam*, nos quais a diferença específica (havendo alguma) se dissolve na volúpia desordenada de armazenar quinquilharias (que repugnavam a

Gibbon, no *The decline*, ou a Ruskin, em *The stones*) —, não vemos em Monte Cristo esse colecionismo vão. Dumas autor *páleo-pós-moderno*, para usar esses prefixos *in-significantes*, evitava as ruínas, que não passavam de venerandas relíquias de um todo perdido, cuja ausência repercutia dolorosa. E as ruínas comparecem, em Calvino (leitor de Dumas), livres da sombra de outros desejos, e derivas, e naufrágios, e petições de princípio. Uma linha de harmonia e precisão, em que cada fragmento mantém seu próprio vínculo com o todo, sem perder de vista o horizonte complexo.

Como se o drama hamletiano do ser ou não ser, o drama da exclusão (em vez da inclusão de ser *e* não ser), viesse a responder a dois caminhos. De um lado, o demônio de Laplace, que teve em Popper seu mais ferrenho exorcista. Assim, dadas as condições iniciais do sistema, o demônio seria capaz de prever todas as situações futuras e imaginar os possíveis, que haviam de acontecer ou não, tal como um deus tomista ou pré-quântico, frente ao qual o futuro das ações e dos sonhos caía sob a rígida tenaz da previsão. Nessa perspectiva, Edmond Dantès havia de tornar-se inexoravelmente o poderoso Monte Cristo, desenterrar o tesouro de Farias e cumprir a *moîra* (que os deuses não souberam, ou não quiseram) sobre Danglars e Villefort. O demônio laplaciano não saberia admitir a morte de Dantès na prisão, ou nas ondas, durante a fuga. O demônio sabia o fim desse e de todos os romances. O que comprova a tristeza de spenglers, e dos menores fukuyamas, e dos mínimos karlyles.

> O demônio de Laplace — diz Popper — não é um Deus onisciente; é simplesmente um supercientista. Não é suposto ser capaz de fazer algo que os cientistas humanos não possam fazer, ou, pelo menos, não possam fazer aproximadamente; é simplesmente suposto ser capaz de levar a cabo as suas tarefas com uma perfeição sobre-humana.

Por outro lado, vemos o fragmento em estado bruto (a ciência pode incidir sobre o particular?, perguntava, negando, Aristóteles), em suas dimensões mínimas, desligado de outros conjuntos, ainda que flutuantes, obrigando o pensamento ao impensável. Nesse caso, temos o mundo pós-moderno, semelhante à paisagem lunar, que marcou o imaginário de Calvino. Tudo quanto se perde na Terra, há de se encontrar na lua. E chaves, e cavalos, e ruínas, e infindáveis objetos, que ocupam espaço de honra no sótão das quinquilharias de nosso tempo, bem menos valiosas que o tesouro de Farias.

Claro está que não havia como reeditar o triste demônio de Laplace, mas levar a razão a furiosas inflexões foi um erro, vedando-lhe horizontes, ou conteúdos crescentes, que deságuam na derrota do pensamento, por incapacidade legiferante, por medo de articular diferenças, de quem se vê perdido, como um Huysmann, de *À rebours*, confuso por não sei quantos sinais, aspectos e apelos, que teriam impedido Dantès de levar a cabo seu intento. E no lugar do herói, teríamos um anódino *dandy*. E o belo romance de capa e espada estaria lamentavelmente perdido. Um Monte Cristo como um Des Esseintes? Inconcebível. Havíamos de perder uma clara luminosidade, beirando precipícios, além das ínfimas ou portentosas ruínas. Luz que assoma, não para encobrir, mas para revelar um sentido, onde este parece falto. Nem determinismo. Nem indeterminismo. Mas uma liberdade determinável, que funda um sistema de variáveis visíveis e que pode adquirir relativa independência (e pouco se nos dá se por *mímesis*, *métexis* ou *parousía*).

Melhor do que ninguém, na ficção desse último quarto de século, Calvino decidiu desfazer o drama da exclusão, e torná-lo mais fluido e matizado, como as grandes conquistas que cabem ao romance, como os de Perec e Musil (*Vie mode d'emploi* ou *Der Mann ohne Eigenschaften*), por ele cultivados, onde a *noesis* não desaparece, mas se organiza num conjunto orquestral, com seus delicados oboés e rudes contrabaixos, para acompanhar as dissonâncias da razão. E foi isso que realizou com *As cosmicômicas, O castelo dos destinos cruzados, Palomar, As cidades invisíveis*, utilizando universos-paralelos, universos-bolhas (como os de Murray Gell-Mann), ruídos e digressões sobre o mesmo tema, com seus pianismos poéticos, de que se constitui a partitura.

Italo Calvino representa a melodia-mentada dos que não admitem sucedâneos ou naufrágios para o pensamento, e nem tampouco o determinismo do baixo clero neopositivista. Calvino parece desafiar o monstro das ruínas e o demônio de Laplace. E de modo genial, ao perceber na ficção ilimitada (como Goethe que desejava escrever o romance de todo o Universo), a razão primordial do pensamento corsário, e decidir-se a realizar um grande *patchwork*, com os tesouros da tradição romanesca e da ciência, como quem recusa *in-caminhos*, como lembra Eduardo Portella, em "A modernidade extraviada". Isso se passa com o jogo de tarô de *O castelo dos destinos cruzados*, onde por tantas vezes, como nos diz Calvino, em posfácio ao livro:

> Em várias ocasiões, a intervalos mais ou menos longos, nestes últimos anos, eu voltava a me enfurnar nesse labirinto que logo me absorvia inteiramente. Estava ficando louco? Seria o influxo maligno daquelas figuras misteriosas que não se deixavam manipular impunemente? Ou era a vertigem dos grandes números que se desprende de todas as operações combinatórias? De súbito, decidia-me a renunciar, deixava tudo de lado, ocupava-me com outras coisas: era um absurdo perder mais tempo com uma operação da qual já havia explorado as possibilidades implícitas e que só tinha sentido como hipótese teórica. (Tradução de Ivo Barroso.)

E justamente o fato de usar a máquina combinatória e extrair-lhe uma dinâmica ficcional (como o *Nu descendant l'escalier*, de Duchamps, ou como a Ilha de Mandelbrot) torna mais espesso o horizonte. A proposta de Calvino repousa — de modo inquieto — em sua demanda leonardiana de promover a nostalgia do todo, aquela nostalgia de mônadas ou clinames, teogonias ou cosmologias, para explicar a síntese, em sua paixão enciclopédica, a combinar verbetes inacabados. Eis o que Calvino evidencia nas *Lezioni americane*:

> A excessiva ambição de propósitos pode ser reprovada em muitos campos da atividade humana; mas não na literatura. A literatura só pode viver se se propõe a objetivos desmesurados, até mesmo para além de suas possibilidades de realização. Só se poetas e escritores se lançarem a empresas que ninguém mais ousaria imaginar é que a literatura continuará a ter uma função. No momento em que a ciência desconfia das explicações gerais e das soluções que não sejam setoriais e especialísticas, o grande desafio para a literatura é o de saber tecer em conjunto os diversos saberes e os diversos códigos numa visão pluralística e multifacetada do mundo. (Tradução de Ivo Barroso.)

Calvino afirma ainda que, nas *Cosmicomiche*:

> (...) o ponto de partida é um enunciado extraído do discurso científico: é desse enunciado conceitual que deve nascer o jogo autônomo das imagens visuais. Meu intento era demonstrar como o discurso por imagens, característico do mito, pode brotar de qualquer tipo de terreno, até mesmo da linguagem mais afastada de qualquer imagem visual, como é o caso da linguagem da ciência hodierna. Mesmo quando lemos o livro científico mais técnico ou o mais abstrato dos livros de filosofia, podemos encontrar uma frase que inesperadamente serve de estímulo à fantasia figurativa. Encontramos aí um destes casos em que a imagem é determinada por um texto escrito preexistente (uma página ou uma simples frase com a qual me defronto na leitura), dele se podendo extrair um desenrolar fantástico tanto no espírito do texto de partida

quanto numa direção completamente autônoma. (Tradução de Ivo Barroso.)

Por isso, o Conde de Monte Cristo pode e deve participar não exatamente de um *videogame*, mas de uma imprecisão quase determinável, para fugir, quantas e muitas vezes desejar ou puder, do Château d'If, lá onde a sombra do autor se confunde com a do protagonista e com a nossa, pois que somos partícipes — texto, autor e leitor — da jubilosa narrativa. Faça-se através do livro virtual ou físico, das promessas de um *new world* informático, dos átomos para os *bites*, dos pierres lévys e negropontes, nada disso é mais substancial do que o caminho vertiginoso, descortinado pelo pensamento, quer a partir de montecristos digitais ou atômicos, aos rochedos mais ou menos inexpugnáveis, à aventura de um saber feito da estrela para o caos e do caos para a estrela. As últimas palavras de Calvino, nas *Cosmicomiche*, soam assim:

> Os diagramas que eu e Faria traçamos nas paredes da cela semelhavam os que Dumas rabisca em suas tabelas para fixar a ordem das variantes escolhidas. Um maço de folhas já poderia ser impresso: contém a Marselha da minha juventude; percorrendo as linhas daquela escrita espessa, posso seguir à vontade pelos *molles* do porto, subir a Rue de la Canebière ao sol da manhã, alcançar o povoado dos Catalãos acocorado na colina, rever Mercedès... Outro maço de folhas espera os últimos retoques: Dumas está finalizando ainda os capítulos do aprisionamento no castelo d'If; Faria e eu debatemos lá dentro, sujos de tinta, entre emaranhadas correções... Dos lados da mesa amontoavam-se as propostas de continuação da aventura que os dois ajudantes vão metodicamente compilando. Numa delas, Dantès foge do cárcere, encontra o tesouro de Faria, transforma-se no conde de Montecristo com seu semblante térreo e impenetrável, dedica sua implacável determinação e sua interminável riqueza à vingança; e o maquiavélico Villefort, o ávido Danglars, o ardiloso Carderousse pagam o tributo de suas iniquidades; assim

como por tantos anos entre estas partes eu havia previsto nas minhas iradas fantasias, nos meus anseios de desforra. (Tradução de Ivo Barroso.)

Como se Calvino dissesse que a carne é triste, e que nos faltam todos os livros, e todos os corpos, e todas as gentes, a cumprir a história de uma nova história, o avesso de um outro avesso, e celebrar o luminoso e obscuro tesouro que amealhamos.

Kant no Brasil

As razões do belo e seus espectros torturaram séculos afora pensadores e artistas: deu sombra às sibilas de Michelangelo, e quase matou Rodin de tanto desespero, tornando-se como que uma promessa para Stendhal, felicidade para Keats, e adiamento para Joyce. Todos abrasados pela *Ideia*, que não deixou de tangenciar a obra de Kant, esse vastíssimo oceano que subverteu as plurisseculares interpretações do belo, e que com suas fortes correntezas deslocou outras esferas do sublime, livre de proporções geométricas e iluminações. De modo que — e à revelia do mestre de Königsberg — podemos hoje considerar melhor as dissonâncias, presas na obra de Mozart, os resíduos de Proust, as sobras de Deleuze, assim como a ordem dos fractais. Ora, as leituras do sublime, que se fizeram de Kant, desde a tensão entre razão e imaginação, abriram de par em par um horizonte vasto para os que navegaram na superfície de seu pensamento-oceano, cujas considerações abissais demandam, como paradoxo, um pensamento flutuante, que não deixa de tocar uma parte desse fundo. Mas se é infinda a superfície...

Kant: crítica e estética na modernidade é um volume que passa a integrar a nossa biblioteca kantiana. E foi Miguel Reale, em *A doutrina de Kant no Brasil*, a demonstrar que o acervo começou com os cadernos do Padre Feijó, embora indiretamente, via Krause, e que tal ocorreu com o fenômeno Tobias Barreto, cujo Kant chegava pelas mãos de um míope como Noiré, e que Tobias fazia questão de elevar aos céus. Farias Brito, por sua vez, rechaçou a transcendência kantiana, em *A finalidade do mundo*, partindo da exposição de Kuno Fischer. Neste século, o estudo kantiano mergulha no original. O ensaio de Januário Gaffré, *A teoria do conhecimento em Kant*, embora problemático, mereceria reedição. O mesmo, em relação ao de Romano Galeffi. Isto sem abordar a influência dos neokantianos, no pensamento jurídico (pela *Filosofia do direito*, de Radbruch, como o próprio Reale) e na história, com José Honório Rodrigues, em *Teoria da História do Brasil*, isto sem recorrer aos ensaios de um Luís Costa Lima, ou de um Arno Wehling. Dois livros fundamentais que nos concernem direta ou indiretamente: *Kant e o fim da metafísica*, de Gerard Lebrun, e a tradução da *Crítica da faculdade do Juízo* (1993), por Antonio Marques e Valério Rohden, notável enriquecimento de nossa kantiana. E os títulos não se esgotam nestes.

Assim, pois, a ideia do seminário, promovido pelo Museu de Arte Moderna do Rio de Janeiro, é parte de uma tradição, e deflagrou, por isso mesmo, um importante debate nos meios acadêmicos, além de provocar discussões acaloradas, que duraram meses a fio, na seção de cartas dos leitores (onde se tornaram claras as posições ideológicas de vários intelectuais brasileiros). Kant era um espelho. Falavam de si.

O livro em questão é bem pensado como um todo, e se as conjunções intertextuais não são pequenas, as diferenças, bem entendido, são enormes. De um lado, preservou-se a unidade. De outro, o conflito. Algumas opções como que se excluem, não na aparente superfície, mas em seus desdobramentos, como Paul Crowther e Eric Weil, para ficar apenas com estes dois, sem contar as aproximações luckacsianas, habermasianas, lyotardianas, indicando quanto é abissal a estética de Kant, e seus escolhos e recifes. É bem verdade que me afino com os textos de Jay Bernstein, com suas moscas e aranhas, e a *solução* "dentro e fora" da filosofia, segundo a sua estranha metáfora, e que aprecio, em Antônio Cícero, os laocoontes de Greenberg e os não objetos de Ferreira Gullar, numa compreensão filológica e filosófica, para a qual tende sua análise, e que subscrevo boa parte das considerações de Ricardo Barbosa, e de sua estética, na qual se associam Habermas e Karl Otto Appel. Além disso, a densidade, o humor e a espessura de alguns textos tratam, de forma oblíqua e original, a terceira crítica, mas de um horizonte que não devia faltar em certas escolas de (*não*) *belas-artes*.

Finalmente, a diversidade dos autores mostra claramente a atualidade do chinês de Königsberg. Como dele dependem os rumos das ciências cognitivas deste século, em seus dilemas, é bem verdade, como também, e sobremodo, em seus axiomas. Permanecemos contemporâneos da *Crítica*. Presos numa teia de fenômenos, longe do mapa das essências e do realismo. Navegantes insistem. Desleitores não faltam. E o pensamento vive.

Rûmî: a dança da unidade

Und was dir blüht. Sogleich wird es veralten.

West-östlicher Divan — Goethe

Desde minha primeira e última visita a Konya — era um inverno terrível e os dervixes dançavam — fiquei impressionado com a devoção dos peregrinos, vindos em sua maioria do Irã, do Paquistão, da Turquia e das muitas cidades próximas. Decidi que devia buscar um melhor conhecimento de Djalal ad-Dîn Rûmî, e tentar, mesmo que de forma extensiva, a tradução de um punhado de versos, em português. A busca da verdade. A busca da palavra. E o som da flauta, ao meu redor. E uma delicada luminosidade a teimar com as sombras. E uma certeza, tirada dos versos de Goethe. Deus é o Ocidente. Deus é o Oriente. E Rûmî, essa ponte. Esse traço de união. Essa presença viva dentro e além das terras do Islã.

Maulâna Djalal ad-Dîn Rûmî nasceu em Balkh, no Khorassan, atual Afeganistão, em setembro de 1207, de uma família de juristas e sábios. Maulâna e Rûmî foram-lhe atribuídos posteriormente, para significar "nosso senhor" (nosso mestre) e "bizantino" (da Anatólia romana). Seu pai, Baha' ad-Dîn Muhammed era filósofo e erudito de marca — *sultão dos sábios* —, num tempo em que os teólogos desferiam ataques ao ultrarracionalismo. Apesar de sua fama (ou por causa dela), ameaçado pelas intrigas dos cortesãos, e temendo a presença das hostes de Gengis Khan, Baha'ad-Dîn deixa o palácio do Xá de Khorassan, e segue com a família para Nîshâpûr.

De 1213 a 1228, passam por Bagdá, Meca e Medina, Damasco, Larinda e Jerusalém — santuários vivos do Islã. Depois de uma infância tranquila e uma adolescência de múltiplas dimensões geográficas e culturais, Djalal ad-Dîn Rûmî casa-se com Gevher Hatun, amiga dos primeiros anos, e prossegue os estudos, aprofundando conhecimentos de sufismo e teologia. Teve como mestre Burhan ad-Dîn Walad, com quem comentou os *Hadiths* e o *Alcorão*. Data de 1229 sua chegada a Konya, de onde não mais sairia. Após a morte de Baha'ad-Dîn, ocorrida pouco depois, Rûmî completa sua educação formal, entre Aleppo e Damasco, vigorosas capitais da ciência. Em Konya, consideravam-no um califa (vice-rei de Deus) de erudição, enquanto renomados filósofos e místicos, como Ibn 'Arabi, debatiam com ele *quaestiones disputatae*. Seus discípulos multiplicavam-se. Uma vida de estudo e meditação. Uma vida serena, voltada para Deus.

Mas foi no outono de 1244 que a vida de Djalal ad-Dîn se transformou, tão logo encontrou Shams ad-Dîn, velho nativo de Tabriz e grande místico, da tribo dos *Assassin*, de Hassan Sabbah. Shams buscava um homem que pudesse guiá-lo para níveis fortes de adesão mística. Esse homem seria o Imã Secreto, o Amigo Divino. Shams juntava-se a algumas caravanas, chegando a passar dias a pão e água, mas, uma vez descoberta sua identidade, fugia imediatamente à procura de outros grupos, pois desejava um guia, não discípulos.

Shams e Rûmî passam meses isolados, em comunhão espiritual, em conversação mística. Inspiram-se mutuamente. Buscam o abandono nos braços do amor. A união com o Misericordioso. E seus jardins. E seus palácios. Tratam do *samâ'* (dança celeste), que caracteriza tão fortemente a tradição da fraternidade *mevleviyye* (em que o bater os pés marca a submissão da carne; o abrir os braços, o caminho da perfeição; e a prostração, a humildade do homem diante de Deus).

Um acontecimento doloroso, contudo, põe fim a este que é dos capítulos mais formidáveis da amizade entre os homens: o assassinato de Shams, praticado provavelmente por um dos discípulos de Djalal ad-Dîn. E a dor atingiu um grave sentimento metafísico, uma sublimada nostalgia, demanda de infinito, vocação para o amor. Como quem busca Deus, o Amado. E a poesia começa a preparar a escada (*mi'raj*) para a união mística, para o encontro com o Pai, escada volumosa, de muitos versos, ditados por Rûmî, com fluência e intensidade, cujo assombroso número de 3229 odes e 34662 dísticos dá bem a ideia do incêndio que o abrasava e da altitude desejada. A 17 de dezembro de 1273, depois de provar as vertigens do amor e da verdade, Rûmî volta para o seio das coisas primordiais, que é o Uno. Desde então, milhões de peregrinos visitam o Yesil Türbe, em Konya, na Turquia, onde repousam seus restos mortais.

Djalal ad-Dîn deixou uma obra impressionante, de modo que continua sendo um desafio abordá-la em sua totalidade, tal a complexidade da relação entre mística e poesia, cuja fronteira nem sempre resulta muito clara. Não obstante — e com o apoio de grandes sínteses —, tento recortar algumas linhas de força, que possam porventura esclarecer parte de seus poemas.

Dentro de seu vasto sentimento, Djalal ad-Dîn põe em relevo a força do Nada. A criação do mundo *ex nihilo*. Para Rûmî, o não ser é a matéria do ser. Nele tudo repousa. A precondição do ser é o não ser. E usa um sem-número de metáforas prodigiosas, inquietantes, para atingir um sólido conhecimento da filosofia. Assim, as ondas do ser vão tocar as praias do não ser. E, com isso, ao contrário de Aristóteles e Tomás, a plenitude e a enteléquia formam um capítulo de afinidade com o nada (monstro da filosofia tomista). Em Rûmî, passamos da metafísica do ser para a metafísica do não ser. Mas é preciso observar que tudo surge do nada e tudo segue para o nada. E que se trata de valor eminentemente positivo. Somos peixes nas ondas do nada. O ser é a rede:

> "Ah! Moveste céu e Terra;
> tenho medo desse abismo."

> E ele: "Sou tua alma e coração.
> Descansa no meu peito de jasmim!"

> E eu: "Se tu levaste minha paz
> como posso me calar". Respondeu:

> "És uma gota de meu oceano:
> cheia de pérolas, a concha da alma."

Através dessas águas, puras e diáfanas, chegamos ao amor. A máquina do mundo, o sistema do Universo: Tudo descansa no amor. Tudo é movido no amor. Um motor. Um descanso. O brilho da pérola. O perfume do jasmim. Uma ordem sagrada, uma hierarquia, buscando a forma primeira e última, do afeto luminoso, de sua atração radical. Por toda a parte, o oceano de Deus:

> Morrei, morrei, de tanto amor morrei,
> morrei, morrei de amor e vivereis.

> Morrei, morrei, e não temeis a morte,
> voai, voai bem longe, além das nuvens.

> Morrei, morrei, nesta carne morrei,
> é simples laço, a carne que vos prende!

> Vamos, quebrai, quebrai esta prisão!
> Sereis de pronto príncipes e emires!

Morrei, morrei aos pés do Soberano:
assim sereis ministros e sultões!

Morrei, morrei, deixai a triste névoa,
tomai o resplendor da lua cheia!

O silêncio é sussurro de morte,
e esta vida é uma flauta silente.

E os místicos morrem de amor. A vida e a morte iluminam as águas do silêncio. Do silêncio do não ser. Da fruição divina. O tudo e o nada. Desabitar-se para habitar-se. Sair para não sair. Morrer para não morrer. Tal a dialética dos místicos. Seguir da névoa ao resplendor da lua. Das águas turvas para as águas claras. E assim, para os sunitas, as águas deste mundo, movem-se, entre fluxo e refluxo, criação e destruição:

> Nasceu da Palavra a Forma e morreu novamente: a onda voltou ao mar. A Forma nasceu do Informe e voltou ao Informe, "pois em verdade a Ele regressaremos". Assim, pois, cada instante é morte e ressurreição. E o mundo sempre se renova, e nós ignoramos sua renovação, pois ele nos parece estável e eterno.

Tudo se renova: a linfa e a seiva da vida. Saímos dos átomos de Lucrécio, e de suas tristes consequências, como o irreversível envelhecimento do mundo, para atingirmos uma permanente floração. Assim, por saber os abismos do ser e do não ser, por sentir dentro de si o apelo do nada, Rûmî se declara além do nome, dos elementos, do espaço-tempo, quase como o *eu sou a verdade* (*ana al-haqq*), do grande místico e mártir Al-Hallâj:

> O que fazer, se não me reconheço?
> Não sou cristão, judeu ou muçulmano.

A MEMÓRIA DE ULISSES

Se já não sou do Ocidente ou do Oriente;
não sou das minas, da terra ou do céu.

Não sou feito de terra, água, ar ou fogo;
não sou do Empíreo, do Ser ou da Essência.

Nem da China, da Índia, ou Saxônia,
da Bulgária, do Iraque ou Khorasan.

Não sou do paraíso ou deste mundo,
não sou de Adão e Eva, nem do Hades.

O meu lugar é sempre o não lugar,
não sou do corpo, da alma, sou do Amado.

O mundo é apenas Um, venci o Dois.
Sigo a cantar e a buscar sempre o Um.

"Primeiro e último, de dentro e fora,
eu canto e reconheço aquele que É."

Ébrio de amor, não sei de céu e terra.
Não passo do mais puro libertino.

Se houver passado um dia em minha vida
sem ti, eu desse dia me arrependo.

Se pudesse passar um só instante
contigo, eu dançaria nos dois mundos.

Shams de Tabriz, vou ébrio pelo mundo
e beijo com meus lábios a loucura.

Como vemos, sua paixão pela unidade (contraponto e irmã do nada) é visceral. Passa além das fronteiras. Da razão e da loucura.

Do inferno e do paraíso. Das confissões. Tamanha a sua paixão pela unidade que muitos confundiram-no — erro formidável — com um panteísta. Mas a transcendência no *Divã* e no *Alcorão* é total, muito acima da natureza, que não passa de um espelho de Deus. O Amado sobrenada na diversidade. Como em Ficino, o mundo é o terceiro rosto de Deus, logo abaixo dos anjos.

O desejo de Deus é imenso. E, todavia, o poeta não se debate em álgidas abstrações. Jamais abandona as similitudes do Céu e da Terra, a música das esferas, de que depende seu fluxo de imagens, tais como vinhos e tabernas, ruínas e tesouros, bazares e caravanas. Rûmî eleva — talvez até mesmo de forma dramática — um canto prodigioso, que mergulha na unidade. Como disse Hegel:

> Se quisermos ver a consciência do Uno, não mais na divisão indiana, que de uma parte trata da unidade indeterminada do pensamento abstrato, e de outra se perde na exposição monótona do particular, feita como ladainha, mas na mais bela pureza e elevação, é preciso procurá-la entre os maometanos. Quando, por exemplo, e particularmente no grande Djalal ad-Dîn Rûmî, é destacada a unidade da alma com o Uno, esta unidade espiritual é uma elevação sobre o finito e o vulgar, uma transfiguração da naturalidade e da espiritualidade, na qual o que há de extrínseco e de transitório na natureza imediata, como no espírito empírico e terreno, é absorvido.

Eis o drama da unidade. O princípio da unidade. Longe do panteísmo ou do panenteísmo. Rûmî sonha a comunhão. E como Agostinho e Fransciso de Assis, Rûmî segue dialogando com as criaturas, tecendo um vastíssimo tapete de imagens límpidas e claras. O céu na Terra e a Terra no céu. Pois, como disse um místico, se a matéria é espírito denso, o espírito é matéria sutil. Por isso mesmo, Rûmî não abandona a enumeração, a *ladainha*, pois na raiz dessa diversidade revela-se, mediante imagens incessantes, a presença do Amado:

Moro na transparência desses olhos,
nas flores do narciso, em seus sinais.

Quando a Beleza fere o coração,
a sua imagem brilha, resplandece.
O coração enfim rompe o açude
e segue velozmente rio abaixo.

Move-se generoso o coração,
ébrio de amor, em sua infância, e salta,
inquieto, e se debate; e quando cresce,
põe-se a correr de novo enamorado.

O coração aprende com Seu fogo
a chama imperturbável desse amor.

Essas imagens de fogo consomem e arrebatam o amante. A visibilidade é o teatro do amor. Para certo sufismo, Deus criou o mundo porque desejava que o amassem. Antes, não passava de um tesouro escondido. Tirou o mundo do nada e imprimiu-lhe a beleza do ser. O Calígrafo da Natureza, do Amor e do Destino, redigiu o livro do Universo. Linhas. Pontos. Corpo esbelto. Cortante. As altitudes do *alif* e as profundezas do *nun*. A escrita é uma pele que reveste a nudez antediluviana da palavra, com tecidos finos, como a renda, transparentes, como a seda, ásperos, como a pele de camelo, cortantes, como a espada, ou sinuosos, como os rios. E as letras são vassalos da revelação. Estrelas em órbitas de fogo, consoantes em chamas, altas e indecifráveis, que aos poucos se agregam umas às outras — formando sistemas estelares —, a seguir o rumo dos astros, do Oriente ao Ocidente. Deus disse *Kun!* (como o *fiat*, do *Gênesis*). E o mundo originou-se das letras: e formou uma vasta nebulosa, de que emergiram astros e galáxias. Depois disso, Deus escreveu os anjos. O amor entre os homens. As leis da gravitação universal. Auroras e ocasos. Deus escreveu nossa vida. Amores. Saudades.

ESPARSA GEOMETRIA

Somos uma página divina. Para alguns poetas da Pérsia, o alfabeto reveste os homens: o pescoço é um *dal*, a cabeça um *vau*, a boca um *mim* e os olhos um *sad*. Como se houvesse um pitagorismo das letras, assim como o poeta Khliébnikov entrevia pequenos números formando homens, árvores, animais. O mundo e o alfabeto coincidem, na trama das letras, que formam, sozinhas, tigres, rostos e pássaros. Deus é o primeiro poeta a redigir o livro do mundo.

Mas, como lembram os místicos, as letras não existem: o que realmente existe não é senão a tinta, única realidade que se automodifica. As letras não passam de um fenômeno, sinais da superfície, simples variação da tinta. Para Ibn 'Arabi, não passávamos de letras sublimes, ainda não pronunciadas, nos céus metafísicos. Desprovidos de singularidade, flutuávamos na tinta primordial. Hoje somos letra. Amanhã voltaremos à origem. De modo que poderemos dizer:

> Sou-te
> És-me
> E o negro da tinta. E o branco da página.

Assim, entre tudo e nada, o negro da tinta e o branco da página, Djalal ad-Dîn não se perde em pura abstração, e não desiste da vida para falar da vida. Não há nele essa contradição. Não se vê uma nesga de melancolia ao celebrar o ultralógico, o campo do olhar e o milagre do amor. Mas é o contato com Shams que descerra altitudes. A sombra de Deus — no amante (*'ashiq*) e no amado (*ma 'shuq*) — resplandece na amizade, como a espada de 'Ali. Uma afinidade eletiva (reverberação de fundo e superfície) atinge zonas sensíveis de sombra e de exclusão, iluminando-as, abrindo-as para novas e mais venturosas regiões do pensamento solidário. Algo do amor ficiniano. Do amador que se transforma na coisa amada. Do amor platônico ou socrático a desvelar o paraíso. Rûmî e Shams uniram-se em comunhão mística (*sobhet*), na antessala do Amado, no jardim que anuncia outro e mais belo:

Sentados no palácio duas figuras,
são dois seres, uma alma, tu e eu.

Um canto radioso move os pássaros
quando entramos no jardim, tu e eu!

Os astros já não dançam, e contemplam
a lua que formamos, tu e eu!

Enlaçados no amor, sem tu nem eu,
livres de palavras vãs, tu e eu!

Bebem as aves do céu a água doce
de nosso amor, e rimos tu e eu!

Estranha maravilha estarmos juntos:
estou no Iraque e estás no Khorassan.

Somente a teoria de Buber, a do *Eu e Tu*, poderia iluminar as razões desse amor. Rûmî reconhece em Shams uma tensão avassaladora. Como se dissesse, *a força de sua exclusividade apoderou-se de mim*. Sabe que o *eu*, solitário, não existe e que o *tu*, isolado, não significa. O traço de união é tudo. O eu-tu move o Universo. E guarda os raios leves do Sol. Enigma e espelho. Formas indiretas. Nostálgicas. Luminosas. As grandes amizades prometem céus inaugurais. E Shams representa a consciência primordial, trama inconsútil entre pensamento e palavra. O espírito que habita o campo da intuição e da possibilidade. Tomados em conjunto, Rûmî e Shams representam o princípio da unidade, que vence o dois, o fragmento da existência, e regressa ao Uno, acima das múltiplas e cruciais manifestações do plural.

E sua melodia atinge situações de alta beleza e complexidade, como quando (na tradução puramente instrumental de Bausani) o poeta se compara a uma pomba solitária, gemendo de tristeza:

ei motreb-e khosh-qâqâ to qî-qî o man qû-qû
to daq-daq o man haq-haq, to hei-hei o man hû-hû

ei shâkh-e derakht-e gol, ei nâteq-e amr-e qol
to kabk-sefat bû-bû, man fâkhtè-san kû-kû...

(Doce menestrel, dizes *qî-qî*, enquanto digo *qû-qû*; gritas *daq-daq*, enquanto grito *haq-haq*. Belo buquê de rosas, falas como um inspirado, és superficial como a perdiz, e eu desejo o eterno.)

Como lembra Bausani, o *daq* do menestrel é um termo que indica ritmos musicais e que se opõe ao *haq* do poeta, que significa, em árabe, a verdade, além de *hû*, o Ele absoluto (o *yá man hû*, das ladainhas místicas). *Qol* vem do árabe e significa "diz! fala!", que foi a ordem recebida por Maomé, ao recitar o *Alcorão*. O *bû* da perdiz representa, na linguagem comum, "perfume", o mundo dos fenômenos, enquanto o *kû* da pomba (como lemos em "Atar, em *A linguagem dos pássaros*) simboliza o desejo infinito do Amado, pois *kû* em persa significa "onde?".

Assim, pois, temos uma notável poética musical. Uma obra de altitude. Como a de Cristo, transfigurado. Como a de Maomé, em sua viagem noturna. Como a dança do céu (*samâ'-i samâwî*), assumida por Rûmî como princípio de regresso ao Uno. A dança das esferas e sua clara melodia. Os anjos, em torno de Deus. E acima deles, Gabriel. E os átomos, varados de sol. E o voo misterioso dos pássaros. Flores. Abelhas. Ventos e mares. Como os peregrinos, em Meca. Tudo se move para Deus. Mesmo a pedra. A sombra. O não ser. *Djins* e demônios sonham a beleza. E também os dervixes buscam altitudes. Celebram as bodas místicas. Todos, ébrios de Deus. Como as cegonhas de 'Attar. Como os serafins de Dante. Além do tempo. Além do espaço. E apenas o som do *ney*, a flauta de bambu, para arrostar o mistério. O *tremendum et fascinans*. A dança para a ordem implicada. A dança para Deus.

A poética do Quixote

para Beatriz Resende

Todo leitor guarda uma história de chegada ao livro amado. *Imago libri. Imago cordis.* Lembro de alguns títulos que cumprem por si só essa missão cheia de promessas e cuidados. *A biblioteca e seus habitantes. O diabo na livraria do cônego.* E a obra toda de Borges, Machado e Canetti. Na condição de leitor — não mais que nessa exata condição — começo pelas raízes que me prendem e circunscrevem ao mundo cervantino. Aquele mundo — de biblioteca, diabos e habitantes — que pude formar desde cedo e *con permiso de los cervantistas*, como dizia Azorín.

Comecei a viagem para Dom Quixote através dos versos que em menino ouvi de minha avó materna, Quintilia Dati: episódios de Matteo Maria Boiardo e Ludovico Ariosto, os dois Orlandos: o *Innamorato* e o *Furioso*. Minha cabeça fervilhava com as aventuras de Angélicas, Medoros, Atlantes Mambrinos, Orlandos, Brigliadoros, Bramantes, Agramantes, Rinaldos e Ruggeros. Cavaleiros e paladinos. Mouros e cristãos. Toda uma geografia do assombro, com seus cavalos voadores, palácios encantados, penhascos perigosos e mágicas poções. Armas. Amores. E os lábios da Toscana repercutiam no coração de um menino brasileiro.

Quando li o Quixote pela primeira vez foi como reencontrar paisagens familiares e algo deslocadas. O Cavaleiro da Triste Figura seguia idealmente na sombra de bosques afogados em vapores azuis, onde vagavam heróis dos tempos idos. O pavilhão de Dom Quixote marcou o céu de minha primeira juventude:

> (...) dar el derecho de los tuertos, el amparo de los huérfanos, la honra de las doncellas, el favor de las viudas, y el arrimo de las casadas, y otras cosas deste jaez, que tocan, atañen, dependen y son anejas a la orden de la caballería andante. (Don Quijote, parte 2, cap. VII)

Era um prazer sem paralelos. Uma alegria plena e solar.

Pela casa dos vinte, fui buscar elementos de crítica, a fim de perceber certos aspectos que me assombravam e confundiam. Deparei um vasto número de cavaleiros errantes, cada qual com seu brasão e uma quantidade não escassa de epígonos e escudeiros, a ampliar os sonhos do herói no intuito — antigoethiano — de lhe capturar não mais que uma ideia, a essência das essências, o mapa que pudesse exaurir toda a sua geografia, descendo e realizando uma perfeita descrição da Serra Morena ou da Cova de Montesinos, e aferir o problema da verdade. Uma cópia de cavaleiros de origens diversas e preparados com as armas que cada qual amealhou vida afora para combater o Moinho-Quixote.

Mais do que servir ao herói, as críticas que me caíam às mãos pareciam persegui-lo, tentando de muitos modos arrestar-lhe o fluxo de vida e imprecisão com que se move.

Há quatrocentos anos o Cavaleiro da Triste Figura tem cavalgado — segundo Nabokov — por desertos e vales do pensamento humano, de modo que a sombra de Dom Quixote não parou de crescer depois de Cervantes. Como se tivesse adquirido uma grande independencia, perdendo as raízes, exilando-se de sua paisagem, dos livros e argumentos da cavalaria, que pareciam ter secado o cérebro da crítica, esquecida de Montiel e de seus imprescindíveis arredores.

De cavaleiro andante, a imagem de Dom Quixote — e de sua tremenda e perigosa adjetivação — tendeu a resolver-se na condição de refém para servir de prova e contraprova a diversas facções políticas, filosóficas, e gramaticais. Assim como Camões foi vítima dos que nele buscavam objetos e complementos, formas transitivas raras e arcaicas — diante de cuja despicienda tarefa a grandiosidade de *Os Lusíadas* parecia submergir —, assim também *Dom Quixote* foi submetido a uma filologia desprovida de olhar mais abrangente.

O delicado jogo de espelhos daquela obra foi multiplicado *ad nauseam*. E, contudo, a criação de Cervantes, permaneceu áspera e altiva.

Antes mesmo da assim chamada geração de 1898, Manuel de Revilla estabelecia a diferença entre um Quixote histórico e um Quixote eterno, prefaciando a compreensão de que *Dom Quixote* devia ser considerado o *Liber librorum*, a cuja volta Maeztu, Azorín e Unamuno haviam de tecer sublimes e por vezes desvairados momentos de interpretação.

A dicotomia entre a história e uma espécie de ultra-história prefigurava as bases do sequestro literário — e sem resgate — do Cavaleiro da Triste Figura.

Como que desde então, a crítica e a filosofia precisassem fazer as contas com o Quixote, partir de um ponto zero, lançar as bases de uma quase ontologia, que acabava por eclipsar o herói e seu escudeiro, tornando-os vítimas indefesas nas mãos pseudoassépticas da crítica, que chegava a ponto de desviar o curso do rio e das estrelas, urdindo combates outros e tensões a que o padre e a sobrinha de Dom Quixote jamais se atreveram.

A presença mais forte, e com brasões maiores do que poderia suportar o corpo frágil do andante Cavaleiro, foi a de Dom Miguel de Unamuno, em uma série de ensaios, de grande intensidade e desesperação, nas típicas condições atmosféricas que regem a sua obra — fúrias e temporais avassaladores. Dom Quixote é a encarnação do sentimento trágico da vida. O cavaleiro abraça esplendidamente as amadas contradições de Dom Miguel — razão é fé, vida e sonho, guerra e paz. E foi além, incluindo em seu romance *Niebla* — de todos o que mais se inscreve na tessitura cervantina — a discussão do narrador com a personagem, que pede licença a Dom Miguel para morrer.

Ocorrem-me outras leituras quase tão perigosas e bem mais recentes. Como a de Ruth Reichelberg, em cujo livro me deparo — acabrunhado — com o uso da cabala no Quixote, para alcançar segredos abscônditos, que diminuem a um só tempo o objeto da pesquisa, bem como a beleza dos recursos cabalísticos, sobrecarregando o que em Borges não passava de uma profunda leveza. Um Quixote perdido em discussões talmúdicas...

E — para evitar longos e inúteis catálogos — dou como exemplo derradeiro a seguinte fala de Cervantes: *En vilago de La Mancha, kies mi ne volas memori antau nelonge vivis hidalgo* (*La Ingenia Hidalgo*, tradução de Fernando de Diego). Que não é mais que o célebre: *En un lugar de la Mancha, de cuyo nombre no quiero acordarme, no ha mucho tiempo que vivía un hidalgo*...

Um Quixote esperantista, com a *verda stello en la koro* (a estrela verde no coração), como se o Paladino endossasse *a posteriori* os sonhos de paz de Zamenhof — demiurgo daquela estranha e bem intencionada língua, que cultivei na adolescência.

Para lidar com essa perigosa cavalaria andante da crítica, para arrancar-lhe as armas, para evitar que o *Dom Quixote* seja sublimado além dos limites cervantinos, seria preciso uma solução radical, quase fundamentalista.

Estou com Fernando Savater, em *Instruções para esquecer o Quixote*, quando afirma que a melhor maneira de esquecê-lo, ou seja, de dar cabo à desfocada imagem do herói, seria voltar às páginas de Cervantes. Recupar-lhe o humor, com a mesma liberdade de que dispomos diante de grandes desenhos animados, como quando assistimos a Tom e Jerry. Arrancar o legado trágico de Unamuno — seria a tarefa principal.

Savater — todavia — esquece que Unamuno respirou Dostoievski, para quem Dom Quixote seria a figura mais triste da humanidade. E o demonstrou cabalmente em *O idiota* — na figura inesquecível do príncipe Míchkin.

Não será difícil perceber como e quanto o Ocidente abriga uma difusa tristeza, que impede uma síntese mais branda e jovial do cavaleiro andante. Uma possível redenção havia de percorrer — como em *Crime e castigo* — ásperos caminhos. Mas se o próprio Jesus jamais sorriu...

E não vejo como definir sua possível tristeza, a partir de um abismo platônico entre a ideia e o ser. A derrota no Quixote atinge o sublime. E como soa estranho nos dias atuais, de insossas vitórias curriculares, e nanotriunfalismos, apontar o sublime da derrota. Não aquela do *homem acabado* de um Papini, mas a tensão da *Esperança* de um Bloch. Dom Quixote realiza a biografia do erro. Mas atenção: trata-se de um grande erro. Coisa mais bela e comovente do que a mera biografia de um punhado de acertos.

Nos tempos que correm, apontados por Richard Sennett como tempos da corrosão do caráter, Dom Quixote afirma seus ideais, mesmo vencido, diante do mais profundo abismo. Não tem paralelos a derradeira batalha do herói, cuja derrota será perpetrada pelo Cavaleiro da Branca Lua — e que levou Heine às lágrimas. Ou o embate com o esquadrão de ovelhas, quase um Ájax desvairado, ou um Orlando, em fúrias de amor, sem que o bom Astolfo fosse até a lua para trazer de volta — numa ampola — a sua razão perdida. Toda derrota representa uma vitória adiada sobre o ainda-não. Mas qual a exata fronteira? Não saberia dizer. Mas algo me leva a Hölderlin, quando canta em "Patmos": *wo aber Gefahr ist, wächst das Rettende auch* (mas onde houver o perigo, cresce também o socorro)

Tenho para mim — como pensa Goytisolo — que é preciso diminuir a atenção dos pares de opostos que dariam arrimo ao Quixote e sobre os quais tanto se insistiu, como *ser e aparência, ficção e realidade*, através das *birealidades*: *castelos-estalagens*, moinhos-gigantes, prostitutas-donzelas.

Devemos buscar a especificidade do fenômeno literário que nos é mostrado a cada passo à medida que penetramos na selva do labirinto verbal do Quixote.

O inspirado Américo Castro — quando não incorre em determinismos, ou quando não maquiniza suas formas de ver e aqui penso em seu belo *Judios Moros y Cristianos* — teve o mérito de apontar o baricentro da obra de Cervantes. Para Castro, falou-se reiteradas vezes de suas fontes literárias e quase nada acerca da presença e do papel desempenhado pelos livros — que eu gostaria de considerar personagens.

Seria como não ver que a obra começa por um acervo — a famosa biblioteca — e termina num livro futuro, projetado além de si, na pastoral de Pancino e Quixotiz. Como se fosse possível — digamos — desprezar a presença dos livros em *Auto da fé*, de Elias Canetti, ou não perceber as formas hexagonais da Alexandria de Borges.

Temos em Cervantes personagens que ou acabaram de ler ou estão para escrever. E todos com grande proficiência no exercício de sua própria língua e de outras, de que cada qual se serve em tempos e espaços diversos. Todos os registros da língua literária. E a raiz do processo se afirma na construção do Primeiro Quixote, no uso das novelas de cavalaria, das quais se alimenta e sobre as quais responde o narrador, utilizando-se da paródia mais fina e contundente, como sabemos.

Assim, cada personagem é um curinga discursivo. Toda uma biodiversidade semântica e poética. A literatura como meio, fim e princípio.

Desse confronto de registros vive a dinâmica cervantina, como vemos — dentre centenas de exemplos — na passagem da aurora ao despertar de Sancho Pança:

> *Apenas la blanca aurora había dado lugar a que el luciente Febo con el ardor de sus calientes rayos las líquidas perlas de sus cabellos de oro enjugase, cuando don Quijote, sacudiendo la pereza de sus miembros, se puso de pie y llamó a su escudero Sancho, que aún todavía roncaba...* (Don Quijote, parte 2, cap. XX)

A narrativa sai das consagradas altitudes retóricas e desce ao *sermo humilis* do estado de Sancho.

O processo de radicalização literária torna-se mais claro quando as personagens do Segundo Quixote adquirem a consciência de serem personagens.

A grande selva de espelhos e labirintos, daquele maravilhoso ciclo bretão e céltico — com seus olhares tácitos e acordos secretos entre autor e leitor — alcança uma altitude jamais realizada. Sancho e Quixote discutem a condição de seres narrados, e seguem, com grande interesse, a recepção da obra em que vivem. Uma estratégia digna de Pirandello. Mas não vamos cometer nenhum tipo de anacronismo. Mesmo sob a chancela de Harold Bloom. É preciso lembrar o que disse Ortega y Gasset, nas *Meditaciones sobre el Quijote*: "Assim como todo o poema épico traz dentro de si uma *Ilíada*, assim também todo o romance traz embutido um *Dom Quixote*."

Seja como for, o jogo de espelhos — como em *Las Meninas*, de Velásquez — projeta-se agora em imagens várias, quando o narrador desenovela o imbricado jogo de fontes e remissões de que depende a verdade factual. O momento de maior força do risco literário ocorre quando Sancho resume a recepção do herói entre seus leitores:

> *Pues lo primero que digo es que el vulgo tiene a vuestra merced por grandísimo loco, y a mi por no menos mentecapto. Los hifalgos dicen que, no conteniéndose vuestra merced en los límites de la*

> *hidalguía, se ha puesto don y se ha arremetido a caballero con cuatro cepas y dos yugadas de tierra, y con un trapo atrás y otro adelante... En lo que toca — prosiguió Sancho — a la valentía, cortesía, hazañas y asumpto de vuestra merced, hay diferentes opiniones: unos dicen: "Loco, pero gracioso"; otros, "Valiente, pero desgraciado"; otros, "Cortés, pero impertinente"; y por aquí van discurriendo en tantas cosas, que ni a vuestra merced ni a mi nos dejan hueso sano...* (Don Quijote, parte 2, cap. II)

A literatura — portanto — como fim e matéria de si mesma. Alfa e Omega de Dom Quixote.

Dois episódios que gostaria de sublinhar — dentro do código literário — seriam o elmo de Mambrino e a invenção de Dulcinea por Sancho. Ambos assumem as fronteiras do ser e da verdade.

O primeiro caso ilustra um dos aspectos mais fascinantes da ética da apropriação literária e de seu respectivo deslocamento, cuja inspiração remonta ao *Orlando innamorato*, de Matteo Maria Boiardo, e prossegue no *Furioso*, de Ariosto.

Aquele objeto que para Dom Quixote era seguramente o elmo prodigioso de Mambrino — visto por ele de longe, sobre a cabeça de um suposto cavaleiro pagão — não passa aos olhos de Sancho de uma bacia.

O meio-sorriso de Ariosto avança para uma solução de continuidade entre duas formas irredutíveis, no plano da representação (elmo e bacia) e igualmente conflitantes, no plano gramatical. Esse dilema é marcado por duas formas pronominais, *lo* e *la*: "*Mandó a Sancho que alzase el yelmo; el cual, tomándola en las manos...*" (Don Quijote, parte 1, cap. XXI) (Os Viscondes de Castilho não se aperceberam disso e traduziram, corrigindo: "*Mandou a Sancho que levantasse do chão o elmo; o qual, tomando-o nas mãos, disse...*")

Eis as raízes para a formação de uma *adequatio mentis et rei*. Sancho cria um objeto anfíbio, o *baciyelmo*, um dos mais famosos nomes da *Weltliteratur*, no qual realiza não apenas uma espécie de paz semântica, mas um verdadeiro armistício ontológico. Que grande nominalista se tornou Sancho, como se fora o defensor da dupla verdade como ensinavam certas escolas tardo-medievais. Nem elmo. Nem bacia. Mas Bacielmo.

Outro fato análogo e inverso ao que acabamos de assistir é o de Dulcinea proposta por Sancho, e de pronto recusada pelo herói. Como observou a crítica desde cedo, vemos na obra de Cervantes uma paulatina sanchização do Quixote e uma inversa quixotização de Sancho. Semelhante aspecto não é senão a raiz de quanto realizam todo o tempo seus personagens, trocando registros linguísticos e correspondentes atitudes entre si (Como quando Dom Quixote diz a Sancho: "Hablo de esta manera, Sancho, para daros a entender que también como vos sé yo arrojar refranes como llovidos" [Don Quijote, parte 2, cap. VII]).

Mas — ao contrário dos casos mais famosos, dos moinhos e do esquadrão de ovelhas — o poder ou o desejo de desplaçar aquilo que chamamos *realidade* vem do próprio Sancho. Para consolação do herói, seu fiel escudeiro projeta sobre a primeira camponesa que encontram a imagem de Dulcinea del Toboso. Sancho põe-se de joelhos diante dela — para espanto das jovens e do próprio Quixote — e se exprime com grande elevação:

> Reina y princesa y duquesa de la hermosura, vuestra altivez y grandeza sea servida de recebir en su gracia y buen talente al cautivo caballero vuestro, que allí está hecho piedra mármol, todo turbado y sin pulsos, de verse ante vuestra magnífica presencia. Yo soy Sancho Panza su escudero, y él es el adenderado caballero don Quijote de la Mancha, llamado por otro nombre el Caballero de la Triste Figura. (Don Quijote, parte 2, cap. X)

Sancho fala como seu amo, dentro dos planos e códigos de honra da cavalaria, com pequenas impropriedades. Dom Quixote não compreende o que se passa e reluta com acreditar que sua bela Dulcinea pudesse ter as feições de uma aldeã, sem a delicadeza e a doçura que seu mundo onírico lhe atribuíra. Age como o *primeiro* Sancho — incrédulo e perplexo — a dizer que ovelhas são ovelhas e moinhos, moinhos.

Superado o impasse inicial, a solução mais uma vez repousa na lógica generosa, que resguarda o Cavaleiro da Triste Figura de todos os perigos que ameaçam a delicada relação entre literatura e vida, com a mesma pureza dos cavaleiros do Graal:

> — *Levántate, Sancho* — *dijo a este punto don Quixote* —: *que ya veo que la Fortuna, de mi mal no harta, tiene tomados los caminos todos donde pueda venir algún contento a esta ánima mezquina que tengo en las carnes... ya que el maligno encantador me persigue, y ha puesto nubes y cataratas en mis ojos, y para sólo ellos y no para otro ha mudado y transformado tu sin igual hermosura...* (Don Quijote, parte 2, cap. X)

Vencida essa primeira dificuldade, Dom Quixote reassume o quadro original, e reivindica a mais-valia de sua força criadora.

Assim prossegue o cavaleiro e desce pouco depois à cova de Montesinos, o Hades da cavalaria (como disse San Tiago Dantas). Algo do *outro mundo* de Arisoto, não o do além, mas o da vertigem do sonho, como no palácio de Atlas, onde os heróis vagam presos e enfeitiçados pelos poderes de um terrível mago.

Avista os mais famosos cavaleiros de todos os tempos, em plena dormição, esperando uma possibilidade que os liberte do sonho infinito em que se encontram. Vejo aqui ressonâncias da sura 18, a mais bela de todo o *Alcorão*, em que se deposita o vasto arsenal de esperança do Islã.

Algo do Limbo da *Divina comédia*, desprovido muito embora do índice de transcendência. Dom Quixote se vê na mais subida companhia, como Dante que foi sexto entre os cinco maiores da

Antiguidade. Literatura da literatura, Dom Quixote assiste à revivescência das empresas épicas, dentre cujos cavaleiros, ele é *primus inter pares*. As palavras de Montesinos a Durandarte — aspeadas e referidas por Dom Quixote — não deixam dúvidas:

> *Sabed que tenéis aquí en vuestra presencia, y abrid los ojos y veréislo, aquel gran caballero de quien tantas cosas tiene profetizado el sabio Merlín: aquel don Quijote de la Mancha, digo, que de nuevo y con mayores ventajas que en los pasados siglos ha resuscitado en los presentes a la ya olvidada andante caballería, por cuyo medio y favor podría ser que nosostros fuésemos desencantados; que las grandes hazañas para los grandes hombres están guardadas...* (Don Quijote, parte 2, cap. XXIII)

O cavaleiro das passadas glórias — para Ernst Bloch uma face *archaish-utopisch* do Quixote — havia de libertá-los do encantamento a que estavam submetidos, para levar ao mundo uma espécie de paz celto-bretã, da floresta de Brocéliande à Serra Morena.

Um sonho que termina com a derrota final de Quixote — lágrimas de Heine —, quando o Cavaleiro da Branca Lua com ele se defronta. Mal chegam a terçar armas e o fero combate já terminou. Dele sai alquebrado Dom Quixote, e mesmo assim não desiste de suas altas convicções: "*Dulcinea del Toboso es la más hermosa mujer del mundo, y yo el más desdichado caballero de la tierra, y no es bien que mi flaqueza defraude esta verdad. Aprieta, caballero, la lanza y quítame la vida, pues que me has quitado la honra.*" (Don Quijote, parte 2, cap. LXIV)

Terminam as *salidas* tão cheias de sonho e de heroísmo. Era chegada a hora de voltar. De viver serenamente. E livre de tantos perigos. Era a volta para a Casa — o νόστος — que acenava no horizonte. Não propriamente para a Mancha — para onde iria cedo ou tarde —, mas para uma breve e entressonhada aspiração de campos e florestas, rios e prados verdejantes, na bíblia dos ventos e das fontes.

A página mais bela e arrebatada do Quixote, no derradeiro vigor de sua *poiesis*, propõe a mudança do ritmo narrativo, deixando para trás o largo ou adágio da derrota para assumir o *presto con fuoco*, inebriado pela hipóstase de uma vida pastoril (como a sobrinha de Quijano intuíra no primeiro primeiro Quixote, ao colocar lado a lado como perigosos os livros de cavalaria como os pastorais).

O maravilhoso reside na potencialização da literatura, em sua mais pura e condensada virtualidade, em seu vivo e esplendoroso ainda-não, sentido, todavia, na formidável projeção de um esboço que tem início em outra terra, no *ganz Anderes* das tradições pastoris da primeira arcádia. O poder genesíaco da literatura é aqui tensionado ao extremo.

Os rios abrem-se ao longe, chovem estrelas sobre a terra, a poesia desses bosques e prados leva Dom Quixote a provar as sensações que afluem de sua imaginação incomparável. O herói é tomado de uma delicadeza mais viril, de uma candura mais jovial, de uma fé mais repousante:

> (...) *este es el prado donde topamos a las bizarras pastoras y gallardos pastores que en él querían renovar e imitar a la pastoral Arcadia, pensamiento tan nuevo como discreto, a cuya imitación, si es que a ti te parece bien, querría, oh Sancho!, que nos convirtiésemos en pastores, siquiera el tiempo que tengo de estar recogido. Yo compraré algunas ovejas, y todas las demás cosas que al pastoral ejercicio son necesarias, y llamándome yo el pastor Quijotiz, y tú el pastor Pancino, nos andaremos por los montes, por las selvas y por los prados, cantando aquí, endechando allí, bebiendo de los líquidos cristales de las fuentes, o ya de los limpios arroyuelos, o de los caudalosos ríos. Daránnos con abundantísima mano de su dulcísimo fruto las encinas, asiento los troncos de los durísimos alcornoques, sombra los sauces, olor las rosas, alfombras de mil colores matizados los extendidos prados, aliento el aire claro y puro, luz la luna y las estrellas, a pesar de la escuridad de la noche, gusto el canto,*

alegría el lloro, Apolo versos, el amor conceptos, con que podremos hacernos eternos y famosos, no sólo en los presentes, sino en los venideros siglos. (Don Quijote, parte 2, cap. LXVII)

Vemos o poder das coisas vivas e fortes, de um *canto spianato*, amplo e subjacente do alto poder da literatura. Nessa clara e soberba superfície de nomes e pastores, rios e estrelas, flores e selvas, armentos e penhascos, emerge a fé inquebrantável do herói e da poesia elevada à sua potência derradeira. A representação como forma e destino.

Assim — pois — nestes quatrocentos anos, a melhor maneira de nos livrarmos todos dos fantasmas do Quixote, e o modo mais profundo de prestar serviço ao Cavaleiro da Triste Figura e a seus generosos potenciais, não é senão afirmando o primado absoluto da literatura. Regressando às suas páginas, e às páginas dos que o amaram e serviram, como as de Machado de Assis, que também soube escrever de modo incomparável com a pena da galhofa e com a tinta da melancolia.

Notações

Sema e cinema

"*The Naming of Cats*" apareceu em *Amando os Gatos com todas as letras*. Organizado por Maria da Glória de Oliveira Santos. São Paulo, Editora Revista Pulo do Gato, 2004.
"Cartas da Prisão" nasceu em *O Estado de S. Paulo*.
"Drummond e o tempo" saiu na *Antologia poética*, de Drummond. Record, 2001.
"Metamorfoses de Ovídio", em *O Globo*, com o título: "Ovídio pelas mãos de Bocage". 23.12.2000.
"Blok e o Simbolismo" foi parte de uma conferência na Academia Brasileira de Letras. Chamou-se: "O simbolismo fora do Ocidente". 9.10.2001. Gostaria de dedicá-la à memória do mestre e saudoso amigo Evandro Lins e Silva.
"Mário Peixoto e o mar" foi um dos prefácios do livro *Poemas de permeio com o mar*, editado por Saulo Pereira de Melo. Rio de Janeiro, Aeroplano Editora / Arquivo Mário Peixoto, 2002.
"Traduções da *Divina comédia*" apareceu em *O Globo*. Título: "As dores e paixões de Dante em nova tradução". 29.1.1999.
"A Bíblia dos ventos: Molnár, Márai e Kertész", saiu em *O Globo*, com o título "O injusto exílio da literatura de Sándor Márai", em 27 de dezembro de 2003, e aparece aqui ampliado para uma conferência em homenagem a Imre Kertész, em Penne, Itália, novembro de 2004.
"Pasternak: minha irmã, a vida" abriu a edição brasileira de *O doutor Jivago*. Record, 2003.
"Joaquim Cardozo: a mais longa viagem" serve de prefácio às edições das obras completas de J. C. pela Nova Aguilar.

A invenção do mundo

"O Universo Goethe" veio de *O Globo*, com ampla chamada: "O desafio de mapear a infinita catedral fáustica". 4.12.2001.

"O fogo da Grécia", no mesmo jornal, teve título homônimo. 25.8.2001.
"O Princípio-Leonardo", no *Jornal do Brasil*, chamou-se: "Sutis traços de genialidade". 24.3.2001
"Outonos de Villon" teve, em *O Globo*, uma expressão forte: "Villon, o maldito". 5.8.2002.
"Hermann Hesse: felicidade" ocupa as primeiras páginas da edição brasileira da Record, 2001.
"Ao sul da literatura", em *O Globo*, se intitulava: "Laços de piedade humana ao sul da literatura". 26.5.2001.
"A engenharia de Gadda", pelo *Jornal do Brasil*, apareceu como: "O escritor que renova a literatura italiana". 12.12.1998.
"Rachel Jardim: Os *anos 40*" é inédito.
"Biografia de uma rebelde", abre a fotobiografia de Nise da Silveira.
"As razões de Ibsen" foi uma palestra inédita no Pen Club, do Rio de Janeiro, cujo título era: "Minha leitura de Ibsen". 30.12.2001.
"Grass e a ratazana" foram as orelhas do livro que trata de animal homônimo. Record, 2002.

Fugas dissonantes

"O meu Jihad" abre o livro *Caminhos do Islã*. Rio de Janeiro, Record, 2002.
"Aspectos do *Diwan* ocidental-oriental"
"Mil e uma noites", saiu na *Folha de S. Paulo*, em 5 de junho de 2005, com o título "Vitória da fidelidade".
"Nise e Spinoza" chamou-se: "Cartas a Spinoza", e saiu pela Revista *Quatérnio*, n. 8, 2001. Publicou-se antes em *O Estado de S. Paulo*, 12.12.99.
"O Papa João XXIV", *O Estado de S. Paulo*
"A bomba informática" apareceu no *Jornal do Brasil*, cujo título era já uma posição: "Uma boa dose de infopessimismo". 1.1.2000.
"As regras de Bordieu" foi retirado do jornal *Lector*, agosto de 1997.
"Mario Luzi e a vertigem da palavra" foi acolhido pela revista *Poesia Sempre*, n.15, novembro de 2001. Meus agradecimentos a Luciano Bonuccelli, Maria Coppolecchia e Pier Luigi Pierini.
"Naufrágio, poesia e tradução" saiu em Natal, no jornal *O Galo*, novembro de 2002.

A máquina do tempo

"A história em Vieira" abre a edição das obras escolhidas. Editora Nova Aguilar, 2005. Foi traduzido e publicado no livro de Nello Avella: *Parola*

NOTAÇÕES

immagine e utopia, scritti in omaggio di Manuel de Oliveira. Roma, Japadre, 2002.

"Spengler e o relativismo" aconteceu na revista *Alea*, da área de Letras da Universidade Federal do Rio de Janeiro, 2000.

"Gibbon e a decadência" faz parte de um livro em estado larval.

Esparsa geometria

"Schopenhauer e o nada" completa as orelhas da edição brasileira de *O mundo como vontade e representação*. Contraponto, 2001.

"O Inferno de Dante", com o título Harmonia e Claridade, apresenta a tradução do *Inferno* de Dante, por Jorge Wanderley. Rio de Janeiro, Record, 2004.

"Montaigne e o livro total" emergiu em *O Globo* com o título: "O senhor do ensaios". 5.8.2000.

"Objetos fractais", orelhas do livro homônimo de Mandelbrot. Contraponto, 2005.

"Novalis e a matemática" foi uma conversa para a revista *Forum Deutsch*, 2002.

"Nietzsche como desafio" fez-se presente em *Veredas* e sua chamada tinha algo a ver com Giordano Bruno: Heroicos furores, junho de 2000.

"A sabedoria dos modernos" teve o *Jornal do Brasil* como suporte e sem variação de título. 9.10.1999.

"Para além da interpretação", ainda no mesmo jornal, apareceu como: "O brilho crescente de Vattimo". 19.2.2000.

"Descartes revisitado", em *O Globo*, mostrava-se assim: "Penso. Sou Descartes". 30.9.2000.

"Calvino: tema e variação" foi uma palestra na Academia Brasileira de Letras. A mesa-redonda, com Gianni Vattimo e Rafael Argullol, teve como pretexto: Homenagem a Italo Calvino, abrindo o Encontro: "O lugar do livro entre a nação e o mundo". 28.8.2000. Foi publicado nos anais do Terceiro Encontro Nacional de Escritores, Recife, UBE, 2002.

"Kant no Brasil" figurou no *Jornal do Brasil* como: "A arte da crítica de arte". 15.9.1999.

"Rûmî: a dança da unidade" abriu o meu livro *A sombra do amado*. Editora Fissus, 2000.

"A poética do Quixote" — sob o título "*Si yo pudiera hablar como solía*: meu caminho para Dom Quixote" — foi o resultado de uma mesa-redonda na Academia Brasileira de Letras.

*O texto deste livro foi composto em Sabon,
desenho tipográfico de Jan Tschichold de 1964
baseado nos estudos de Claude Garamond e
Jacques Sabon no século XVI, em corpo 11/15.
Para títulos e destaques, foi utilizada a tipografia
Frutiger, desenhada por Adrian Frutiger em 1975.*

*A impressão se deu sobre papel off-white 80g/m²
pelo Sistema Cameron da Divisão Gráfica
da Distribuidora Record.*